倉本一宏［編］

12

治安三年（一〇二三）正月～治安三年十二月

現代語訳 小右記

吉川弘文館

凡　例

一、本書は、藤原実資の日記『小右記』の現代語訳である。

一、原文、および書き下し文は、紙幅の関係上、収録しなかった。

一、全十六冊に分けて刊行する。それぞれの収録範囲は、以下の通りである。

1　貞元二年(九七七)三月―永延二年(九八八)十二月
2　永祚元年(九八九)正月―長徳元年(九九五)十月
3　長徳二年(九九六)正月―寛弘二年(一〇〇五)三月
4　寛弘二年(一〇〇五)四月―寛弘八年(一〇一一)十二月
5　長和元年(一〇一二)正月―長和二年(一〇一三)六月
6　長和二年(一〇一三)七月―長和三年(一〇一四)十二月
7　長和四年(一〇一五)四月―長和五年(一〇一六)二月
8　長和五年(一〇一六)三月―寛仁元年(一〇一七)十二月
9　寛仁二年(一〇一八)正月―寛仁三年(一〇一九)三月

10 寛仁三年(一〇一九)四月—寛仁四年(一〇二〇)閏十二月
11 治安元年(一〇二一)正月—治安二年(一〇二二)十二月
12 治安三年(一〇二三)正月—治安三年十二月
13 万寿元年(一〇二四)正月—万寿二年(一〇二五)八月
14 万寿二年(一〇二五)九月—万寿四年(一〇二七)六月
15 万寿四年(一〇二七)七月—長元二年(一〇二九)九月
16 長元三年(一〇三〇)正月—長久元年(一〇四〇)十一月

一、現代語訳の底本としては、大日本古記録(東京大学史料編纂所編纂、岩波書店、初刷一九五九〜一九八六年)を用いた(主に第四刷〈二〇〇一年〉を利用した)。大日本古記録一巻が、この現代語訳二巻分に相当するように分割した。

一、この現代語訳第一二巻に相当する大日本古記録が底本とした写本は、以下の通りである(逸文については、出典をそれぞれ明示してある)。

治安三年(一〇二三) 正月一日	略本	三条西本上冊	宮内庁書陵部蔵
正月二日—二十九日	広本	東山御文庫本第四十一冊	東山御文庫蔵
四月—六月	広本	伏見宮本第九巻	宮内庁書陵部蔵

七月―八月　広本　伏見宮本第十巻　宮内庁書陵部蔵
九月―閏九月　広本　伏見宮本第十一巻　宮内庁書陵部蔵
十月―十二月　広本　伏見宮本第十二巻　宮内庁書陵部蔵

一、現代語訳は逐語訳を旨としたが、よりわかりやすくするため、語句を補ったり、意訳を行なっている箇所もある。ただし、原文の用字（特に人名呼称）は、なるべく尊重した。

一、古記録の現代語訳はきわめて困難であるため、本書は現代語訳の断案というものではまったくなく、一つの試案と考えていただきたい。

一、底本の誤字については、原則として文字を訂正して現代語訳を行なった。また、脱字や虫食いがある部分については、他の古記録や儀式書などによって推定できる部分は、現代語訳を行なった。文字を推定できない箇所については、おおむね判読できない字数の分を□□で示した。

一、裏書については段落を替えて表記した。また、表の記載・裏書にかかわらず、底本が段落を替えている部分については、本書でも段落替えを行なった。

一、漢字の表記については、常用漢字表にあるものは、原則として常用漢字体に改めた。

一、本文の註や割書は、〈　〉の中に入れて区別した。

一、各日付と干支の後に、その日の記事の主要な出来事を、簡単に太字で示した。

一、人名に関する註は、（　）の中に入れて付けた。原則として毎月、最初に見える箇所に付けた。ただし、人名呼称が代わった場合は、また名だけを付けた。

一、ルビは毎月一回、最初に見える箇所に付けた。原則として『平安時代史事典』（角田文衞監修、古代学協会・古代学研究所編、角川書店、一九九四年）、『日本国語大辞典』（日本国語大辞典第二版編集委員会・小学館国語辞典編集部編、小学館、二〇〇〇〜二〇〇二年）、『国史大辞典』（国史大辞典編集委員会編、吉川弘文館、一九七九〜一九九七年）の訓みに準拠した。

一、特に女性名の訓み方については、現在、明らかになっているものは少ないが、あえて『平安時代史事典』の訓みを用いた。『平安時代史事典』利用の便を考えたためである。

一、用語解説と人物注は、巻末にごく少量だけ付けた。『平安時代史事典』、『国史大辞典』、『日本国語大辞典』を参照した。ルビを多めに付けているので、他はこれらの辞典を引いていただきたい（ジャパンナレッジの利用をお勧めする）。

一、書き下し文については国際日本文化研究センターのウェブサイト（http://db.nichibun.ac.jp/ja/）に「摂関期古記録データベース」として公開しているので、索引代わりに是非ご利用いただきたい。『御堂関白記』『権記』『春記』『左経記』『八条式部卿私記』『太后御記』『沙門仲増記』『元方卿記』『済時記』『親信卿記』『藤原宣孝記』『一条天皇御記』『宇治殿御記』『二東記』『後朱雀天皇御記』『定家朝臣記』『師実公記』『後三条天皇御記』『寛治二年記』『季仲卿記』『清原重憲記』『高階仲章記』の書き下し文も公開している。

目　次

凡　例

本巻の政治情勢と実資……9

現代語訳小右記12　法成寺の興隆

治安三年（一〇二三）……3

正月　3／二月　39／三月　40／四月　41／五月　64／六月　81／七月　99／八月　124／九月　141／閏九月　161／十月　175／十一月　187／十二月　215

付　録……251
用語解説　252
人　物　注　265
公卿構成　273
年　　譜　275
系　　図　281
関係地図（平安京北半・北辺）　284
平安宮内裏図　286
小野宮復元図　287
方位・時刻　288

本巻の政治情勢と実資

治安《じあん》三年（一〇二三）に入っても、藤原道長《みちなが》は正月二十二日に舞人を府生《ふしょう》に任じることを拒絶したり、四月九日に相撲人《すまいびと》の貢上《こうじょう》（近衛府《このえふ》から諸国に相撲部領使《すまいのことりづかい》という使を遣わして相撲人を徴すること）について意見を述べたり、二十六日に藤原行成《ゆきなり》男の実経《さねつね》が関わった事件について報告を受けたりと、世俗の政治に関わり続けた。

それはあたかも、退位後も政治に関係し続けた円融院《えんゆう》を思い起こさせたことであろう。何より、出家した臣下が政治に関わるという、一見すると矛盾する事態が、道長と藤原頼通《よりみち》、道長と藤原彰子《あきこ》、道長と後一条《ごいちじょう》天皇との関係を通じて、無理なく世に納得させられていたことに注目しなければならない。こういった先例が、後の院政や平清盛《きよもり》政権につながることになるという評価もある。

六月八日には、道長は法成寺《ほうじょうじ》長堂の礎石《そせき》を関白の二十石以下、諸大夫《しょたいふ》の一石まで割り充てた。実資は、寺の石を取ってはならないと命じ、自分の家の中の一石を運ばせた。六月十一日には礎石とするために、諸卿に羅城門《らじょうもん》・豊楽殿《ぶらくでん》・神泉苑《しんせんえん》・諸司《しょし》・諸寺の石を曳《ひ》かせており、実資を、「嘆かなければならない、悲しまなければならない。言うに足りない」と嘆かせている。

後一条天皇後宮系図

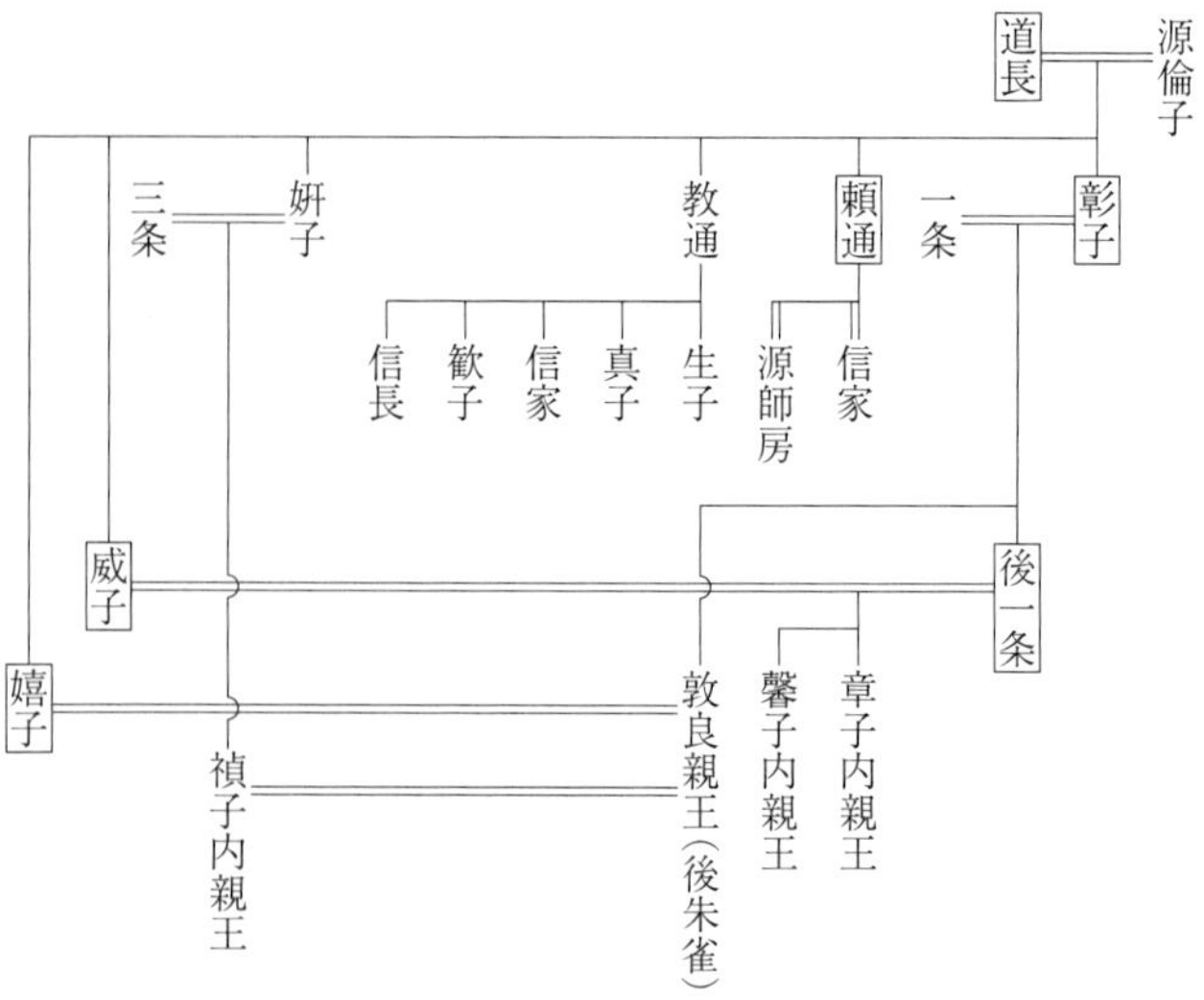
源倫子
道長
彰子
一条
頼通
教通
妍子
三条
信家
源師房
生子
真子
信家
歓子
信長
後一条
威子
嬉子
章子内親王
馨子内親王
敦良親王（後朱雀）
禎子内親王

そして六月十九日には、官中の諸司の懈怠《けたい》の人びとを勘責《かんせき》しなかったということで、衆中において嫡男の関白頼通を勘当《かんどう》(叱責)した。その言葉は、きわめて不都合なものであったという。十二月九日には、源明子《あきこ》所生の四男能信《よしのぶ》が実資退出後に中文の儀を行なったのを怒ったのだが、「禅室《ぜんしつ》(道長)の腹立つ御声は、甚だ高かった」ということであった。

一方では、七月三日の法興院《ほこいん》の法華八講《ほっけはっこう》(父兼家《かねいえ》を追善《ついぜん》するもの)に実資が参会《さんかい》すると聞き、病をおして出座《しゅつざ》したりもしている。十六日には、実資が自分の逆修法事《ぎゃくしゅほうじ》(生前にあらかじめ死後の利益を期すために仏事を修すること)に参列してくれたことを謝している。やはり実資は特別な存在だったのである。

この時代、地震の頻発する周期に当たっていた。七月五日の地震は、かなり大きなものだったようである。

中国では後漢《ごかん》以降、地震は后妃《こうひ》・宦官《かんがん》・外戚《がいせき》の専横《せんおう》によって起こるという観念が生まれ、それが導入されたという考えもある。日本の陰陽寮《おんみょうりょう》において教科書とされた『晋書《しんじょ》』では、地震(特に音を伴うもの)は君主が暗愚で后妃や臣下が専制《せんせい》を行なったことによるとされていた。何人もの后妃を天皇に入れ、臣下の代表であった道長が地震を気にしたというのも、よく理解できるところである。

九月になると、実資は三日に顚倒《てんとう》して顔面を負傷し、頬に腫物《しゅもつ》を生じた。この事故をめぐっては、その治療法や夢想、藤原斉信《ただのぶ》による実資(や教通《のりみち》)への呪詛《じゅそ》など、しばらくは宮廷社会に波紋を投げるのであるが、道長からは早くも四日に使者が遣わされて見舞いが来ている。

閏九月三日には、夢に見た、柘榴《ざくろ》の皮を焼いて磨《す》り、これを付けるといいという治療法を、医師の和気相成《わけのすけなり》の勧めもあって始めた。「白昼、これを顔に付けると黒くなるでしょう。夜になってから付けるのが宜しいでしょう」ということで、夜になって付けている。「焼いて磨ったことは炭のようであった」とあるが、夜、炭のようになった柘榴の皮を顔に塗っている六十七歳の実資を想像すると、何だか微笑ましい。

九日になると、完全に治癒したようで、十六日には負傷後はじめての参内の日を勘申させている。二十八日の夢想には老僧が登場し、実資は面の疵《きず》が癒えたのは薬師如来の冥助《みょうじょ》であると記している。興味深いのは、十九日に二人の医師を呼んで、面の疵を見せた後、酒を禁じなければならないかを問うていることである。「忌んではならない」ということで、酒を用いることを或る者が申したと記している。意外に酒好きな実資の嗜好が垣間見える記事である。

この年、道長は高野《こうや》山詣《さんもうで》を計画していた。九月十四日の出立を、倫子の六十歳の算賀《さんが》によって延期し、十月十七日の暁方に出立した。往路は南都《なんと》や飛鳥《あすか》の寺々、帰路は法隆寺《ほうりゅうじ》、河内《かわち》国の道明寺《どうみょうじ》、摂津《せっつ》国の四天王寺《してんのうじ》などに参拝して宝物を拝観し(『扶桑略記《ふそうりゃっき》』)、十一月一日に帰京している。

高野山の金剛峯寺《こんごうぶじ》では法華経《ほけきょう》と理趣経《りしゅきょう》を供養した後、大師《たいし》(空海《くうかい》)を葬った廟堂《びょうどう》において、廟堂の扉が自然に開き、扉の鉾立《ほこだて》が倒れるという「瑞相《ずいそう》」が起こった。大僧正済信《さいしん》は、「進み寄って拝み奉られよ」と道長に進言し、道長が礼盤《らいばん》の上に登って廟堂の内部を見ると、白土を塗った高さ二尺余りの墳墓のような物があったという（『小右記』『扶桑略記』）。道長は空海と対面したのである。これを契機に空海入定《にゅうじょう》伝説（大師は入滅《にゅうめつ》してはおらず、いまなお坐禅を続けているのだという信仰）が説かれた。

十二月二十三日、道長は「法成寺の大仏」（丈六阿弥陀像）を新造の堂に安置した。法成寺は、道長が晩年、土御門第の東に隣接して造営した寺院である。東京極《ひがしきょうごく》大路の東、鴨川の堤防の西に方二町の寺域を有した。なお、法成寺の中軸線と兼家の建立した法興院《ほこいん》を結ぶ道は、後に東朱雀《ひがしすざく》大路と呼ばれることになる（『中右記』）。

最新の浄土信仰に傾倒していた道長は、寛仁三年（一〇一九）に九体阿弥陀像《くたいあみだぞう》を安置する阿弥陀堂《あみだどう》の建立を発願《ほつがん》し、寛仁四年三月二十二日に三后《さんこう》（彰子・妍子《きよこ》・威子《たけこ》）の行啓を迎えて阿弥陀堂の落慶供養《らっけいくよう》を盛大に挙行した（『御堂関白記』）。間口十一間の阿弥陀堂は無量寿院《むりょうじゅいん》と呼ばれた。

治安二年（一〇二二）七月には、大日如来像《だいにちにょらいぞう》を本尊《ほんぞん》とする金堂《こんどう》と密教《みっきょう》の五大尊像《ごだいそんぞう》を本尊とする五大堂《ごだいどう》が竣工したが、その後も講堂《こうどう》、薬師堂《やくしどう》、十斎堂《じっさいどう》、経蔵《きょうぞう》、僧房《そうぼう》、五重塔《ごじゅうのとう》、東北院《とうほくいん》、西北院《せいほくいん》などが次々に落成し、定朝《じょうちょう》を中心とする仏師《ぶっし》たちによって造作された莫大な数の仏像が安置された。これでこの寺は、鎮護国家《ちんごこっか》や国土・万民の平穏を願う寺院として、仏教界を統合する総合寺院としての性格を有することとなったのである。金堂や講堂を擁する大伽藍《がらん》の造営は、平安時代では東寺《とうじ》・西寺《さいじ》以来のこととされる。

道長自身は、万寿四年（一〇二七）十二月四日、阿弥陀堂の九体阿弥陀像の前で極楽《ごくらく》（『栄花物語』によると九品の最下位の下品下生《げぼんげしょう》だとか）に旅立っている（『小右記』）。

後に法成寺は康平《こうへい》元年（一〇五八）の大火で伽藍ことごとくが焼失したものの、頼通は直ちにこれを再建し、師実《もろざね》へと引き継がれた（『法成寺塔供養願文《ほうじょうじとうくようがんもん》』）。しかし、鎌倉時代に入ると伽藍は荒廃し、たび重なる大火や地震、兵火に遭遇して、鎌倉末期に廃絶した。

その間、実資鍾愛《しょうあい》の女《むすめ》である千古《ちふる》（「かぐや姫」）と、頼通の猶子で村上天皇皇子の具平《ともひら》親王の子である源師房《もろふさ》との縁談が、頼通から持ちかけられていた。結局は翌万寿元年（一〇二四）に道長の独断で師房と道長六女（母は源明子）の尊子《たかこ》（隆子）との縁談が進められ、両者は結婚した。これについては、次巻で述べよう。

なお、先に述べた行成男の実経が巻き込まれた事件の顚末は、以下のようなものである（黒板伸夫『藤原行成』参照）。治安二年に実経は但馬守《たじまのかみ》として赴任した。但馬国の小一条院領《こいちじょういんりょう》荘園《しょうえん》の荘官である惟朝《いちょう》法師に対して、国衙の官人を殺害したという容疑で、但馬守実経が訴えた。いったんは追捕宣《ついぶせん》旨《じ》が発給されたが、治安三年正月に小一条院からこの訴えは虚偽であるという申請があり、差し止め請求が行なわれると、朝廷は但馬の郡司たちを、訴人あるいは証人として召喚した。四月になって七人の郡司が上京し、実経とともに行成邸に滞在していたところ、検非違使《けびいし》によって拘引されてしまった。

実は殺害されたという人物は生存していて、国司側の訴えに虚偽の疑いが生じたのである。行成と実経は面目を失ってしまい、行成は夜も寝られぬほど心痛し、道長に真実を告げるかどうかについて、実資に意見を求めている。結局、六月に後一条天皇の勅裁によって、この訴えの手続きに瑕疵《かし》があったとして告発は無効とされ、惟朝と郡司たちは宥免されて帰国させられた。実経も釐務《りむ》停止の処分を受けたが、それも一箇月で解除された。

その後、実経は万寿元年には実資に対して、千古の裳着《もぎ》のために絹五十疋を贈るなどしている。万寿二年（一〇二五）には造塔の功によって但馬守の任期を二年、延長された。

現代語訳 小右記 12

法成寺の興隆

治安三年（一〇二三）正月―
治安三年十二月

治安三年(一〇二三)

藤原実資六十七歳(正二位、右大臣・右大将)　後一条天皇十六歳　藤原道長五十八歳　藤原頼通三十二歳　藤原彰子三十六歳　藤原威子二十五歳

○正月

一日、丙寅。　実資邸四方拝／小朝拝、停止／元日節会の内弁

鶏鳴《けいめい》の頃、四方拝《しほうはい》〈属星《ぞくしょう》・天地《てんち》四方《しほう》の神・諸墓所。〉を行なった。宰相(藤原資平《すけひら》)が来た。すぐに禅門《ぜんもん》(藤原道長《みちなが》)に参った。しばらくして、帰って来た。一緒に内裏に参った〈車後《くるまじり》に乗った。〉。中納言《ちゅうなごん》(源)道方《みちかた》と参議《さんぎ》(藤原)公信《きんのぶ》に、陽明門《ようめいもん》で会った。率いて内裏に参った。敷政《ふせい》門から入って、しばらく伺候した。陣の随身《ずいじん》に命じて、殿上間《てんじょうのま》を見させた。帰って来て云ったことには、「関白《かんぱく》(藤原頼通《よりみち》)と内府(藤原教《のり》通《みち》)が、殿上間に伺候されています」ということだ。そこで参上した。関白・内府、及び卿相《けいしょう》が伺候していた。この頃、御酒《みき》を供した。しばらくして、後取《しんどり》の春宮亮《とうぐうのすけ》(藤原)泰通《やすみち》が、後一条《ごいちじょう》天皇の御前から退下した。関白が云ったことには、「殿の廊上の雪は、頗る消えたとはいっても、灑水《しゃすい》は雨のようである。御前に進み出る際に、溜水《たまりみず》が多く溜っている。方策は無いのではないか。下襲《したがさね》を引き揚げるのは、威儀《いぎ》を失することになるのではないか。小朝拝《こちょうはい》を行なうのは、難しいのではないか」ということだ。あれこれの卿相が云ったことには、「進退《しんたい》は便宜《びんぎ》が無いでしょう」ということだ。右頭中《うとうのちゅう》

将《じょう》（藤原）公成《きんなり》を介して、天皇の意向を伺われた。すぐに来て云ったことには、「わかったということをおっしゃられました」ということだ。そこで小朝拝は行なわれなかった。関白は、内弁《ないべん》を奉仕するよう、伝えられた。そこで早く座を起ち、陣座《じんのざ》に向かった。内府、及び諸卿相は、従って陣座に着した。私は南座《なんざ》に着した。大外記《だいげき》（清原）頼隆《よりたか》を召して、諸司と諸衛府《えふ》を問うた。また、節会《せちえ》が終わったら、明日の行幸《ぎょうこう》の召仰《めしおおせ》を行なう事、六衛府の官人と馬寮《めりょう》の官人を戒めて控えさせる事を命じた。但し、「馬寮の官人は、近代は参って伺候しません」ということだ。晩方、天皇が紫宸殿《ししんでん》に出御《しゅつぎょ》した。内大臣（教通）、大納言《だいなごん》（藤原）頼宗《よりむね》・（藤原）能信《よしのぶ》、中納言道方、参議公信・（藤原）経通《つねみち》・資平・（藤原）朝経《あさつね》・（藤原）定頼《さだより》、右三位中将《うさんみちゅうじょう》（藤原）兼経《かねつね》・（藤原）長家《ながいえ》、参議（藤原）広業《ひろなり》が、外弁《げべん》に向かった。左頭中将《さとうのちゅうじょう》（源）朝任《あさとう》を介して、御暦奏《ごりゃくのそう》を内侍所《ないしどころ》に託す事を奏上させた。日が暮れたからである。申請によるよう、おっしゃられた。すぐに外記《げき》（菅原）惟経《これつね》に命じておいた。左右近衛陣《このえのじん》が、御座に出御する際に、警蹕《けいひつ》を称した。宜陽殿《ぎようでん》の兀子《ごつし》に参り着した。内侍《ないし》は檻《かん》に臨んだ。座を起ち、称唯《いしょう》して、退出した。軒廊《こんろう》の東第二間から入り、左仗《さじょう》の南頭《みなみのほとり》に到って、再拝《さいはい》した。終わって参上し、座に着した。関白は御後ろに供奉《ぐぶ》した。次いで承明《しょうめい》・長楽《ちょうらく》・永安《えいあん》および建礼門《けんれい》を開いた。この頃、大殿油《おおとのあぶら》を供した。次いで地下《じげ》人《にん》が炬火《きょか》を執った。闈司《いし》二人が座に着した。次いで舎人《とねり》を召したことは、二声。すぐに称唯した。少《しょう》納言代《なごんだい》が参って、版位《へんい》に就いた。宣したことには、「侍従《じじゅう》を召せ」と。称唯し、退出した。内大臣以下が参入し、標《しめ》に就いた。宣したことには、「座に侍れ」と。次いで謝座《しゃざ》と謝酒《しゃしゅ》が行なわれた。終わって、参上した。内膳司《ないぜんし》が、南庭《なんてい》から御膳を供した。諸卿は座を起った。次いで臣下の粉熟《ふずく》を据えた。天皇の意向を伺った。すぐに御箸を下した。臣下が従った。次いで御飯を供した。次いで臣下。次いで三節《みおり》の御酒を供した。次いで一献《こん》を供した。次いで造酒司《ぞうしゅし》が臣下に給わった。国栖奏《くずのそう》を、宰相を介して催し仰させた。長い時間が経って、これを奏上した。三献の後、座を起った。侍従に下給するよう奏上した〈その詞に云ったことには、「まち君達に御酒を給おう」と。〉。称唯して、座に復した。広業朝臣《あそん》を召して、命じたことには、「大夫《まちきみ》に御酒を給え」と。称唯して、退下した。すぐに還り昇って、南檻《みなみかん》に臨んだ。四大夫を召して、これを命じた。座に復した〈初めの道は、南座の南を経て、参り進まなければならない。ところが、更に東廂《ひがしびさし》を南行して、簀子敷《すのこじき》に下った。更に南から昇って、東第二間から入り、内弁の後ろに立った。失儀《しつぎ》と称さなければならないばかりである。〉。次いで雅楽寮《ががくりょう》が立楽《たちがく》を奏した。私は楽が未だ終わらない頃に、退下した。陣座に着し、外記を召した。外記惟経が参入した。見参簿《げんざんぼ》を進上するよう命じた。すぐに見参簿を進上した。権大納言《ごんだいなごん》（藤原）行成《ゆきなり》卿は、見参簿に漏れていた。そこでそのことを伝えて、見参簿を返給した。但し、改め直したものを見せることはない。後に聞いたことには、「権大納言は遅参《ちさん》しました。諸卿が外弁に向かった頃、参会しました」ということだ。外弁の外記が見なかったのか。参上した際、知らなかったのか。内記《ないき》が宣命《せんみょう》を進上した。見終わって、返給した。私は軒廊に進んで、宣命と見参簿を執った〈一杖に挿んだ。外記が跪《ひざまず》いて進上した。〉。参上して、内侍に託した。退下して、御障子の下に退いて立った。御覧が終わって、内侍に返給した。進み寄って、笏《しゃく》を挿んで、これを給わった。書杖《ふづえ》に執り副え、退下して、軒廊に立った。外記が来て、跪いて伺候した。見参簿と書杖を給わった。宣命を執って参上し、座に復した。左兵衛督《さひょうえのかみ》公信を召した〈召詞《めしことば》は、「左の兵舎人《つわものとねり》の藤原朝臣」と。〉。称唯した。すぐに宣命を給わった。これより先に、主上《しゅじょう》（後一条天皇）は還御《かんぎょ》された。私は座を起ち、警蹕を称した。次いで内侍二人が、御釼《みはかし》と筥《はこ》を執った。諸卿は左仗の南頭に列立《れつりつ》した。宣命使《せんみょうし》が版位に就いた。宣制《せんせい》したことは二段。群臣は再拝した〈初段。〉。次いで舞《ぶ》踏《とう》した〈後段。〉。宣命使が座に復した。終わって、群卿が座に復した。私は退下した。これより先に、内府と大納言頼宗が退出した〈「内府は、心神《しんしん》が宜しくなかった」と云うことだ。「頼宗は、一品宮《いっぽんのみや》（脩子《ながこ》内親王）が今夜、太皇太后宮《たいこうたいごうぐう》（藤原彰子《あきこ》）に参られる。その事による」と云うことだ。〉。私および次席の者は、禄所《ろくしょ》に進んだ。縫殿頭《ぬいどののかみ》保季《やすすえ》王が禄を執り、膝突《ひざつき》に進んで、下給した。終わって、陣座に復した。諸卿は退出しなかった。或いは陣の後ろに佇立《ちょりつ》し、或いは座に着した。大外記頼隆真人《まひと》を召して、六衛府について問うた。……

二日。藤原資房、源経相女と婚す／天皇・東宮、太皇太后に朝覲／勧賞叙位

……

宰相が来て云ったことには、「今夜、（藤原）資房《すけふさ》が、密々に備前守《びぜんのかみ》（源）経相《つねすけ》の女《むすめ》に通婚《つうこん》します。事の詳細を、いささか相談します」と。巳剋の頃、内裏に参った。関白および内府と、陽明門で参会した。連れだって参入した。□□□□□□□□府相□□□御所。私は着□□□□□□□および御輿長《みこしのおさ》□□□

□□外記惟経に問うた。皆、揃っているということを申した。御輿《みこし》は、これより先に、日華門《にっか》に控えていた〈元三日《がんざんにち》の行幸は鳳輦《ほうれん》に乗られる。〉。東宮(敦良親王《あつなが》)も、同じく行啓《ぎょうけい》を行なう。そこで東宮に参った。しばらく啓陣《けいじん》に伺候した。蔵人頭《くろうどのとう》右中将《うちゅうじょう》春宮権亮《とうぐうごんのすけ》公成が、仰せを伝えて云ったことには、「皇太后《こうたいごう》宮大夫《ぐうだいぶ》源朝臣〈道方。〉と皇太后宮権大夫《こうたいごうぐうごんのだいぶ》藤原朝臣〈資平。〉に、東宮の行啓を警護させるように」ということだ。すぐに□□□□命じた。□剋、天皇は紫宸殿に出御した〈実際の時剋は未。〉。私は先ず階下《かいか》を経て、南□□に立った。□□□〈内府。〉は南東に立った。次いで大納言(藤原)斉信《ただのぶ》・行成・能信、中納言□□、参議経通・朝経・定頼、三位中将《さんみちゅうじょう》三人〈(藤原)道雅《みちまさ》・兼経・長家。〉が、列立した。左右将監《しょうげん》が、大刀《だいと》および契《けい》を昇いた。闈司奏《いしのそう》を督促させた。長い時間が経って、□左腋門《わきもん》から入った。版位に就いて、これを奏上した。勅答《ちょくとう》があった。はなはだ怪しい。上達部《かんだちめ》□□□□□。そこで闈司が退□。次いで少納言《しょうなごん》(藤原)信通《のぶみち》が参入した。鈴奏《すずのそう》に□□は無かった。関白が御辺に伺候するのは、如何なものか。疑ったことには、もしかしたら□御□咳病《がいびょう》が御□□□□少納言は直ちに称唯した。その儀は、恒例のとおりであった。次いで御輿を寄せた。左□□御輿の戸を開いたが、開かなかった。左《さ》三位中将《さんみちゅうじょう》道雅□□□□□□警蹕を行なった。侍衛《じえい》は恒例のとおりであった。天皇の乗輿《じょうよ》は、日華門から御出《ぎょしゅつ》した。宣陽《せんよう》□□□□将軍が宣陽門の壇上に於いて、大舎人《おおとねり》を召したことは二声。命じたことには、「御綱を張れ」と。乗輿は陽明門を御出した。大宮《おおみや》・上東門《じょうとうもん》大路を経て、上東門院《じょうとうもんいん》(土御門院《つちみかどいん》)の西門に到られた。門外に於いて、御輿を留めた。蔵人頭左中将《さちゅうじょう》朝任を介して、太后《おおきさき》(彰子)に申させた。御

□□□□まま、御書状が有った。そこで御入《ぎょにゅう》した。中門に於いて、下りられた。所司《しょし》が筵道《えんどう》を供した。右三位中将長家が御釼に供奉した。左頭中将朝任が御笏に供奉した。すぐに東宮は、□□□参られた。内府及び諸卿は、西門に参入して、徘徊《はいかい》した。御車を下りられた。□□□そこで関白は人を召し、鬢《びん》を払った。私が云ったことには、「御理髪《りはつ》の具□□□剋に、持参させます」と。能信卿が御車のまま、御鬢を理えた。終わって、西中門《にしちゅうもん》の御休廬《きゅうろ》〈筵道を敷いた。〉に入り□。春宮大夫《とうぐうだいぶ》頼宗と私が前行した。「主上は、簾中《れんちゅう》に於いて□御拝《ぎょはい》した」と云うことだ。次いで東宮〈靴を着した。〉が、休廬から出た。簾外に於いて、拝舞《はいぶ》を行なった。関白及び内府は、渡殿《わたどの》の辺りに伺候した。御拝が終わって、脱いで御《み》簾《す》の中に入られた。上達部は□座〈中門の北廊《きたろう》。〉に着した。饗饌《きょうせん》が有った。禅閤《ぜんこう》(道長)は、東廊《ひがしろう》に伺候されていた。内相府《ないしょうふ》(教通)を御使として、禅閤を召した。□東対《ひがしのたい》に参入した。寝殿《しんでん》の南面《みなみおもて》の東第三間から入った。秉燭《へいしょく》に及んで、寝殿の御簾を巻いた。主上が出御した〈平座《ひらざ》。〉。東宮は、今上《きんじょう》(後一条天皇)の御座を去ること西二間に、御座が有った。次いで諸卿の円座《わろうだ》を□□□に敷いた。関白が座に着した。右頭中将公成を介して、諸卿を召した。□□□□□重。参議太皇太后宮権大夫《たいこうたいごうぐうごんのだいぶ》経通が勧《けん》盃《ぱい》を行なった。次いで□□□大納言行成が陪膳《ばいぜん》を行なった。打敷《うちしき》を執った。宰相が益供《やくぐ》した〈懸盤《かけばん》六本。沈香《じんこう》・蘇芳《すおう》□か。御器《ごき》は銀を用いた。〉。私が問うて云ったことには、「警蹕は如何か」と。関白は疑いを持った。行成卿が云ったことには、「先年、警蹕が行なわれました」ということだ。そこで警蹕を行なった。母后《ははきさき》(彰子)が□□にいらっしゃる□感心しないばかりである。次いで東宮の御膳。参議春《とう》宮権大夫《ぐうごんのだいぶ》公信卿が、打敷を執った〈東宮の御膳は、敷いてはならなかったのか。母后の準備による。〉。□あらかじめ内裏の殿上《てんじょう》の者が益供した。懸盤四本〈浅香《せんこう》か。夜に臨んで、見えなかった。〉。行成卿が御盃を執り、これを進上した〈初め右三位中将兼経が御盃を執った。諸卿が云ったことには、「□□□でないのは、□□。献上すべきである」と。そこで退帰した。また、前例では御銚子《ちょうし》に供奉する人がいた。□□□儲□□□。そこでただ、御酒を盛って、これを献上した。前例を失した。〉。次いで楽人《がくにん》の座を南 階《みなみのきざはし》の西方に鋪いた。楽人四人□□□座に伺候した。殿上や階下、或いは絃、或いは管、糸竹《しちく》が声を合わせた。太皇太后宮《たいこうたいごうぐう》大夫《だいぶ》(源)俊賢《としかた》が勧盃を行なった。座に伺候していないので、欠巡《けつじゅん》を行なった。その後、座に伺候するよう伝えた。ところが聞かずに、逃げ走った。御遊《ぎょゆう》は漸く闌《たけなわ》となった。禄〈大掛《おおうちき》。〉を下給した。終わって、御贈物があった。大納言斉信卿が、御手本《てほん》を執った〈筥に納めた。〉。頼宗卿が、御帯を執った〈筥に納めた。〉。御前に進み出て、跪いて伺候した。関白が下僕《げぼく》(実資)に命じられて云ったことには、「問うように」ということだ。未だ問わない頃、斉信卿が先ず物の名を称した。そうとはいっても、私は問うた。頼宗卿が名を称した。斉信卿が御贈物を置いて退出した。関白は、持って参るよう命じた。そこで両卿は、執って出た。関白が云ったことには、「蔵人頭に託すように」ということだ。次いで経通が、東宮の御贈物を執った。関白が云ったことには、「露出してはならない」ということだ。そこで南西の角の簀子敷に据えた。関白の意向によって、持ち出して、宮司《みやづかさ》に託した。座を起って、退下した。長い時間、関白は母屋《もや》の御簾の前の円座に伺候した。次いで蔵人頭朝任が、下官(実資)を召した。参入し、□御簾の前の円座に着した。関白は、硯を召すよう命じた。そこで男たちを召した。左頭中将朝任が参入した。硯と続紙《つぎがみ》について命じた。すぐに持って来た。私は笏を置いて伺候した。関白が勅語《ちょくご》を伝えた。先ず正三位藤原朝臣長家を書いた〈一紙。〉。

従二位藤原朝臣嬉子《よしこ》　従三位藤原朝臣豊子《とよこ》

正四位下藤原朝臣美子《よしこ》　従五位下藤原朝臣頼子《よりこ》〈以上、一紙。〉

硯を取り下した。叙位《じょい》二枚を柳筥《やないばこ》に盛った。笏を挿んで、膝行《しっこう》した。御簾の下から差し入れた。笏を取って伺候した。御覧が終わって、返給した。笏に取り副え、退下した。大内記《だいないき》(菅原)忠貞《たださだ》を召し、西対《にしのたい》の南階の下に於いて、叙位を下給した。また、位記《いき》を□□するよう命じた。長家卿が、西中門の内に於いて、慶賀《けいが》を奏上させた。拝舞した。朝任が命じて云ったことには、「御輿を南階に寄せるように」ということだ〈この儀は、『続日本後紀《しょくにほんこうき》』に見える。但し、頗るその儀を減じている。〉。また、関白の命を伝えて云ったことには、「東宮の御車後に供奉するように」ということだ。すぐに御輿を寄せた。私は南□の南西に□立した。内府は階の前を通って、□に立った。次いで諸卿が列立した。「皆、禄を執った」と云うことだ。警蹕と侍衛は、通常のとおりであった。私は御輿に副わず、中門の内に留まった。東宮の御車に供奉することになっているからである。御車を西対の南廂《みなみびさし》に寄せた。西御門の外に於いて、御車後に供奉し、発した。陽明門の敷居《しきい》の外に御車を留めた。下官は御車から下り、□□□□□□下りられた。建春門《けんしゅんもん》から凝華舎《ぎょうかしゃ》に至って、筵道を敷いた。東宮□および下官は□行した。

しばらく伺候して、退出した〈時は亥の終剋の頃か。〉。

三日、戊辰。　関白第臨時客／皇太后宮拝礼／二宮大饗

早朝、宰相が来た。未剋の頃、左大弁《さだいべん》朝経と式部大輔《しきぶのたいふ》広業が来た。逢わなかった。晩方に臨んで、関白の御許に参った。右兵衛督《うひょうえのかみ》経通が車後に乗った。宰相資平は、別車で従った。これより先に、内大臣以下が座に着した。但し大納言斉信と頼宗は、私の後に参入した。日が陰り、黄昏に臨もうとしていた。そこで三献があった。終わって、引出物《ひきでもの》があった〈私と内府に、馬各一疋。〉。私と内府は、関白の車に同乗して、皇太后宮《こうたいごうぐう》〈藤原妍子《きよこ》〉〈枇杷殿《びわどの》。〉に参った。一、二盃《はい》の饗宴が行なわれた〈この頃、秉燭となった。〉。次いで内裏に参った。同乗したことは、初めと同じであった。□□入った。また、門□□下、殿上間に参上した。しばらくして、後涼殿《こうりょうでん》を経た。これは□中□□、地面が湿っていて、□□□の礼は行なわれなかった。次いで東宮に参った。すぐに中宮大饗《ちゅうぐうだいきょう》〈玄輝《げんき》門の西廊《にしろう》。東宮大饗は東廊。〉に着した。関白は、□□なかった。一献が終わって、餛飩《こんとん》を据えた。箸を下した。飯と汁を据えた。三献の後、箸を下した。雅楽《ががく》と舞楽《ぶがく》があった〈二献に楽を始めた。そこで止めさせた。〉。舞四曲〈大唐《だいとう》二曲、高麗《こま》二曲。〉。楽が終わって、宮司が賜禄《しろく》を行なった。上達部に膝突を給わった。次いで東宮大饗に着したのは、中宮と同じであった。私は東宮傅《とうぐうふ》であったので、一献の外座《げざ》の盃を執った。私が未だ座を起たないうちに、春宮大夫頼宗と春宮権大夫公信が、盃を執った。公信は私に授けた。私は盃を執り、内大臣の上頭《じょうとう》に到って立った。行酒《ぎょうしゅ》の人が、酒を盛った。私は唱平《しょうへい》を行なった。

内府が揖礼《ゆうれい》を行なった。私は跪いて飲んだ。更に起って、酒を盛った。唱平を行なった。内府は盃を受けて飲んだ。私は返し取った。序列どおりに勧め、侍従の座〈四位。〉に及んだ。□後に、楽と禄は、中宮大饗と同じであった。但し、雅楽は各二曲であった。終わって、退出した。そこで事情を伝えて、舞を止めた。もう二曲は、仰せ下さなかった。意に任せて退出したのは、道理はそうであってはならない。両宮の□□□□□ようであった。内府は二献の外座の盃を執った。亥剋の頃、儀が終わった。見参《げんざん》した上達部は、内大臣、大納言斉信・行成・頼宗・能信、中納言（藤原）実成《さねなり》・道方、参議公信・経通・資平・朝経・定頼、右三位中将長家、参議広業。

四日、己巳。　藤原長家、勧賞の慶賀

正三位中将《しょうさんみちゅうじょう》長家が来た。宰相を介して、先ず書状を通わせた。その後、西対の渡殿の南庭に於いて、拝礼《はいらい》を行なった。私は答拝《とうはい》した。終わって、先ず昇り、座に着した。次いで亜将《あしょう》（長家）が座に着した〈この座は、寝殿の南西二間。高麗端《こうらいべり》の畳の上に円座を敷いた。〉。しばらくして、□議が退出した際、随身に疋絹《ひつけん》〈府生《ふしょう》と番長《ばんちょう》各一人、近衛《このえ》四人。〉と布袴《ほうこ》を下給させた。（藤原）資高《すけたか》が束帯《そくたい》を着して、私の履《くつ》を執った。宰相と少納言信通が□□事を□□。

五日、庚午。　外記十年労勘文／家令の叙位の例／叙位議／家令石作忠時、叙爵

右中弁《うちゅうべん》（藤原）章信《あきのぶ》朝臣が、宣旨《せんじ》を持って来た。すぐに下給した。大外記頼隆が、十年労《ろう》の勘文《かんもん》および叙位の小勘文《こかんもん》を進上した。小勘文については、返給しておいた。去る二日、大臣の家令《かれい》の叙位の例の勘文〈頼隆が勘申《かんじん》した。〉を、章信朝臣を介して関白に奉った。今日、来て云ったことには、「関白に覧せました」と。御書状に、「前例が有れば、何事が有るであろう」ということだ。大臣の後、三年の叙位は、少なくはない。石作《いしづくり》氏を五品《ごほん》に叙した例は、延暦《えんりゃく》以来、前例が無い。内外階《ないげかい》を見る為に、勘申させたものである。ところが、叙位の例は無いということを申した。大略は外位《げい》に叙すべきであろうか。

内裏に参った〈申四剋。〉。宰相は車後に乗った。諸卿は未だ参っていなかった。しばらくして、内大臣及び諸卿が参入した。未だ議所に着さない頃、蔵人《くろうど》(源)経宗《つねむね》が、筥文《はこぶみ》を揃えるよう、伝え召した。外記惟経に命じた。外記三人が筥文を取った。宜陽殿の西庭に立った。私は座を起って、射場《いば》に進んだ。内大臣以下が従った。私と内府は、廊の内に立った。中納言以上は射場《いば》舎《しゃ》の東砌《ひがしのみぎり》に立った。参議は南砌《みなみのみぎり》に立った。外記が筥文を持って、射場の東庭《とうてい》に列立した。私は先ず殿上間に参上した。次いで内府。これより先に、関白が殿上間に伺候していた。関白は御前の座に着した。次いで下僕(実資)、次いで内府。大納言斉信が硯を執った。大納言頼宗と能信が、筥文を執った。諸卿は座に着した。終わって、主上が関白を召した。関白は称唯して進み、簾の前の円座に着した。関白は仰せを奉って、下官を召した。称唯して、円座に着した。次いで内府を召したことは、私と同じであった。この頃、日没となった。関白は大殿油を供すよう命じた。しばらくして、供した。主上がおっしゃられて云ったことには、「早く」ということだ。私は称唯して、硯を南方に推し遣わした。一筥の文を他の筥に移した。ただ十年労の勘文を納め、笏を挿み、筥を執って膝行し、御簾の中に献上した。笏を置いて、伺候した。御覧が終わって、返給された。笏を挿んでこれを給わり、座に復した。笏を置いて、意向を伺った。関白が天皇の意向を伺った。おっしゃられた事が有った。聞くことができなかった。ただ意向を得て、笏を置いて、事に従った。関白が云ったことには、「院宮《いんぐう》の御給《ごきゅう》の文書《もんじょ》を召すべきであろうか」と。私が答えて云ったことには、「先ず式部省《しきぶしょう》と民部省《みんぶしょう》を叙して、院宮の御給の文書を召すべきでしょう」と。関白は承諾した。関白が伝え示したので、式部省と民部省を書いた。終わって、事情を申した。中納言皇太后宮大夫道方卿を召した〈その詞に云ったことには、「皇太后宮大夫源朝臣」と。〉。称唯して、簀子敷に来て坐った。院宮の御給の文書を取り遣わすよう命じた。この頃、加階《かかい》及び新叙《しんじょ》の者を、勅を伝えたので、書いた。禎子《よしこ》内親王は、未だ請文《うけぶみ》を給わっていない。右中弁章信を介して、下し勘じさせた。外記が申して云ったことには、「年の相違が有ります」ということだ。ただ未給《みきゅう》の年を勘申したとのことだ。時剋が推移し、勘申した。院宮の御給の文書は、未だ取って進上していなかった。催し仰せられた。中させて云ったことには、「皇后宮《こうごうぐう》(藤原娍子《すけこ》)の御給の文書は、未だ出て来ていません」と。まずは奉るよう命じた。道方卿が来て、院宮の御給の請文を進上した。関白に伝えて、奏覧《そうらん》した。返給して、一々、これを書いた。源納言《げんなごん》(道方)が皇后宮の御給の請文を伝えて奉った。関白に伝えて、奏覧した。すべて皆、書き入れた。関白が云ったことには、「左大弁が加階を申請した。拠るところは無いとはいっても、前例を勘注《かんちゅう》し、奏聞《そうもん》を経て定め申すように」ということだ。少弁から左大弁に昇った功労は、もっとも多い。古今に比類が無い。また、頻りに下臈《げろう》に超越《ちょうおつ》された。その愁いは、もっとも切なるものがある。哀憐《あいれん》が有るべきであるということを定め申した。正三位に叙された。書き終わって、笏を挿した。筥に納め、御簾の中に献じ、退いて伺候した。御覧になって、返給された。笏を挿んで、殿上間に持ち出した。先ず入眼《じゅげん》の上卿《しょうけい》右衛《え》門督《もんのかみ》実成卿に授けて、退出した〈戊剋。〉。家令石作忠時《ただとき》が、叙位を申請した。見参した諸卿は、三丞相《じょうしょう》（頼通・実資・教通）、大納言四人〈斉信・行成・頼宗・能信。〉、中納言二人〈実成・道方。〉、参議四人〈公信・経通・某《なにがし》（資平）・朝経。〉。

六日、辛未。　**法成寺修正月会／白馬節会召仰**

夜に入って、宰相が来て云ったことには、「今夜、法成寺《ほうじょうじ》の修正月会《しゅしょうがつえ》を行なわれます。そこで参入します」ということだ。今朝、大外記頼隆が云ったことには、「明日、節会が行なわれます。巳剋に伺候するよう、関白が召し仰せられました」ということだ。

七日、壬申。〈節会部に見える。〉　**白馬節会の内弁／頼通、二省の遅参により大外記頼隆を勘責**

内裏に参った。宰相が従った。右兵衛督経通と、途中で会した。一緒に参入した。敷政門から入った。諸卿は未だ参っていなかった。随身を遣わして、時剋を見させた。「午四剋」ということだ。これより先に、関白が参入していた。章信朝臣を介して、内弁について関白に申させた。報じられて云ったことには、「奉仕するように」ということだ。また、云ったことには、「今日の節会は、早くするように。二省及び諸司・諸衛府を巳剋以前に催促して揃えておくよう、大外記頼隆を召し仰せた。ところが、午の終剋に及んでも、あれこれを申さない。内裏に参った後、事情を問い述べたところ、二省は遅参するという事を申してきた。本来ならば、あの時剋以前に事情を申さなければならない。問うのを待って申したところは、道理はそうであってはならない。勘責《かんせき》に処すように。他の外記に今日の儀を行なわせるように」ということだ。すぐに外記(中原)師任《もろとう》に命じた。また、頼隆の勘当《かんどう》について、同じく師任に伝えた。私は南座に着した。早く代官《だいかん》について申さなければならない。外任《げにん》の奏について進上しなければならない。馬頭《うまのかみ》と助《すけ》は、欠が無いか否かについて、(安倍)祐頼《すけより》に伝えた。何年来、御馬を引く時に臨んで、頭と助がいないということを申した。そこで調べて命じたところである。特に二省を早く参らせる事を、同じく師任に命じた。師任が云ったことには、「二省は参入しました」ということだ。しばらくして、申して云ったことには、「馬寮に問い述べたところ、申して云ったことには、『左馬頭《さまのかみ》が伺候していません。助一人が伺候しています。右馬頭《うまのかみ》と助は、揃って伺候しています』ということでした」と。章信朝臣を介して、奏上させた。おっしゃって云ったことには、「左馬頭が伺候していない代わりは、外衛《げえ》の佐《すけ》に奉仕させるように」ということだ。すぐに外記師任に伝えた。外記惟経が、外任の奏を進上した。章信朝臣を介して奏上させた。返給された。おっしゃって云ったことには、「下し給え」ということだ。列に伺候するよう命じられた。通例の勅語と違っていた。惟経は、小庭《こにわ》に進み出て、代官を申請した。本来ならば外任の奏を返給して、代官を申請するものである。すぐに惟経を召し、外任の奏を下給した。列に伺候させるよう命じた。日は漸く暮れようとしていた。そこで御弓奏《みたらしのそう》を内侍所に託すよう、章信朝臣を介して奏上させた。内侍に託すようにとの仰せが有った。惟経に伝えた。この頃、内大臣及び諸卿が参入した。宸儀《しんぎ》(後一条天皇)が紫宸殿に出御した。左頭中将朝任が仰せを伝えて云ったことには、「早々に催し行なうように」ということだ。答えて云ったことには、「今となっては、下名《おりな》を給うべきです」と。私は軒廊に進んだ。内侍は、下名を取って、東階《ひがしのきざはし》の簀子敷に坐った。私は階級《かいきゅう》を昇り、笏を挿して、下名を給わった〈式部省と兵部《ひょうぶ》省《しょう》が各一紙。〉。更に笏を抜き、笏に取り副え、南廻りに退下し、宜陽殿の兀子に着した。内竪《ないじゅ》を召したことは二声。称唯しなかった。随身に告げさせた。その後、同音に称唯した。参り進まなかった。内竪は、走□□頭に当たった。長い時間が経って、頭某が参入し、宜陽殿の西庭に立った。宣したことには、「式部省と兵部省を召せ」と〈その詞に云ったことには、「式《のり》の司《つかさ》・兵《つわもの》の司を召せ」と。〉。称唯して、退出した。二省は参らなかった。随身を遣わして、師任に問わせたところ、申して云ったことには、「二省は参入するということを申していました。そこで伺候していると申しました。ところが、八省《はっしょう》院《いん》の東廊に控えて、未だ参入していません。度々、召し遣わしました」ということだ。時剋が推移し、二省が参入した。宜陽殿の西庭に列立した。式部丞《しきぶのじょう》(藤原)俊忠《としただ》が、先ず立った〈北面した。〉。次いで兵部丞《ひょうぶのじょう》(平)挙範《たかのり》が、式部丞の西に立った。俊忠に、東に立つよう伝えた。そこで更に帰って、東に立った。礼を失して立ったことは奇怪である。私は先ず式部を召した〈その詞に云ったことには、「式の司」と。〉。称唯して、参って来た。左手で下名を給わった〈『判官記《はんがんき》』に云ったことには、「大臣が下名を給う時は、膝行する」ということだ。ところが、膝を衝かなかった。もしかしたら二説有るのか。調べなければならない。〉。俊忠は元の所に復した。次いで兵部を召した〈その詞に云ったことには、「兵の司」と。作法は式部と同じであった。〉。称唯して、参って来た。下名を給わった。退帰した際、式部が退出した。次いで兵部が退出した。終わって、私は兀子を起ち、退き入った。陣の後ろに佇立した。この頃、内大臣以下は外弁に出た。左右近衛《このえ》府《ふ》の陣は、御座が定まって、警蹕を称した。次いで宜陽殿の兀子に着した。内侍が檻に臨んだ。座を起って称唯し、北行した。更に軒廊の東第二間を出て、左仗の南頭に到った。再拝した。右廻りに参上し、座に着した。関白は御後ろに伺候した。次いで門を開いた。闈司は分かれていた。終わって、私は殿を下りた。軒廊に於いて、内記を召した。内記(令宗《よしむね》)業任《なりとう》が参って来た。跪いて伺候した。新叙の宣命を奉るよう命じた。すぐに書杖に挿んで、これを進上した。取って見た。終わって、返給した。更に元のように挿ませた。これを取って、参上し、内侍に託した。右廻りに退いた。御障子の下に立った。御覧が終わって、内侍が賜わった。御屏風《びょうぶ》の南端を進んだ。私は進んで、これを給わった。宣命を杖に取り副え、左廻りに殿を下りた。軒廊に於いて、杖を内記に給わった。宣命を笏に取り加え、参上して、座に復した。笏を置いて、内豎を召したことは、二音。同音に称唯した。別当之清《べっとうこれきよ》が参入した。私が命じて云ったことには、「式の司と兵の司を召せ」と。称唯して、退出した。式部・兵部の輔《すけ》や丞代《じょうだい》が参列した。先ず式の司(源)守隆《もりたか》朝臣が、称唯して参上した。私は笏を傍らに置いた。式部の二筥を取って、これを給わった。守隆はこれを給わって、退下した。丞に伝えて給い、還り昇った。また、笏を置いて、一笏を取り、給わった。退下して、丞に給わった。初めの所に列立した。次いで兵の司を召した。称唯して、(上毛野《かみつけのの》)広遠《ひろとお》宿禰《すくね》が参上した。兵部の笏を取って、これを給わったことは、式部と同じであった〈式部・兵部の輔代《すけだい》が、跪いて笏を給わった。立ったまま、給わらなければならない。失儀である。〉。二省の丞代(守隆・広遠)は、笏を机の上に置いて、退出した〈式部は日華門から出た。兵部は月華《げっか》門。〉。次いで舎人を召したことは二声。大舎人は同音に称唯した。少納言信通が参入し、版位に就いた。宣したことには、「刀禰《とね》を召せ」と。称唯して、退出した。群臣が参入し、標に就いた。宣したことには、「座に侍れ」と。謝座と謝酒が行なわれた。終わって、諸卿が参上し、座に着した。諸大夫《しょたいふ》は幄《あく》の座に着した。叙人《じょにん》は遅参した。そこで宰相を介して催促させた。しばらくして、参入した。立ち定まった。皇太后宮大夫道方を召して、宣命を給わった〈召詞に云ったことには、「きさいの宮の源朝臣」と。〉。この頃、秉燭となった。私及び諸卿は、殿を下りて、左仗の南頭に列立した〈位を異にして重行《じゅうこう》した。〉。宣命使が版位に就いた。宣制したことは両段。群臣は、段毎に再拝した。宣命使が座に復した。諸卿が参上して、座に復した。次いで式部は、位記を召して下給した〈大輔《たいふ》代大舎人頭《だいおおとねりのかみ》守隆朝臣が、正三位朝経の位記を読んだ。終わって、標に復した。守隆は加階した。加階した者が輔代であった前例を調べなければならない。位記を召して下給した。終わって、標に復した。少《しょう》輔が召して下給しても、何事が有るであろう。〉。次いで兵部を召して、下給した。終わって、叙人は拝舞して、退出した。二省は笏を撤去した。掃部寮《かもんりょう》が机を撤去した。私及び次席の者は、左仗の南頭に列した。拝舞が終わって、座に復した。私は雑事を催促する為に、しばらく軒廊に留まり立った。まずは白馬奏《あおうまのそう》を催促した。左将軍(教通)〈内大臣。〉が殿を下り、同じく軒廊に立った。共に白馬奏に署した〈左右馬允《うまのじょう》が、奏に伺候した。史生《ししょう》は硯を持った。允《じょう》が硯を伝え取った。〉。先ず左将軍が奏を執り、参上した。私は続いて参上した。左軍《さぐん》(教通)は内侍に託して退帰した。私は東廂に留まった〈参議の座の北東に当たった。〉。左軍が前を過ぎた際、進み行って内侍に託し、右廻りに座に復した。左将監《さしょうげん》が版位を取った。左右府生が標を取った。白馬《あおうま》は引いて渡らず、春興殿《しゅんこうでん》の内に立った。雑人《ぞうにん》たちが、殿の内、および庭前に群れ立っていた。そこで宰相を介して、左陣に命じて退出させたが、一切、出なかった。私は殿を下り、陣官《じんかん》を召し仰せて、白馬を引き出させた。雑人を追却した。外記師任を召して、白馬を曳き渡さなかった事を尋問させた。申して云ったことには、「右《う》馬助《まのすけ》(源)頼職《よりもと》が、急に胸病《きょうびょう》を煩って、参入しなかったのです」ということだ。白馬を牽く時に臨んで、病であることを申すのは、極めて奇怪な事である。ところが、代官は急に出て来ることは難しいのではないか。助は六位の官である。允を助代《すけだい》とすることは、その前例が有る。そこで左頭中将朝任を介して、事情を奏上させた。前例によるよう、仰せが有った。そこで允を助代とするよう、師任に命じた。陣および白馬が渡った。内膳司が御膳を供した〈南階。〉。諸卿と諸陣が興った。供し終わって、座に復した。臣下の粉熟を据えさせた。私は天皇の意向を伺った。御箸を下した。次いで臣下が箸を下した。次いで御飯を供した。次いで臣下の飯と汁。終わって、天皇の意向を伺った。すぐに御箸を下した。次いで臣下が食に就いた。次いで一献を供した。次いで臣下。国栖奏が終わった。二献を供した。次いで臣下。夜は漸く闌となった。そこで大夫たちに御酒を給う事を奏上した〈座を起ち、奏上して云ったことには、「まち君達に御みきを給おう」と。〉。称唯して、座に復した。左兵衛督公信を召した〈「左の兵舎人の司藤原朝臣」と。〉。称唯して、参って来た。命じて云ったことには、「大夫たちに御酒を給え」と。称唯して、殿を下りた。しばらくして、帰り昇った。南檻に臨んで、召し仰せた。座に復した。その後、三献を供した。次いで臣下。内教坊別当《ないきょうぼうべっとう》大納言（藤原）公任《きんとう》卿は、内裏に参らなかった。そこで私が殿を下り、坊家奏《ぼうけのそう》を奉るよう、催し仰せた。ところが、別当右少将《うしょうしょう》（源）隆国《たかくに》は加階された。慶賀を申す為に退出したので、他の少将に命じさせた。しばらくして、右少将（藤原）良頼《よしより》が、奏を持って参った〈左近将監《さこんのしょうげん》（狛《こまの》）光高《みつたか》が、奏を持った。良頼朝臣が伝え取って、奉った。〉。私は紫宸殿の南東の壇上に立って、先ず開いて見た〈五曲を記してあった。〉。返給して挿させ、これを取って参上した。内侍に託し、座に復した。舞二曲を奏した頃、宸儀は御座を立たれた。私は座を起って、警蹕を行なった。天皇は還御した。内侍二人が御釼と璽《じ》を執った。もう三曲を奏させず、止めた。諸卿は殿を下り、左仗の頭に列立し、拝舞した。私は見参簿と宣命を見る為に、陣に着して、列さなかった。見参簿を召して、見た〈諸卿と諸大夫の見参簿、近江《おうみ》の俘囚《ふしゅう》の見参簿。〉。頼職を載せているが、すでに故障を申して、参らなかった。ところが、見参簿に載せているのは、そうであってはならない。除くよう命じた。終わって、返し賜わった。次いで少《しょう》内記《ないき》業任が、宣命を進上した。見終わって、返給した。私は階下を経て、射場に進んだ。そこで白馬を射場および軒廊の内に牽き立てた。そこで紫宸殿の南西を徘徊した。白馬は御前を渡った。終わって、射場に進んだ。左頭中将を介して、宣命と見参簿を奏上させた。御覧が終わって、返給された。還って軒廊に到った。宣命と見参簿を笏に取り副えて参上し、座に復した。右兵衛督経通〈「右の兵舎《つわものとね》人司《りのつかさ》の藤原朝臣」と。〉を召し、宣命を給わった。次いで皇太后宮権大夫資平〈「きさいの宮の権《かり》の藤原朝臣」と。〉を召し、見参と禄目録を給わった。私は座を起って、退下した。諸卿も同じく殿を下りて、左仗の南頭に列立した。宣命使は版位に就いた。宣制したことは両段。諸卿が再拝・舞踏したことは、式のとおりであった。宣命使は座に復した。私は参上せず、退出した。子の初剋の頃か。宰相は、禄所の床子《しょうじ》に着した。便宜が無かったので、その所に向かわず、退出した。関白も退出した。外記局《げききょく》の辺りから、一緒に退出した。

今日、見参した諸卿は、左大臣〈関白。〉、内大臣、大納言斉信・頼宗・能信、中納言実成・道方、参議公信・経通・資平・朝経。朝経は加階したので、参上しなかった。

八日、癸酉。　朝経の慶賀／御斎会結願の饗料／節会の手禄／法成寺金堂修正月会

去る夕方、左大弁が加階の慶賀によって来たということを、（中原）師重《もろしげ》が申した。その頃、私は内裏に伺候していた。

今日、慶賀の人々が来た。一説に厄日《やくび》である。ところが、禅閤の命によって、今夜、金堂《こんどう》の修正月会に参らなければならない。諷誦《ふじゅ》を三箇寺〈東寺《とうじ》・賀茂下神宮寺《かものしもじんぐうじ》・北野《きたの》社。〉に修した。梨・棗《なつめ》・薯蕷《しょよ》・味煎《みせん》を陣に下給した。十四日の分である。大蔵省《おおくらしょう》が昨日の手禄の絹一疋を進上した。戌の終剋の頃、禅室《ぜんしつ》（道長）に参った〈宰相は車後に乗った。〉。今日から七箇日、金堂の修正月会が行なわれる。前日の御書状によって、参詣したのである。先ず御室《おむろ》に参った。三位中将（長家）が云ったことには、「御堂《みどう》にいらっしゃいます」ということだ。そこで金堂に参入した。すぐに謁談《えつだん》した。関白・内府・大納言斉信卿がいた。神分《じんぶん》の導師《どうし》の頃、乱声《らんじょう》と音楽があった。また、初夜《そや》が行なわれた。次いで半夜《はんや》が行なわれた。後夜《ごや》の導師が昇降した時、楽が有った。また、供花《くげ》が有った。つまりこれは、鳥舞《とりまい》である。堂中に於いて、この事が行なわれた。堂中から□□□□参入した。終わって、舞った。半夜の導師は擬講《ぎこう》智□□□□師に禄を授けた。初夜と後夜の導師は、禄が無かった。初夜の導師□□□□導師の前後に、呪師《ずし》および琵琶《びわ》法師《ほうし》が散楽《さんがく》を行なった。この事によって、後夜の導師は、卯剋に終わった。会合した卿相は、関白、大納言斉信、民部卿《みんぶきょう》俊賢、大納言行成・頼宗・能信、中納言実成・道方、参議公信・経通・資平、及び三位中将長家。上達部は直衣《のうし》を着した。俊賢と経通卿は表衣《うえのきぬ》を着した。今夜、上達部と僧たちに、菓子・薯蕷粥《しょよがゆ》・薯蕷巻《しょよまき》・□□を供された。

九日、甲戌。　春日祭の供の少納言、物忌を称す

卯剋の頃、金堂から退出した。□□□□が有ったので、□夜の導師が、遅れて登ったからである。昨夜、参り到った後、播磨守《はりまのかみ》（藤原）惟憲《これのり》を介して、禅室の御書状が有った。「春日祭《かすがのまつり》の供の少納言たちは皆、物忌《ものいみ》を称しているということを、外記惟経が来て申した。『これは大外記頼隆真人が申させました』ということだ。また督促するよう命じた。但し、物忌については、そうであってはならない。頼隆は関白の勘事《かんじ》によって、参って来ない」ということだ。少納言信通が、私的に督促すべきである。もう二人の内に、御前に供奉すべきであろう。

十日、乙亥。　肥後守罷申／検非違使・蔵人・還昇

宰相が来て云ったことには、「昨夜、御堂に参りました。□□□□□師は、雑芸《ぞうげい》は同じでした。関白以下は、同じく会合□□□□□南円堂《なんえんどう》の巻数使《かんずし》に白い衣被《きぬかつぎ》を下給しました〈□日の禄。〉」と。肥後守《ひごのかみ》（藤原）致光《むねみつ》が来て、赴任するということを申した。大掛を下賜した。春日祭に参る供の弁・史《し》・官掌《かじょう》□について、大夫史《たいふのし》（但波《たんばの》）公親《きんちか》朝臣に伝えた。

夜に入って、左頭中将朝任が来て、綸旨《りんじ》を伝えた。「左衛門尉《さえもんのじょう》平正輔《まさすけ》と右衛門尉《えもんのじょう》紀守光《もりみつ》を停止《ちょうじ》するように。蔵人左衛門尉平行親《ゆきちか》と左衛門尉藤原為親《ためちか》を検非違使《けびいし》とするように」ということだ。その次いでに談って云ったことには、「蔵人は右少将良頼と文章生《もんじょうしょう》源則成《のりなり》〈蔵人所《くろうどどころ》の雑色《ぞうしき》。〉、還昇《げんしょう》は左少将《さしょうしょう》（源）実基《さねもと》と右少将隆国、蔵人所の雑色は藤原重経《しげつね》」と。停任《ちょうにん》については少外記《しょうげき》祐頼に伝え、検非違使宣旨については左少弁《さしょうべん》（藤原）義忠《よしただ》に伝えた。

十一日、丙子。　右近衛府粥次／右近衛府荒手結／清原頼隆の勘当を免ず／春日祭舞人・陪従定／故太皇太后宮御給の任料

粥次《かゆついで》が行なわれた。懸物《かけもの》の絹二疋と米五石を右近衛府《うこのえふ》に遣わした。右近府生《うこんのふしょう》（宇自可《うじかの》）吉忠《よしただ》が申して云ったことには、「今日の荒手結《あらてつがい》は、着して行なう将がいません」と。その理由を問うと、各々、故障を申している。右少将(藤原)実康《さねやす》朝臣の許に示し遣わした。着して行なうという報が有った。章信朝臣が、勅〈実は関白の書状。〉を伝えて云ったことには、「職務に従わせるよう、大外記頼隆に命じるように」ということだ。すぐに師任を召し遣わして、伝えたとのことだ。しばらくして、頼隆が参って来た。春日祭に参る舞人《まいびと》と陪従《べいじゅう》□左右の官人以下を書き出した。各府の官人〈左□□□□、右近将《うこんのしょう》曹《そう》(紀)正方《まさかた》。〉の名を下賜した。

扶公僧都《ふこうそうず》が来て、語った。多くはこれは、春日《かすが》社に参るという事である。

宰相が云ったことには、「昨夜の金堂の作法は、毎夜と同じでした。呪師は懈怠《けたい》がありませんでした」と云うことだ。

故宮(昌子《まさこ》内親王)の御給の大隅掾《おおすみのじょう》の任料《にんりょう》の絹三十疋の内、二十疋を観音院《かんのんいん》司阿闍梨《あじゃり》清台《せいだい》に預けた。

十二日、丁丑。　手結を下す/紀宣明の勘当を免ず

手結《てつがい》に封を加えた。右近府生(播磨《はりまの》)為雅《ためまさ》に返給した。

(川瀬《かわせの》)師光《もろみつ》朝臣が云ったことには、「昨日、関白が(紀)宣明《のぶあき》を召し、職務に従うよう命じられました」と。夜に入って、宰相が来て云ったことには、「昨夜の金堂の作法は、毎夜と同じでした。但し、禅闍の命によって、僧綱《そうごう》および殿上人《てんじょうびと》は、衣を脱いで呪師に被《かず》けました」と。

十三日、戊寅。　宮道式光、衛門尉を望む/右近衛府真手結

宰相が云ったことには、「〈宮道《みやじの》〉式光《しきみつ》が衛門尉《えもんのじょう》を申請し、関白に伝えました。□旨が有りました。金堂の作法は、毎夜と同じでした。僧綱と殿上人は、衣を脱いで呪師に被けました」と。夜に臨んで、雨が降った。終夜、止まなかった。真手結《まてつがい》が行なわれた。垣下《えんが》の五位と六位を差し遣わした。また、禄を遣わした。将の禄は大掛、官人六人の禄は絹各一疋、物節《もののふし》以下の禄は布八十端《たん》。また、饗料《きょうりょう》の米十五石は、あらかじめ遣わしておいた。夜に入って、右近府生吉忠が、手結を持って来た。

十四日、己卯。　**手結を下す／皇后宮御給の申文を勘申／御斎会結願に不参**

手結を返給した。頼隆真人を召して、勘申しなければならない申文《もうしぶみ》〈皇后宮が申請された、内外官の御給の給不の文。〉を下給した。今日、八省院に参ることができないということを、頼隆真人に伝えておいた。

十五日、庚辰。　**法成寺金堂修正月会、結願**

宰相が来て云ったことには、「昨日、八省院に参りました。□□□□□師は、東西廊から参上しました。大極殿《だいごくでん》の砌《みぎり》に於いて、これを舞いました。大納言行成を貫首《かんじゅ》としました。右仗《うじょう》に着しました。次いで御前に参上しました。法会が終わって、戌剋の頃、諸卿は法成寺に参りました。大納言行成だけは、参りませんでした。金堂の修正月会が終わりました。はなはだ狼藉《ろうぜき》でした」ということだ。

延暦寺《えんりやくじ》の巻数使の法師に疋絹を下給した。

十六日、辛巳。　**踏歌節会の内弁／舞人、不足／道長、参内／六角堂諷誦**

今日、節会が行なわれた。そこで参入した〈申剋。〉。宰相が従った。内府と途中で逢った。一緒に参入した。敷政門から入った。しばらくして、諸卿が参入した。蔵人右中弁章信が、内弁を奉仕するよう、伝え仰せた。外記を召して、諸衛府の官人が参っているかどうかを問うた。この頃、天皇が紫宸殿に出御した。すぐに陣を引いた。御座が定まった。近衛府が警蹕を行なった。私は宜陽殿の兀子に着した。内侍が檻に臨んだ。座を起って、称唯した。謝座を行なって、参上した〈元日や七日の儀と同じであった。〉。次いで門を開いた。闈司が分かれて坐った。舎人を召した。舎人が称唯した。少納言が版位に就いた。宣したことには、「大夫たちを召せ」と。次いで内大臣以下が参入して、標に就いた。侍従は一人も列さなかった。宣したことには、「座に侍れ」と。謝座と謝酒が行なわれた。終わって、座に着した。次いで内膳司が、南から御膳を供した。次いで臣の饌。元日や七日と同じであった。一献の後、国栖奏。二献の後、御酒勅使《みきのちょくし》。右兵衛督を召して、これを命じた。殿を下りた。すぐに参上して、これを召し仰せた。私は退下した。しばらく東階の南腋《みなみわき》の兀子に坐った。音楽について催し仰せた。また、坊家奏について戒め仰せた。終わって、座に復した。立楽が行なわれた。舞人は、大唐・高麗楽、各三人であった。未だ見たことのない事である。驚き怪しんでいた間に、四曲を奏した。私は殿を下り、外記師任を召して、それについて問わせた。雅楽寮の下部《しもべ》が申して云ったことには、「雅楽頭《うたのかみ》(清原)為成《ためなり》は、病悩が有って参りません。助・允・属《さかん》が参入しました。舞人は、もう一人が、参入するということを申したのですが、参りませんでした」ということだ。この頃、左頭中将が勅命《ちょくめい》を伝えて云ったことには、「舞人が三人であるのは、極めて便宜のない事である。物師《ものし》と舞人が揃わなかったのは、先ずその理由を申すように。雅楽頭為成は、もっとも懈怠である。弁解するところは無いであろう。過状《かじょう》を進上させるように」ということだ。左将監〈藤原〉助通《すけみち》が、坊家奏を持ってきた。右近少将《うこんのしょうしょう》実康が伝え取って、これを奉った。私は先ず取って、開き見た〈踏歌《とうか》の図。〉。返給して、挿させた。直ちに書杖を執って、参上した。内侍に託して、座に復したことは、白馬奏と同じであった。参議に標を取るよう命じた〈府生が執った。〉。妓女《ぎじょ》は遅れて出た。そこで殿を下り、催し仰せた。主殿司《とのものつかさ》を退かせて、燎《ひ》を執らせた。その後、妓女が進み出た。妓女が退入した後、私及び諸卿は、殿を下りて、拝舞した。終わって、諸卿は座に復した。私は還り昇らず、陣に着し、見参簿と宣命を見た〈先ず外記が、見参簿と禄の目録を進上した。次いで内記が宣命を進上した。〉。各々、返し賜わった。終わって、大外記頼隆を召し、雅楽頭為成の過状について伝えた。また、加えて、参らなかった舞人を注進《ちゅうしん》するよう命じた。終わって、私は軒廊に進んだ。外記は、宣命と見参簿を合わせて挿し、これを奉った。これを取って参上し、内侍に託した。終わって退き、柱の下に立った。御覧が終わって、返給した。進み寄って、これを給わった〈内侍が、宣命と見参簿一枚を取り落とした。私が拾い取った。〉。殿を下りた。杖を外記に給わった。宣命と見参簿を笏に取り副えて、座に復した。右兵衛督を召して、宣命を給わった。左大弁を召して、見参簿を賜わった。次いで私及び諸卿は、殿を下り、仗頭《じょうとう》に列立した。宣命使は版位に就いた。宣制したことは両段。諸卿が拝舞したことは、式のとおりであった。宣命使は座に復した。諸卿は座に復した。私は参上せず、退出した〈時に亥の終剋。〉。

今日、参入した諸卿は、左大臣〈関白。御後ろに伺候した。〉、内大臣、大納言行成〈病悩を称し、列に立たなかった。事情を奏上した。諸卿が参上した後、殿に昇り、座に着した。〉・頼宗・能信、中納言道方、参議経通・資平・朝経、右三位中将兼経。

早朝、宰相が来た。すぐに禅室に参った。しばらくして、帰って来て云ったことには、「内裏に参られました」ということだ。

諷誦を六角堂《ろっかくどう》に修した。明日の東寺の読経《どきょう》について、禅林寺僧正《ぜんりんじそうじょう》〈深覚《しんがく》〉が弟子僧を遣わし、伝えられて云ったことには、「昨日から風病《ふうびょう》が発動《はつどう》しています。通例に従うことができません。夜間、試みてみます。頗る宜しければ、明朝、東寺に参ることにします。もし今のようでしたら、如何しましょう」ということだ。宿曜勘文《すくようかんもん》を御使の僧に託した。□□□□祈願させるのである。扶公僧都が来た。

春日社に参る雑事を述べた。

十七日、壬午。東寺孔雀経読経、延引／家請印始／外記政始／祇園社読経／藤原資房、後朝

今日から百箇日を限り、東寺に於いて孔雀経《くじゃくきょう》を転読《てんどく》させ奉ることになっていた。一口《く》の僧毎に、十箇日、改めて請用《しょうよう》する。禅林寺僧正が、招請を撰ばれることになっていた。また、今から十箇日、あの僧正が転読されることになっていた。ところが、「一昨日から、風病が発動しています。東寺に向かうことはできません」ということだ。そこで二十五日に改めた。巳剋、初めて請印《しょういん》を行なった〈南庭。〉。

外記政始《げきせいはじめ》が行なわれた。

今日、祇園《ぎおん》社で、般若心経《はんにゃしんぎょう》および仁王経《にんのうきょう》を読経した。これは恒例の善根《ぜんこん》である。今夜から阿闍梨文円《ぶんえん》に当季《とうき》の修法《しゅほう》を行なわせる〈不動息災法《ふどうそくさいほう》。〉。助衆《じょしゅ》は四口。この阿闍梨は、深く真言《しんごん》を習っている。父は(藤原)文範《ふみのり》卿。先に童幼の時、階は下官に属していた。出家入道《にゅうどう》し、阿闍梨慶邪《けいじゃ》に従って、仏法《ぶっぽう》の奥義《おうぎ》をもれなく伝授された弟子となった。その門徒《もんと》の人が云ったことには、「殊勝な真言の師です。年は三十八歳。時々、自ら護摩《ごま》を行ないます」ということだ。晩方、宰相が云ったことには、「今日、資房は、大蔵丞《おおくらのじょう》(藤原)章経《あきつね》を遣わして、後朝使《きぬぎぬのつかい》としました。淵酔《えんすい》し、纏頭《てんとう》を行ないました。初めて露顕《ところあらわし》を行ないました。今夕、饗禄《きょうろく》の準備が有ります」と云うことだ。「婚姻の後朝《きぬぎぬ》は、宜しくない日に当たっていました。そこで数日に及ぶとはいっても、今日が吉日《きちにち》です。そこで後朝の作法を用いました」と云うことだ。

十八日、癸未。　賭射／中宮当年御給／藤原公成、春日祭使を辞す／深覚、平癒せず／賭射手結

今日、賭射《のりゆみ》が行なわれた。病悩を称して、参入しなかった。厄日に当たるからである。早朝、左頭中将に示し遣わした。

章信朝臣が綸旨を伝えて云ったことには、「中宮《ちゅうぐう》(藤原威子《たけこ》)の当年の御給で、□□□□□肥後守致光を正五位下に叙す」ということだ。位記を作成するよう、内記業任に命じた。本来ならば、あの宮の御中文を下給して、先ず給不を下し勘じさせなければならない。そうした後、内記に給う。ところが、口宣《くぜん》でそのことを仰せ下された。章信に伝えた。申して云ったことには、「御請文を下給することは、ありませんでした」ということだ。(惟宗《これむねの》)貴重朝臣《たかしげ》を介して、右頭中将公成の病悩を見舞った。太《だい》相府《しょうふ》(藤原公季《きんすえ》)の御返事が有った。また、病によって、春日祭使《かすがさいし》を勤めることができないということであった。重ねて申し伝えてくる事が有り、確かに祭使の勤不《きんぷ》を聞く為である。重病の間は、勤めることができないので、明日、官人をまたまた問い遣わさなければならないのである。その報に随って、あれこれ処置しなければならない。禅林寺僧正について、御書状が有った。東寺の読経について、これより先、早朝に訪ね聞いた。まだ尋常に復さないという報が有った。「二十五日以前に、もし平復《へいふく》したならば、必ず東寺に向かって、転読することにします」ということだ。夜半の頃、陣から賭射の手結を注進してきた。三番〈一度は左方が勝った。勝ち越した数は五。二度は左方が勝った。勝ち越した数は二。三度は左方が勝った。勝ち越した数は一。〉。

十九日、甲申。　春日祭使、改替

宰相が云ったことには、「昨日の賭射は、酉剋に天皇が出御しました。左大将《さだいしょう》(教通)〈内大臣。〉、権大納言行成・頼宗、中納言道方、参議資平・朝経が参入しました。左将軍は、中間に退出しました」ということだ。準備は無かった。□□軍の例である。

祭使について、右近将監《うこんのしょうげん》(高《こうの》)扶宣《すけのぶ》を介して、頭中将《とうのちゅうじょう》の許に問い遣わした。□□□将は悩み煩《や》っているので、自ら申すことはできない。太相府が報じられて云ったことには、「煩う所は軽くはない。勤仕《ごんし》することは難しいであろう」ということだ。扶宣が申して云ったことには、「右少将実康は、勤めたのは遠いことです。また、その巡に当たっています。他の将たちは、勤めたのは近く、度重なっています」ということだ。すぐに扶宣に命じ、仰せ遣わした。しばらくして、帰って来て云ったことには、「実康朝臣に伝え仰せたところ、申して云ったことには、『しばらく返事を申すわけにはいきません。父左兵衛督(公信)が、法住寺《ほうじゅうじ》に参っています。明日、事情を申させることにします』ということでした。先ず事情を申させるというのは、懈怠となるからでしょう」ということだ。また、命じて云ったことには、「実康は、春日祭の供となることになっている。ところが、祭使の事によって、従うことができない。良頼を戒めて命じるべきであろうか」と。扶宣がすぐに良頼に伝え仰せたところ、申させて云ったことには、「実康が参らないのなら、□□供奉します」ということだ。

二十日、乙酉。　賀茂上社司申文／頼通、病悩

権左中弁《ごんのさちゅうべん》(源)経頼《つねより》を呼んだ。賀茂上社司《かものかみのしゃし》の申文の事による。すぐにこの申文を給い、詳細を問わせた。右近将監扶宣が云ったことには、「右少将実康朝臣が申させて云ったことには、『祭使については、その巡に当たっています。勤仕します』ということでした」と。宰相が来た。両殿(道長・頼通)に参った。宰相が夜に入って、来て云ったことには、「関白殿に参りました。すぐに禅門に参られました。ところが、途中から帰られました。病悩の様子が有るからです」と云うことだ。「これは下人の説です」ということだ。

二十一日、丙戌。　欠官帳／道長亡母藤原時姫忌日

外記惟経が、欠官帳《けっかんちょう》を進上した。宰相が来た。すぐに禅室に参った。「あの御忌日《きにち》です」ということだ。黄昏に臨んで、また来て云ったことには、「御斎食《さいじき》の際、内府と卿相三、四人が、饗饌に預かりました。また、僧二十余口が食されました。その後、上達部が参入しました。不快の様子が有りました。また、関白の御許に参りました。病悩されている所は、頗る宜しいものでした」ということだ。

二十二日、丁亥。　**衛門尉・府生申請について、道長の裁定／頼通、病悩により除目を行ない難きを告ぐ／藤原隆家、男経輔の任官のため、中納言辞退を相談**

左兵衛尉式光が申請した衛門尉の事、林懐《りんかい》僧都が言った還城楽《げんじょうらく》の舞人が府生を申請した事を、宰相を介して禅室に伝えた。帰って来て云ったことには、「詳しく式光の事を申しました。報じられて云ったことには、『兵衛尉は、左右衛門尉《えもんのじょう》を任じるのが通例である。特に、年労《ねんろう》はすでに多い。その職に堪えられるということで、□□推挙して伝えても、何の難が有るであろう。もっとも事の道理を得ている。□□□□□□衛門尉に任じない。たとえ成功《じょうごう》するとはいっても、必ず成り難いのではないか。成功の後、年序《ねんじょ》を多く積み、哀憐されるに及んで、状況に随って、朝恩《ちょうおん》を蒙《こうむ》るべきであろう。(源)親平《ちかひら》は、円融《えんゆう》院の殿上に伺候し、馬允から衛門尉に任じられた。(源)兼澄《かねずみ》は、蔵人であった後、衛門尉に任じられた。地下人は、理由も無い馬允は、任じるわけにはいかない』ということでした。『還城楽の舞人を府生に任じるのは、極めて理由の無い事である』ということでした。『再三、来て申した。ところが、拠るところが無いので、承諾しなかった。いよいよこの命によって、弁解とすることにしよう。春日社に参る次いでに任じるということについて、度々、内府に伝えたところである。府生に任じるのは、元々はあの府の番長を蒙って、まずは補すものか。白丁《はくちょう》は、補してはならない。また、この事によって、急に番長に補すのは、極めて便宜が無いばかりである』と」と。

関白が権左中弁経頼を遣わして、書状を送られて云ったことには、「明日、除目《じもく》を行なうということについて、先日、章信を介して聞いたところである。ところが、この一、二日、風病が発動している。今日は頗る宜しいとはいっても、議に随うことはできない。明日の除目は、今のようであれば、奏し行なうことはできない。但し、夜間の状況に随うだけである」ということだ。前帥《さきのそち》(藤原)隆家《たかいえ》卿は、納言《なごん》を辞退する事を、数度、伝えられる事が有った。また、前に左少将(藤原)経輔《つねすけ》を、弁官に任じられるという事、もしその事が難しければ、中将《ちゅうじょう》に任じられるという事は、如何であろう。申請すべきか否かという事である。

二十三日、戊子。　藤原良頼、春日祭扈従を辞退／源俊賢男隆国に改替／除目、延引

「春日祭の供の右少将良頼は、□□に当たることが有ると称し、扈従《こしょう》することができないことを□□」と云うことだ。「父納言(隆家)は、再三、□□と称してはならないことを命じたが、その教喩《きょうゆ》に随わない」ということだ。「常に父の教えに背いている」と云うことだ。四《し》位《い》少将《しょうしょう》隆国は、何日か渇病《かわきやまい》を病んでいる。我慢して、宜しければ、扈従するよう、民部卿の許に伝え達した。伝えておくという報せが有った。その後、大舎人頭守隆を介して、伝え送って云ったことには、「必ず供奉させます」

ということだ。左中弁《さちゅうべん》(藤原)重尹《しげただ》が、丹後《たんご》国司《こくし》(藤原)保昌《やすまさ》が申請した藻壁《そうへき》門の覆勘解文《ふっかんげぶみ》を持って来た。奏上するよう命じた。もし使を遣わすようにとの仰せが有れば、更に持って来ることはできない。ただ早くこれを遣わさなければならない。今日の除目は、云々、縦横していた。ところが、あれこれを伝えられなかった。ここに行なわれることができないことを知った。夜に乗じて、大外記頼隆が来て、云ったことには、「除目は延引《えんいん》となりました。ほぼ来月に及ぶのではないでしょうか」と云うことだ。禅林寺僧正が使を遣わし、伝えられて云ったことには、「病悩は、まだ快くありません。来月七日以後、石山寺《いしやまでら》に参ります。湯治《とうじ》の後に、退帰して、東寺の読経を始め行なうのは如何でしょう。やはり二十五日に始めることになるのならば、あの日だけ、寺に参って、先ず開白《かいびゃく》を行ないます。終わって、他の人に転読させることになるでしょうか」と。答えて云ったことには、「石山寺から退帰された後、心閑《しず》かに転読されても、何事が有るでしょう」と。

二十四日、己丑。　春日祭貢物

周防守《すおうのかみ》(橘)俊遠《としとお》が云ったことには、「一昨日、入京しました。春日□被物《かずけもの》の単重《ひとえかさね》十領《りょう》を持って来ました」と。

二十五日、庚寅。　春日祭使、故障を申す

右少弁(藤原)頼明《よりあきら》が云ったことには、「春日祭の供に供奉することになっています。ところが、□□〈太皇太后宮使《たいこうたいごうぐうし》。〉は、急に故障を申しました。そこで祭使の役を奉仕せよとの定が有りました」ということだ。答えて云ったことには、「障りが有るのならば、太政官《だいじょうかん》から他の弁に改めて命じるのではないか。左中弁重尹は皇太后宮使《こうたいごうぐうし》、権左中弁経頼は中宮使《ちゅうぐうし》、右少弁頼明は太皇太后宮使である。右中弁章信か左少弁義忠のどちらかであろうか。内々に章信朝臣の許に仰せ遣わせ」と。申させて云ったことには、「一昨日の夕方、胸病を煩いました。昨日の晩方からは、頗る宜しくなりました。今日は余気が、未だ散じません。また、勤めることはできません。内蔵寮使《くらりょうし》の内蔵助紀時《くらのすけのりとき》は、使を勤めることになっています。ところが今、汝《なれ》(実資)の供として、御前に奉仕しなければなりません。また、ただ仰せ事に随います」ということだ。

二十六日、辛卯。諸国司の申文／出雲国不与状に誤り有り／小一条院、但馬国荘司および郡司の対問を奏上

章信朝臣が、国々の国司《こくし》の申文を持って来た。定め申さなければならないのである。文を継ぐよう命じ、これを下賜した。「出雲《いずも》国の不与状《ふよじょう》は実体はなく、国分寺《こくぶんじ》を誤って『新造』と記していた。前司《ぜんじ》(藤原)頼経《よりつね》と新司《しんじ》(藤原)成親《なりちか》が加署《かしょ》し、申文を言上《ごんじょう》した。これは頼経の帳である。事の疑いは有ってはならない。実体のない条を記し載せたということについて、勘解由使《かげゆし》に宣下するように」ということだ。私が申させて云ったことには、「除目の間、代々の帳を召して、諸卿に比校《ひこう》させれば、事の疑いは無いであろう」ということだ。「帳を改め直すべきであろうか。先ず代々の帳を召して、太政官に揃えさせておくように。除目の間、召しに随うことができるのである」と。章信朝臣は承諾した。

また章信が、仰せを伝えて云ったことには、「但馬《たじま》国が言上したので、昨年、追捕官符《ついぶかんぷ》を下給しました。ところが、院（小一条院《こいちじょういん》）が奏上されて云ったことには、『追捕官符を蒙った法師某（惟朝《いちょう》）が、□□を申させた。はなはだ事実では無い。しばらく追捕《ついぶ》を止められて、参上させ、郡解《ぐんげ》を申上した郡司《ぐんじ》を太《だい》政官庁《じょうかんちょう》に召されて対問《たいもん》され、虚実を決されなければならないのならば、宣旨を下給して、召し上げるように』ということでした」と。すぐに同じ弁（章信）に命じておいた。

二十七日、壬辰。　皇后宮合爵の勘文／踏歌節会分配の不参／道長、除目の日時を指示

大外記頼隆真人を召し、皇后宮が申請された内官《ないかん》一人・外国《げこく》の掾《じょう》二人の御給を停めて、爵《しゃく》を申請する勘文を下給した。また、内記業任を召し、皇后宮が申請された平成信《なりのぶ》の位記について命じた。名簿《みょうぶ》を下給した〈内官一人・外国の掾二人の御給を止めて、申請されたのである。〉。

右少将良頼朝臣が来て、云ったことには、「春日祭の供に供奉することになっています。ところが、執った事情を聞くと、極めて便宜のない事です。諸人が驚き怪しんだ御□言によるのでしょうか」と。

左頭中将朝任が来た。おっしゃって云ったことには、「去る十六日、舞人がもう一人、足りなかった。□雅楽頭為成真人の申文を返給した。但し、寮中は□□頭が処置する。また、分配《ぶんぱい》の雅楽允《うたのじょう》（藤原）実正《さねまさ》も参らなかった。雅楽頭為成と雅楽允実正は、過状を進上させるように」ということだ。

夜に入って、宰相が来て云ったことには、「禅室が雑事を談られました。民部卿も同じく伺候していました。禅閤が云ったことには、『除目は来月五日に行なうように。その日は、晩方に参入して行なうのが宜しいのではないか』ということでした」と。

二十八日、癸巳。　雅楽頭の申文を返給し、頭・允の過状を進上／良頼妻、出産／作物所、春日祭神宝を進上／舞人等の装束

雅楽頭為成真人が進上した申文を、頼隆真人を□□、返給させた。為成と実正の過状を進上させるということを命じた。

右少将良頼の妻が出産した。春日祭の供に扈従することができないということを、将□□□を介して申させた。四位少将隆国が出立《しゅったつ》するようにとの事を、民部卿の許に示し遣わした。報じて云ったことには、「病悩は癒えることは無い。但し、沈病《ちんびょう》に臥しているわけではない。あれこれ、我慢して、□□奉ることとする」ということだ。準備が有るようなものである。受領《ずりょう》に仰せ付けた合褂《あわせうちき》と単重を、今日、少々、進上してきた。宰相が、両度、来た。

右兵衛督が来て云ったことには、「小児が、三、四日、霍乱《かくらん》のようです。重く煩って、乳を飲みません。はなはだ方策がありません。もしもなお、このようでしたら、春日祭の供に出立することはできません」ということだ。

晩方、(宇治《うじの》)良明《よしあき》宿禰が、春日祭の神宝《じんぽう》を進上した〈□座の分。〉。

舞人十人は、白い下襲・摺袴《すりばかま》・重袴《かさねのはかま》。陪従十二人は、柳色の下襲・青い末濃《すえご》の袴《はかま》・合褂。琴持《こともち》二人の分は、柳色の半臂《はんぴ》・末濃の袴・重袴。

二十九日、甲午。　法華経講釈／春日祭使代官／公任、馬を志す／宿所・渡河所の準備／毘沙門天を造顕

安楽行品《あんらくぎょうぼん》を釈し奉った〈慶範《けいはん》。〉。春日祭使右少将実康が、右近将曹正方を介して申させて云ったことには、「病悩が有って、使の役を勤めることができません。代官を給わって、出立してください。内々に右京亮《うきょうのすけ》(中原)致行《むねゆき》に語っておきました」ということだ。早く外記に申すよう答えた。右大弁《うだいべん》(定頼)は、病悩が有って、明日、扈従することができないということについて、□□納言(公任)の御許に書状が有った。その後、内経《うちつね》朝臣を遣わして、馬□□供を送られた。志されたのか。宰相が来た。夜に入って、また来た。右兵衛督が、同じ時剋に来た。今朝、(伊岐《いきの》)善政《よしまさ》宿禰と忠時宿禰を指名して、先ず春日の宿所《しゅくしょ》に遣わした。左衛門府生《さえもんのふしょう》(紀)貞光《さだみつ》〈検非違使。〉を宇治《うじ》に遣わして、船の準備を行なわせた。宇治と泉木津《いずみきづ》には、あらかじめ貞光に命じておいた。看督長《かどのおさ》に、淀津《よどのつ》の船を上げさせた。但し、宇治《うじ》院《いん》で禅室が用いられている屋形船《やかたぶね》、および木幡《こはた》(浄妙寺《じょうみょうじ》)別当定基《べつとうじょうき》僧都の乗る船は、屋形船が有る。同じく借り置いた。急に毘沙門天《びしゃもんてん》を造顕《ぞうけん》させ奉った。春日詣《かすがもうで》の平□を祈り申した。

○二月

十日。(『魚魯愚別録』八下・執筆予可用意事による)　**除目**

清水寺《きよみずでら》で誦経《ずきょう》を行なった〈初日。同じ十一日に広隆寺《こうりゅうじ》、十二日に祇園《ぎおん》社で、同じく修した。〉。

十日。（『魚魯愚別録』三下・召院宮御申文已下事による）
ただ意向を示した。卿相《けいしょう》は、これを伝え示した〈（藤原）資平《すけひら》を召したのである。〉。
ただ意向を示したのである。これを伝え召した。資平を召した。

十日。（『除目抄』執筆間事による）
執筆《しゅひつ》の参議《さんぎ》資平を召して、院宮《いんぐう》の御給《ごきゅう》を取り遣わすよう命じた。「本来ならば、『皇太后宮権大夫《こうたいごうぐうごんのだいぶ》藤原朝臣《あそん》（資平）』と召さなければならない」と云うことだ。ところが、子息であるので、ただ意向を示した。卿相が伝え告げた。

○三月

二十九日。（『除目抄〈直物抄〉』事畢返上大臣文幷留参議座文等事による）　**直物・小除目**
小除目《こじもく》が行なわれた。右兵衛督《うひょうえのかみ》〈（藤原）経通《つねみち》。〉が執筆《しゅひつ》した〈直物《なおしもの》が終わって、書いた。〉。書き終わって、直物の勘文《かんもん》・当年の除目《じもく》・旧年の除目を加えて、夾算《きょうさん》を挿み、一筥《はこ》に納めて、これを進上した〈成文《なりぶみ》を座に置いた[禅室《ぜんしつ》（藤原道長《みちなが》）の説。]。これが一説である。或いは一筥を加えて、これを進上する。（藤原）行成《ゆきなり》卿が云ったことには、「加えて奉るのが、通例です」と云うことだ。〉。

二十九日。（『除目抄〈直物抄〉』直物奏後返給時上卿於殿上給之例による）
御所に進み、左頭中将《さとうのちゅうじょう》（源）朝任《あさとう》を介して、奏聞《そうもん》させている間、殿上間《てんじょうのま》に伺候した。しばらくして、下給された〈「関白《かんぱく》(藤原頼通《よりみち》)は、後一条天皇《ごいちじょう》の御前に伺候した」と云うことだ。〉。本来ならば、射場《いば》に退下して、これを給わらなければならない。ところが、心神《しんしん》が耐え難く、殿上間に於いて、これを給わった。外記《げき》を小板敷《こいたじき》の下に召して、これを下給した。私は退下して、この座に復した。

二十九日。(『除目抄〈直物抄〉』三度申事による)

私は外記を召し、二省が伺候しているか否かを問うた。伺候しているということを申した。式部省《しきぶしょう》と兵部省《ひょうぶしょう》を命じた。称唯《いしょう》して、退出した。三度、式部省と兵部省が伺候しているということを申した。毎度、命じたことには、「召せ」と。式部丞《しきぶのじょう》(藤原)俊忠《としただ》と兵部丞《ひょうぶのじょう》(津守《つもりの》)致任《むねとう》が、靴を着して、小庭《こにわ》に列した。

○四月

一日、甲午。　石塔造立供養/禎子内親王、着裳の儀/旬平座/相撲人の貢上を励行すべき官符

石塔供養《せきとうくよう》を行なった。当季大般若読経始《とうきだいはんにゃどきょうはじめ》が行なわれた〈念賢《ねんけん》と慶範《けいはん》。〉。今日、無品禎子《むほんよしこ》内親王が、太皇太后宮《たいこうたいごうぐう》(藤原彰子《あきこ》)〈上東門院《じょうとうもんいん》(土御門院《つちみかどいん》)。〉に於いて、着裳《ちゃくも》の儀を行なった。「申剋、皇太后《こうたいごう》(藤原妍子《きよこ》)と禎子内親王が同車して、太后宮《おおきさきのみや》(彰子)に移られた。大納言《だいなごん》以下が扈従《こしょう》したことは、恒例のとおりであった」と云うことだ。私は酉剋の頃、参入した。上達部《かんだちめ》の饗宴は、西中門《にしちゅうもん》の北廊《きたろう》にあった。関白《かんぱく》(藤原頼通《よりみち》)と内府(藤原教通《のりみち》)以下が、座に着した。但し、下官(実資)が参り着した後、関白と内府が座に着した。盃酒《はいしゅ》が行なわれた。しばらくして、中務卿《なかつかさきょう》親王(敦平《あつひら》親王)が参入した。その後、式部卿《しきぶきょう》親王(敦儀《あつのり》親王)が参入した。関白が密かに語って云ったことには、「禎子内親王を一品《いっぽん》に叙すことにする。内々に内記《ないき》を戒められるのが宜しいのではないか」と。すぐに左中弁《さちゅうべん》(藤原)重尹《しげただ》を介して、大内記《だいないき》(菅原)忠貞朝臣《ただださだあそん》を召すよう、外記《げき》(藤原)則忠《のりただ》に伝え仰させた。則忠はきっと、召し出し難いのではないか。「宮の方から〈重尹は宮司《みやづかさ》。〉、尋ねて召すよう命じられました。時剋が推移しました」と云うことだ。忠貞はその居場所を知らないので、他の内記を召すよう命じた。忠貞朝臣を尋ねて召す事を命じた。関白が云ったことには、「皇太后宮《こうたいごうぐう》(妍子)は西対《にしのたい》に□。禎子の着裳の剋限《こくげん》〈亥二剋。〉に臨んで、太皇太后《たいこうたいごう》(彰子)は、寝殿《しんでん》から渡られることになっている。裳《も》の腰を結ばれて還る時、皇太后と禎子内親王は、還御《かんぎょ》に供奉《ぐぶ》されることになっている。御贈物と御膳を献上されることになっている。また、禎子内親王の膳物が有るであろう。寝殿の簾《すだれ》の前に於いて、御遊《ぎょゆう》が行なわれることになっている。また、禄を王卿に下給することになっている」ということだ。時剋は漸く至り、関白と内府は、座を起って、着裳所《ちゃくもしょ》に向かった。「大納言(藤原)能信《よしのぶ》卿を遣わして、鬟《みづら》を結う事について大納言(藤原)斉信《ただのぶ》に問われたが、述べたところは分明《ぶんめい》ではなかった」ということだ。斉信は私に問うた。私が答えて云ったことには、「この事は知らないところである。但し、鬟を結うのならば、また笄《こうがい》が有るべきであろうか」と。この事は、一、二度、二、三人に問われた。権大納言《ごんだいなごん》(藤原)行成《ゆきなり》は、私が言ったことと同じであった。すでに簪《かんざし》を連ねる準備のようなものである。太皇《たいこう》(彰子)の笄□□着裳の例を問うたところ、「あの時は、筓を連ねたのか。もしかしたら前例を調べられなかったのか」ということだ。これより先に、中宮《ちゅうぐう》（藤原威子《たけこ》）に申し、中宮亮《ちゅうぐうのすけ》（藤原）兼房《かねふさ》を遣わして、装束《しょうぞく》を奉献《ほうけん》された。被物《かずけもの》が有った。太后《おおきさき》（彰子）は、鬢を結う具を奉献された。その使は権中納言《ごんちゅうなごん》（藤原）長家《ながいえ》、その具を持つ者は中宮亮（源）済政《なりまさ》と（藤原）兼綱《かねつな》。皆、被物が有った〈納言《なごん》は女装束《おんなしょうぞく》、中宮亮二人は白い掛《うちき》と袴《はかま》か。〉。西対の前庭《ぜんてい》に於いて、拝礼《はいらい》を行なった。今日、宜陽殿《ぎようでん》の平座《ひらざ》の儀が有ることになっている。そこで中納言《ちゅうなごん》（藤原）実成《さねなり》・参議《さんぎ》（藤原）広業《ひろなり》・弁《べん》で、関白が事情を伝えた者は、内裏に参った。中納言（源）道方《みちかた》は□下臈《げろう》である。ところが皇太后の宮司であったので、伺候した。私は病んでいる所が急に発動《はつどう》した。頭を極めて悩《や》んでいるということを称し、あれこれに告げて退出した。この間、着裳の儀が行なわれたのである。宰相（藤原資平《すけひら》）は車後《くるまじり》に乗った。労問《ろうもん》の為、すぐに帰り参って、心神《しんしん》が乖違《かいい》していることを関白に披露《ひろう》するよう、伝えておいた。

今日、上達部の座に於いて、左頭中将《さとうのちゅうじょう》（源朝任《あさとう》）が宣旨《せんじ》を伝えて云ったことには、「諸々の相撲人《すまいびと》は、何年来、点定《てんじょう》して貢上していない。今年から毎年、膂力《りょりょく》の者二人を貢上しなければならない。勤めの無い国司《こくし》は科責《かせき》することとする事を、官符《かんぷ》に載せるように」ということだ。この事は、確かに承らなければならない事である。そこで関白が座にいた際、上達部に申し合わせたところ、述べるところが有った。毎年、膂力の者二人を貢上するのに、何事が有るであろうか。科責については、御禊祭《けいさい》の宣旨の趣旨と同じである。官符を下給するのは如何であろう。関白及び卿相《けいしょう》は、遠く響応《きょうおう》した。あの宣旨を調べ見て、仰せ下すべきである。国々が相撲人を進上しているかどうかの勘文《かんもん》を記させて、功過《こうか》の時の議定《ぎじょう》に備えなければならないのである。

今日、参入したのは、式部卿親王・中務卿親王、関白、内府、大納言斉信・行成・(藤原)頼宗《よりむね》・能信、中納言(藤原)兼隆《かねたか》・実成・道方、参議(藤原)公信《きんのぶ》・(藤原)経通《つねみち》・私(資平)・(藤原)通任《みちとう》、右三位中将《うさんみちゅうじょう》(藤原)兼経《かねつね》、参議広業。

二日、乙未。　文殊供結願／御禊前駆定の上卿を辞す／禎子内親王を一品に叙す／道長から見舞いあり

文殊供《もんじゅく》が結願《けちがん》した〈百箇日。阿《あ》闍梨《じゃり》盛算《じょうさん》。〉。

今日、禊日の前駆《ぜんく》を定め申すということを、昨日、関白に申した。ところが、病悩が未だ平癒《へいゆ》していないので、定め申すことができない。他の人に命じられるよう、外記(菅原)惟経《これつね》を介して、関白に申させた。すぐに報が有った。宰相(資平)が来て云ったことには、「昨日の暁方、儀が終わりました。禎子内親王を一品に叙しました。女房《にょうぼう》三人に叙位《じょい》がありました。内府が内記(令宗《よしむねの》)業任《なりとう》に仰せ下しました」と。また、云ったことには、「今日の酉剋、皇太后が本宮《ほんぐう》に還御されました」と。禅閤《ぜんこう》(藤原道長《みちなが》)が(藤原)能通《よしみち》朝臣を遣わして、病悩を見舞われた。早く退出した。

式部大輔《しきぶのたいふ》(広業)が、先日の定文《さだめぶみ》を持って来た。病悩が有って、逢わなかった。能通を介して、定文を伝えさせた。右兵衛督《うひょうえのかみ》(経通)が来た。すぐに皇太后の行啓《ぎょうけい》に参った。今日は宜しい日であったので、

相撲人を点定して貢上する官符について、先ず右中弁《うちゅうべん》(藤原)章信《あきのぶ》朝臣に仰せ遣わした。

三日、丙申。　御禊前駆定の上卿

早朝、右中弁章信が来た。相撲人として新たに膂力の者二人を点定し、毎年、貢進せよとの官符を諸国に下給するよう伝えた。事の詳細を詳しく伝えた。先ず関白に申し、文の状況を聞くよう、仰せ伝えておいた。功過を定めるのに、本府の宣旨を進上させなければならない。但し、取捨すべきである。科責するという文を載せてはならないのではないか。擬階奏《ぎかいのそう》は、「朝臣」を加えて返給した。晩方、宰相が来て云ったことには、「昨日、禊日の前駆について定めました。権大納言行成卿が、これを奉って、内裏に参りました」と。

四日、丁酉。　御禊前駆定／広瀬・竜田祭、梅宮祭

大外記《だいげき》(清原)頼隆《よりたか》真人《まひと》が云ったことには、「一昨日、権大納言は禊日の前駆を定めることになっていましたので、夜に入って参入しましたが、外記が参らなかったので、すでにその定は行ないませんでした。昨日、先ず凶会日《くえにち》に定められた前例を勘申《かんじん》させたところ、寛弘《かんこう》五年四月九日〈凶会日。〉に、左大臣(道長)が禊日の前駆を定め、また小除目《こじもく》が行なわれました。その例によって、昨日、定められたところです」ということだ。また、云ったことには、「今日は広瀬《ひろせ》・竜田《たつた》社、梅宮《うめのみや》社の祭日です。二祭が重なった例を、昨日、勘申されたところ、永祚《えいそ》二年・寛弘二年・治安《じあん》元年の前例が有りました」ということだ。深夜、宰相が来た。左衛門尉《さえもんのじょう》(藤原)顕輔《あきすけ》が申請した検非違使《けびいし》について、宰相を介して、関白に漏らし伝えた。夜に臨んで、関白の御許から帰って来て、復報を伝えて云ったことには、「申すところは、道理が有る。また、殿上人《てんじょうびと》に申請する者がいる。また、追捕方《ついぶがた》の者で望み申す者がいる。これらを未だ決定していない。本来ならば禅室《ぜんしつ》(道長)に申して、処置すべきである」ということだ。今朝、昨日の官符について、章信朝臣に問い遣わしたところ、報じて云ったことには、「関白に申しましたところ、関白が命じられたところは、汝《なれ》(実資)と同じでした。今となっては、官符を作成しなければなりません」ということだ。

五日、戊戌。　賀茂社との境論についての延暦寺解

今日と明日は物忌《ものいみ》である。北門を開いた。権左中弁《ごんのさちゅうべん》(源)経頼《つねより》が、延暦寺《えんりゃくじ》の解文《げぶみ》を持って来た〈「賀茂《かも》社と争論している、八瀬《やせ》・横尾《よこお》村の住人が社司《しゃし》に追□された事である。但し、四至《しし》の内の田畠については、山城国《やましろこく》司《し》に勘申させて、所当《しょとう》の官物《かんもつ》で弁備《べんび》しなければならない」ということだ。〉。物忌であったので、(惟宗《これむねの》)貴重《たかしげ》朝臣を介して伝えた。禅室に申すよう答えて、これを返し賜わった。延暦寺の申すところに道理が有るので、賀茂社に寄進《きしん》し奉る官符の文を改めた。この二村の住人は寺家《じけ》に処置させるということは、すでに分明である。

六日、己亥。　藤原経通、男経仲の御前駆の口取に実資随身高扶武を求む

夜に入って、宰相が来て語ったことには、「頗る驚き怪しむ事が有ります。右兵衛督が言い送って云ったことには、『息男左兵衛佐《さひょうえのすけ》(藤原)経仲《つねなか》の御禊《ごけい》の前駆の口取《くちとり》として、随身《ずいじん》の右近府生《うこんのふしょう》(高《こうの》)扶武《すけたけ》を給わりたい』ということでした」と。すぐに召し仰せておいた。

七日、庚申。　賀茂社に参り、任大臣を報賽／藤原頼宗家人、弓箭の者を糺問せんとして逃げられる

密々に戌剋の頃、賀茂下御社《かものしものみやしろ》に参った。社司および神人《じにん》はいなかった。上御社《かみのみやしろ》の禰宜《ねぎ》が、衣冠《いかん》を着して伺候した。座席を準備した。禰宜（賀茂《かもの》）茂忠《もちただ》が神宣《しんせん》を伝えた。密かに参ったので、禄を準備していなかった。先年は歩行して参入した。丞相《じょうしょう》に任じられるという示現《じげん》が有った。昇進した後、本来ならば早く参入しなければならなかった。ところが公私の障りが有って、未だ参っていなかった。そこで密々に参入したところである。（藤原）資高《すけたか》朝臣が車後に乗った。貴重朝臣・（宮道《みやじの》）式光《しきみつ》・（中原）師重《もろしげ》・（藤原）頼明《よりあきら》・文□が供にいた。

「昨夜、弓箭《きゅうせん》を帯びた者が、春宮大夫《とうぐうだいぶ》頼宗卿の家の前を通った。侍男《さむらいおとこ》たちおよび雑人《ぞうにん》たちが、この弓箭の者を搦めて、弓箭を奪い取った。弓箭を返すよう愁い、仕方なく糺《ただ》し返した。矢は多く取り失なわれ、弓箭を受け取った後、頗る無礼《ぶれい》をはたらいた。侍男たちは更に追い執ろうとしたところ、追って来た侍男二人を射て、逃げ去った」ということだ。

八日、辛丑。　実資家灌仏／藤原広業と定文を訂正／鹿島・香取宮寄進祭文／教通に銀面菖蒲形を貸す

早朝の灌仏会《かんぶつえ》は、通例のとおりであった。大神祭使《おおみわさいし》が出立《しゅったつ》した。そこで朝廷の御灌仏会は無かった。式部大輔が来た。前日の上達部の定文に、改め直さなければならない字が有る。そこで李部《りほう》（広業）を呼んで磨《す》り改めさせた。先ずそのことを伝えたところ、「難じた箇所は、そうあるべきです」ということだ。

「関白が、封戸《ふこ》を鹿島《かしま》・香取《かとり》宮に寄進し奉った祭文《さいもん》は、式部大輔が作成したものである」と云うことだ。見たいということを伝えたところ、答えて云ったことには、「あの時の文書《もんじょ》は、一具《よろい》、置いたところです。ところが在る所を知りません。今朝、探し求めて送ることにします」ということだ。また、修理進《りのじょう》（藤原）善隆《よしたか》を召して、事情を問うたが、申すところは確かではなかった。関白の使として、あの社に向かった者である。また、宰相が来て云ったことには、「禅室に参ったところ、おっしゃって云ったことには、『明日から安居《あんご》の間は、特別なことが無ければ、人に逢うことはない』ということでした。祭使に疋絹料《ひっけんりょう》を賜うという意向が有りました」ということだ。内府から、内蔵寮使《くらりょうし》の分の銀面の菖蒲形《しょうぶがた》を借りたいということについて、書状が有った。（藤原）助通《すけみち》を介して、銀面を内府に遣わし奉った。二合《にごう》と停止《ちょうじ》の文を、式部丞《しきぶのじょう》（藤原）俊忠《としただ》に下給した。

九日、壬寅。相撲人貢上についての道長の意見

頭中将《とうのちゅうじょう》が来て、相撲使《すまいのつかい》を定める事を言った。明日、定めることにするということを伝えた。昨日、宰相が云ったことには、「禅閤が云ったことには、『相撲人を、諸国司が毎年二人について、点定して貢上せよとの事は、如何なものか。その数ははなはだ多いのではないか。また、符牒《ふちょう》に載せると、貢進しなかった国司を科責しなければならないのではないか』ということでした」と。この事は、関白が条々を定め下されたものである。官符の文を、またまた事情を取って直すよう、章信朝臣に仰せ遣わしておいた。請印《しょういん》の後、もし改定が有れば、物の煩いが有るであろうからである。

十日、癸卯。　藤原能子忌日／諸国申請雑事定文／返金使／平直方を検非違使に補す

今日は故大女御《おおにょうご》(藤原能子《よしこ》)の忌日《きにち》である。通例によって、諷誦《ふじゅ》を勧修寺《かんしゅうじ》に修した。左頭中将朝任が来た。国々が申請した事の定文を託した。和泉国司《いずみこくし》(章信)の申請文を下給した。「定め申すように」と。また、仰せを伝えて云ったことには、「返金使《へんきんし》について、現在の金は千両です。今、その遺りの六百余両を、管国《かんこく》に下知《げち》して、その料を給うという官符を、大宰府《だざいふ》に下給することにします」ということだ。使の小舎人《こどねり》の姓名および六百余両の数は、確かではない。弁を介して問わせ、官符に載せなければならない。左中弁重尹に、また和泉の文書を下賜し、例文を継ぐよう命じた。「右衛門尉《えもんのじょう》平直方《なおかた》を検非違使とする宣旨が下りました」と云うことだ。

十一日、甲辰。　平直方慶賀／太皇太后宮賀茂祭使に釼を貸与／藤原有国、子息を実資に託す

晩方、直方が検非違使の悦びを申させた。昨日、宣旨が下り、今日、官符に請印するのか。或いは云ったことには、「関白が催促された」と云うことだ。

螺鈿《らでん》の長釼《ながたち》および樋螺鈿《ひらでん》の釼《たち》を、(藤原)家業《いえなり》朝臣に貸した。太皇太后宮の賀茂祭使《かもさいし》である。青紫の革各一枚を釼に加え、すべて送った。家業は僕(実資)の為に、頗る志の有る者である。家人《けにん》のようであると称すべきか。(藤原)有国《ありくに》が子息を付嘱《ふぞく》するという書状が有った。

十二日、乙巳。　相撲定文／御馬御覧無し

相撲《すまい》の定文を下給した。昨日、（紀）正方《まさかた》は参って来なかった。事情を問うたところ、申して云ったことには、「昨日、御馬を御覧になろうとしていたところ、日はすでに夜に入りました。御馬乗《うまのり》がいませんので、今日も御覧になりません。このようなわけで、昨日、参りませんでした」ということだ。御馬乗の起請《きしょう》は、度々で、もっとも重い。ところが、起請を恐れず、頻りに欠怠《けったい》を致している。特にまた、定が有るのが宜しいのではないか。頭中将が、正方を介して言い送ったところである。直接、承るべきであるということを報じた。

十三日、丙午。　斎院御禊前駆に屏風等を贈る

今日は御禊が行なわれる。宰相が来て云ったことには、「右兵衛督の息左兵衛佐経仲は、前駆です。出立所には、書状は無いとはいっても、参り向かって、見舞うことにします」と。今朝、右兵衛督の書状によって、屏風《びょうぶ》及び雑具を遣わした。

十四日、丁未。　斎院御禊の舎人等の過差／藤原実成、病悩／道長、相撲人貢上について難ず

右兵衛督が来て云ったことには、「昨日、経仲の事を語りました。禅室の御馬舎人《とねり》の禄は絹十疋、居《い》飼《かい》は手作布《たづくりのぬの》六端《たん》、馬口《うまくち》を執る者二人、関白の随身右近府生（下毛野《しもつけのの》）公忠《きんただ》と扶武の禄は絹十疋と白い合掛《あわせうちき》の衣でした。三、四人が衣を脱ぎました」ということだ。過差《かさ》の甚しさは、言うに足りない。（藤原）為盛《ためもり》朝臣が云ったことには、「右衛門《え》督《もんのかみ》（実成）は、先日、内裏から退出した後、身が熱く、悩んでいます。それで関白の賀茂詣《かもまうで》の御供に参ることができません。また、祭使の出立所《しゅったつしょ》に向かうことができません。大納言や中納言は、皆、特別な障りが有ります。但し、中宮権大夫《ちゅうぐうごんのだいぶ》(能信)は、もしも意向を伝えれば、来られますでしょうか」と。私が答えて云ったことには、「宰相が申させたことは、もっとも憚りが有る。下官については、上下の人に伝えない。これを如何しようか」と。また、為盛が云ったことには、「仮に汝(実資)が伺って、試みに伝え達しようと思います」ということだ。私が云ったことには、「便宜《びんぎ》に随うように」と。為盛は、あの大納言(能信)の家司《けいし》である。意向を見るのか。「大納言は、随身の装束を調備した」と云うことだ。宰相の為に芳心《ほうしん》が有る。「相撲の官符《かんぷ》について、禅室が難じられていることが有る」と云うことだ。確かに決定を承るよう、先日、関白に伝えさせた。今日、章信朝臣が報を伝えて云ったことには、「この事は、先日、禅室が云ったことには、『国毎に毎年、五人を貢上するように』ということでした。ところが、二人が宜しいのではないかと、申し定めています。ところが、難じられることが有りました。そのことの意味がわかりません。如何なものでしょうか」ということだ。大略を報せておいた。

十五日、戊申。　関白賀茂詣／源倫子、病悩

今日と明日は物忌である。ところが、明日の祭使の事によって、固く忌むことができない。諷誦を清《きよ》水寺《みずでら》に修した。宰相が来て云ったことには、「今日、関白が賀茂社に参られます。その御供に供奉する為に、参入します。明日の祭使の事が有りますので、下御社から帰ることにします」ということだ。

或いは云ったことには、「関白の母氏《ぼし》（源倫子《ともこ》）が、この何日か、悩まれています。そこで今日、家に於いて、饗饌《きょうせん》はありません」と云うことだ。宰相があの御社から帰って来て云ったことには、「関白は早く参ろうとしていました。ところが、大納言頼宗卿が遅参《ちさん》しました。待たれている間に、未剋に及びました。神宝《じんぽう》と十列《とおつら》が有りました。左右近衛府《このえふ》の官人が、これに騎りました。つまりこれは舞人《まいびと》です。扈従した卿は、大納言頼宗・能信、中納言兼隆・長家、参議公信・経通・私（資平）、三位中《さんみちゅう》将《じょう》（兼経）、参議広業でした」と。宰相は退出し、朝服《ちょうふく》を脱いで、また来て、鋪設や装束を見た。宰相が関白に参った頃、内府が随身を遣わして、陪従《べいじゅう》の装束を送った。

十六日、己酉。　賀茂社に奉幣／封戸寄進の祭文／賀茂祭／祭使資房、出立の儀

諷誦を六角堂《ろっかくどう》に修した。物忌による。

早朝、沐浴《もくよく》した。賀茂社に奉幣《ほうべい》を行なった〈使は（石作《いしづくりの》）忠時宿禰《ただときすくね》。〉。

封戸を鹿島・香取宮に寄進し奉る祭文について、今朝、勘解由長官《かげゆのかみ》（藤原）資業《すけなり》に伝えた。藤原氏の博《はか》士《せ》であるからである。

今日は賀茂祭《かものまつり》である。祭使左少将《さしょうしょう》（藤原）資房《すけふさ》は、我が家の西対から出立した。使の座は、出雲筵《いずもむしろ》の上に円座《わろうだ》を敷き、黒柿《くろがき》の机であった。陪従の座は、緑端《みどりべり》の畳に朴木《ほおのき》の机。上達部の座は、高麗端《こうらいべり》の畳の上に茵《しとね》を敷いた〈茵は着すに随って敷いた。大臣家の事は、納言は茵、参議は円座である。ところが、祭使については、自らの事ではない。やはり茵を用いるよう、あれこれが述べたところである。そこで皆、茵を敷いた。〉。

上達部の膳は高坏《たかつき》を用いた。殿上人の座は紫端《むらさきべり》の畳に黒柿の机。諸大夫《しょたいふ》の饗は西中門の北廊にあった。官人と加陪従《かべいじゅう》の饗は、随身所《ずいじんどころ》に準備した。舞人と陪従の装束は、腋《わき》の方から下給させた。しばらくして、中納言兼隆卿が来た。両宰相〈経通・資平〉は先に来ていた。祭使と陪従を催促させた。長い時間が経って、座に着した。一献《こん》は左頭中将朝任。祭使が盃を請け、上達部に献上した。往来は殿上人に及んだ。二献は兼隆卿。私は粉熟《ふずく》を催促させた。すぐに据えた。三献は参議公信。私は右中弁章信を介して、三献以後は盃を往来することを行なわないよう命じさせた。そこで直ちに流し巡らせた。祭使と陪従が歌遊を行なった。私は座に着した。坐ったまま、盃を召した。流し巡らせ、祭使に及ばなかった。次いで大蔵卿《おおくらきょう》通任に伝え、勧盃《けんぱい》させた。事情を祭使と陪従に伝え、座を起たせず、直ちに流し巡らせた。左中弁重尹に伝え、上達部の盃を執らせた。左兵衛督《さひょうえのかみ》公信〈検非違使別当《けびいしべっとう》。〉は、座を起って退出した。検非違使別当であることによるか。先ず駿河舞《するがまい》、次いで求子《もとめご》。左近将監《さこんのしょうげん》（狛《こまの》）光高《みつたか》と左近将曹《さこんのしょうそう》（秦《はたの》）延命《のぶなが》に命じて、一の舞とした。考えるにこれは、故殿《ことの》〈藤原実頼《さねより》〉の例である。天暦《てんりゃく》十一年二月の春日祭《かすがのまつり》の時の例である〈右近将監播磨公仲《うこんのしょうげんはりまのきんなか》、右近府生宇自可最手《うじかのほて》。〉。私は衣〈袷袙《あわせあこめ》。〉を脱いで、光高に下給した。兼隆卿は延命に下給した。次いで上達部と殿上人が衣を脱いで、陪従と官人〈左右近衛府。〉に下給した。舞が終わって、唐鞍《からぐら》の馬〈関白の馬。〉を引かせた。馬副《うまぞい》八人が従った。右近府生公忠〈関白の随身。〉と同府の随身扶武〈私の随身。〉が、口取であった。次いで引馬《ひきうま》〈禅室の馬。〉を引いた。左近番長《さこんのばんちょう》（秦）親年《ちかとし》〈左大将《さだいしょう》（教通）の随身。〉と右近番長《うこんのばんちょう》（下毛野）光武《みつたけ》〈禅室に伺候する者である。まるで随身のようである。〉。随身と雑色《ぞうしき》が、続いて庭前を渡った。「近代の例である」と云うことだ。祭使の少将資房が、盃を執って、兼隆卿に勧めた。その後、祭使は内裏に参った〈未の終剋か。〉。祭使と陪従に装束を下給した。装束を着し終わって、長い時間を経た後、皇太后宮から摺袴《すりばかま》一腰《こし》〈摺綾《すりあや》の織物《おりもの》の腰。〉を給わった。使は六位〈侍《さむらい》か。〉であった。被物があった〈白い合褂。〉。父資平が宮司であるので、下給されたものか。今朝、禅室は、右中弁章信朝臣を介して、絹五十疋を祭使の少将に下給された。その命に云ったことには、「今日は返事を申してはならない」ということだ。親しい間であったので、禄を与えなかった。随身の装束は、大納言能信卿が調備して送った。祭使十二人の下襲《したがさね》は、関白が送られた。その使は、(平)範国《のりくに》朝臣であった。白い合褂を与えた。皇太后宮の袴は、他と異なっていた。点定して留めるわけにはいかない。そこで大将の随身二人に下給し、改めて着させたのである。一・二座は大凡《たいぼん》であった。また、この中に、関白の随身はいなかった。あれこれが議して、重ねて下給したものである。「近来の事は、古跡《こせき》に異なる」と云うことだ。垣下《えんが》の公卿は、中納言兼隆、参議公信・経通・資平・通任、右三位中将兼経である。参議広業は、祭の行事《ぎょうじ》であるので、早く退出した。今日、別の挿頭《かざし》は無かった。内蔵寮《くらりょう》に於いて、桂と葵を請い、祭使の少将と陪従が、同じく頭に挿しただけであった。検非違使は、三献の間、庭中《ていちゅう》の床子《しょうじ》に出居《でい》を行なった〈看督長《かどのおさ》が立った。〉。すぐに座を起って、退出した。

十七日、庚戌。　**賀茂祭使還立／禄法の過差**

早朝、禄物を宰相の許に遣わした〈合掛二重《かさね》、袴二、単重《ひとえかさね》八重。準備した禄の不足の分である。〉。「右兵衛督および宰相は、祭使の少将の社頭《しゃとう》の幕所《ばくしょ》に向かった」と云うことだ。饗饌を西対に準備させた。室礼《しつらい》は昨日と同じであった。未の終剋の頃、権大納言行成卿が来向し、只今、対面するということを言わせた。私は客亭《かくてい》に出て、座に着した。権大納言・右兵衛督・式部大輔が、座に着した。宰相は、昨日と今日、上達部の座に着さず、殿上人の上座《じょうざ》にいて、上達部の饌宴の行事を勤めた。盃酌《はいしゃく》に及んだ際、祭使の少将が来向した。中剋、(平)重義《しげよし》朝臣〈四位。〉が盃を執り〈迎盃《むかえさかずき》と謂う。〉、中間の外に於いて、これを勧めた。五位が、盃と肴物《さかなもの》を執った〈「古昔《こせき》の例では、盃を執る者は四位一人と五位一人。肴物を執る者は一人である。ところが近代は、そうではない」と云うことだ。〉。少将は中門から入った。次いで歌笛《かてき》の声を発した。陪従たちが、庭中に進み立った。駿河舞を止め、求子を舞わせた。終わって、祭使と陪従が坐った。一献〈殿上人の四位。〉。事情を伝え、盃を往来することを止め、直ちに下したのである。私は盃を執り、大納言に勧めた。二献〈大納言。〉、上達部の座〈殿上人の四位。〉。式部大輔広業は座を起ち、来て私の盃を受けた。本来ならば右兵衛督経通が進んで、受けなければならない。ところが、親しい間であったので、憚るところが有るのか。次いで上達部の座の粉熟を据えた。これより先に、祭使・陪従・殿上人の座の汁物《しるもの》を据えた〈「還立《かえりだち》の日は、祭使・陪従・殿上人の座には粉熟を据えないのが通例である」と云うことだ。〉。三献〈広業。〉、上達部の座〈殿上人の四位。〉。次いで箸を下した。歌遊があった。次いで禄を下給した〈禄は渡殿《わたどの》にあった。そこで殿上人の四位と五位、地下人《じげにん》たちは、西対の東簀子敷《すのこじき》を経て北渡殿《きたのわたどの》に到り、禄を執って祭使に下給した。番長《ばんちょう》は信濃布《しなののぬの》四段、案主《あんじゅ》と府掌《ふしょう》は三段、近衛《このえ》は二段。陪従は一段を減じた。〉。終わって、座を起った。次いで上達部が退出した。加陪従六人は、渡殿の北辺りに於いて、これを給わった。禄法は、祭使の左右官人と同じであった〈左近将監吉真《よしざね》・光高、左近将曹（八《や》俣部《またべの》）重種《しげたね》［陪従。］・（榎本《えのもとの》）季理《すえまさ》・武数《たけかず》・延命、左近府生久友《さこんのふしょうひさとも》［陪従。］・（茨田《まんだの》）弘《ひろ》近《ちか》。右近将監（高《こうの》）扶宣《すけのぶ》、右近将曹《うこんのしょうそう》紀正方《まさかた》・多政方《まさかた》・（若倭部《わかやまとべの》）亮範《すけのり》・（秦）正親《まさちか》、右近府生（身人部《むひとべの》）保重《やすしげ》・扶武［口取。］・公忠［口取。］。〉。神館《かんだち》の禄〈五位の将監（茨田）重方《しげかた》は白い綾の掛一重と袴。「重方宿禰は、山城介《やましろのすけ》として年《ねん》預《よ》の行事に供奉した」と云うことだ。将監は掛一重、府生《ふしょう》は単重一領《りょう》、舞人と陪従は単衣《ひとえぎぬ》。加陪従は同じ禄である。〉。帰った日の禄〈五位の将監は白い掛一重と摺袴一腰。将監は絹二疋と摺袴。将曹は絹一疋と綿の摺袴。府生は絹一疋［府生は摺袴を下給しなかった。］。口取の右府生公忠［関白の随身。］は綾の掛一重・摺袴・絹二十疋。右近府生扶武［私の随身。］は掛一重と絹十五疋。左近番長近則《ちかのり》［内府の随身。］は扶武と同じ物と袴。右近番長光武［禅室に伺候している。］は扶武と同じであった。但し絹は十八疋。公忠・扶武・近則・光武の四人は口取である。両殿（道長・頼通）の厩舎人《うまやのとねり》は各々掛と絹十疋。居飼は各々絹二疋。益送《やくそう》の官人と私の随身は各々疋絹。社頭の幕所の纏頭《てんとう》は、極めて猛々しかったのである。祭使が準備したものの他、両宰相・殿上《てんじょう》の侍臣《じしん》十余輩《はい》、地下人の四位・五位が、多数、到り訪れて、衣を脱いだ。「公忠の被物は、三十余領に及んだ」と云うことだ。この禄については、私は口入《こうじゅ》しなかった。また、見ずに、早く簾中《れんちゅう》に入った。奇怪な事である。近代の例に従ったのか。それならば世の狂乱と称すべきである。〉。

十八日、辛亥。　藤原懐平忌日／賀茂祭の間、濫行多し／多くは小一条院より出来

宰相が来て云ったことには、「去る夕方、禅室・関白・内府に参って、恐縮を申しておきました」と。今日は忌日であったので、昨日、急いで参ったものである。早く参るよう、私が諷諫《ふうかん》した。「院〈小一《こいち》条院《じょういん》〉は、祭日および昨日、見物された際に、打擲《ちょうちゃく》された者が多々となりました。特に昨日は、〈高《たか》階《しなの》〉業敏《なりとし》朝臣を打擲され、烏帽子《えぼし》を執り、髻《もとどり》を曳き乱しました」と云うことだ。「禅室は、この事によって、大いに怒られました」と云うことだ。「これは〈高階〉在平《ありひら》朝臣が行なった事です」と云うことだ。或いは云ったことには、「在平を召された」と云うことだ。また、「下手人と召継《めしつぎ》を召禁《しょうきん》されることになりました」と云うことだ。或いは云ったことには、「昨日、知足院《ちそくいん》の辺りに於いて、追い打たれた者がいて、あの院の僧房《そうぼう》に逃げ入りました。追捕した際、すべて僧房を破損することを行ないました。御随身たちが、馬に騎って寺中に馳せ入りました」と云うことだ。非常の事は、多く院から出る。

十九日、壬子。　但馬国解／倫子病悩により、妍子・威子、彰子御在所に行啓／実行上人、困窮

右中弁章信が宣旨を持って来た〈但馬《たじま》国の郡司《ぐんじ》七人が、国の解文および院の御庄司《しょうじ》の申文《もうしぶみ》を参上させた。〉。命じて云ったことには、「検非違使庁《けびいしちょう》に下給して、定め申させるように」ということだ。すぐに同じ弁に下給した。宰相が帰って来て云ったことには、「禅室と関白殿に参りました。今日、皇太后と中宮が、太后宮に渡御《とぎょ》されます。尊堂《そんどう》〈倫子〉は、何日来、悩まれています。そこで行啓が行なわれます〈太后と尊堂は、同処にいらっしゃる。〉。関白が云ったことには、『今日は復日《ふくにち》である。忌みが有るのではないか。ところが、禅室及び熟者《じゆくしや》は、遠く忌まれてはならない』ということでした」と。関白がおっしゃられたところは、そうであるべきか。

水尾《みずのお》に住む実行《じつこう》上人が、絶煙《ぜつえん》していることを伝えてきた。夜に臨んでいたので、託して送ることができなかった。明日、少々の物を送ることとする。この上人は、故堀河太相府《ほりかわだいしようふ》（藤原兼通《かねみち》）の子である。右兵衛佐《うひようえのすけ》に任じられた。ところが、出家入道《にゆうどう》し、長年、苦行《くぎよう》している者である。

二十日、癸丑。　実行に米塩を贈る／倫子を見舞う／道長、倫子を赤斑瘡と談る

白米一石と塩二斗を、実行上人の使に託した。また、返事を遣わした。但し色目《しきもく》は、別に送文《おくりぶみ》を添えた〈家司の署が有る。〉。

昨日、二宮（妍子・威子）が行啓を行なった。聞きながら参啓《さんけい》しないのは、頗る便宜が無いであろう。そこで晩方、太后宮に参った〈宰相は車後に乗った。〉。太皇太后宮権大夫《たいこうたいごうぐうごんのだいぶ》経通を介して、母儀《ぼぎ》（倫子）が病悩されている事の驚きや、二后（妍子・威子）が行啓したということを啓上《けいじよう》させたのである。この頃、禅室から中宮権大夫能信卿を介して、御書状が有った。すぐに返事を申させた。経通は、御前に参るよう伝えた。参入し、簾の前に伺候した。女房を介して、母儀が病悩されている事を伝えられた。「今日は頗る宜しくいらっしゃる」ということだ。中宮権大夫が、重ねて禅室の御書状を伝えた。心神は宜しくないとのことなどである。ところが、謁談《えつだん》するようにとの意向が有るのか。そこで車に乗って参入した。本来ならば歩行して参入しなければならない。ところが、その距離はやはり遠く、老人（実資)には耐え難い。中宮権大夫・右兵衛督経通・資平は、歩行して禅室に参った。しばらくして、拝謁し奉った。しばらく清談《せいだん》を行なった。「病悩されている様子は疫病《えきびょう》である。また、赤斑瘡《あかもがさ》が出たものである。老人の故、赤斑瘡である」と云うことだ。もっとも怖畏《ふい》しなければならない事である。

二十一日、甲寅。　但馬国郡司、虚偽を申し拘禁される

或いは云ったことには、「但馬国の郡司七人は、権大納言(行成)の家にいる。左衛門志《さえもんのさかん》(粟田《あわたの》)豊道《とよみち》が、宣旨によって、彼らの身を門外で請け取り、腋に拘禁《こうきん》して、脱巾《だっきん》した」と云うことだ。但馬守《たじまのかみ》(藤原)実経《さねつね》は、大納言の家に同宿しているのか。父子共に面目を失してしまった。「禅閤が、事実ではないことを知って、行なわれたところである」と云うことだ。検非違使庁が勘問《かんもん》した後、真偽がわかるであろう。

二十二日、乙卯。　信濃守、赴任／頼通、禁固された右近衛府駕輿丁を優免

勘解由長官資業が、鹿島宮の祭文を持って来た。改め直させることが有った。また、宰相が来て、談った次いでに云ったことには、「去る夕方、尚侍《ないしのかみ》(藤原嬉子《よしこ》)が里第《りてい》に退出しました。信濃守《しなののかみ》(藤原)惟任《これとう》が云ったことには、『国の文書を官奏《かんそう》に入れてください』と」と。ただ重ねての減省《げんせい》だけである。奏下するということを伝えておいた。両大弁(藤原朝経《あさつね》・藤原定頼《さだより》)は、皆、故障が有る。職務に従う日に、奏に入れることとする〈左大弁《さだいべん》(朝経)は灸治《きゅうじ》、右大弁《うだいべん》(定頼)は弟の女《むすめ》の喪。〉。「明日、私(惟任)は下向します」ということだ。

権左中弁経頼が来て云ったことには、「右近衛府《うこのえふ》の駕輿丁《かよちょう》が禁固《きんこ》された事は、関白に申したところ、免《ゆる》すようにとおっしゃられました」ということだ。賀茂祭の翌朝、駕輿丁が関白の草刈《くさかり》の従者と闘乱し、草刈の従者は、駕輿丁の為に頭を打ち破られた。検非違使は、駕輿丁二人を禁固した。駕輿丁が愁い申したので、伝えさせたものである。

二十三日、丙辰。　武蔵国分寺修造勘宣旨／千古の銀器を鍛造

右中弁章信朝臣が、前日、下給した勘宣旨《かんせんじ》を持って来た〈武蔵国《むさし》が、国分寺《こくぶんじ》を修造することを申請した。〉。銀鍛冶《ぎんかじ》を召して、小女（藤原千古《ちふる》）の銀器を打たせた。前に於いて打たせた。

二十四日、丁巳。　位記請印／但馬国郡司等を勘問

宰相が云ったことには、「昨日、大納言頼宗卿が位記《いき》請印の上卿《しょうけい》を勤めました。多くは鬱々《うつうつ》とした事でした」と。検非違使左衛門府生《さえもんのふしょう》（笠《かさの》）良信《よしのぶ》が云ったことには、「昨日、院の但馬御庄司惟朝《いちょう》法師を勘問しました。今日は郡司たちを勘問します」と。

二十六日、己未。　行成、但馬国郡司について道長に報ぜんとす／内裏触穢

早朝、宰相が来て云ったことには、「権大納言から書状がありました。あの家に向かったところ、密かに語って云ったことには、『但馬国の郡司は、昨日、勘問された。「殺されたということを申した」と云うことだ。ところが、詳細を聞くと、「すでに死んではおらず、身はなおもある」と云うことだ。惟朝法師が申すところは、事実であった。これを如何しよう。もし惟朝を拷訊《ごうじん》されれば、罪報《ざいほう》は避け難い。聞き得たところを禅室に申そうと思うが、昨夜は寝られず、心神は安んじない。本来ならば教誨《きょうかい》によって処置しなければならない』ということでした」と。私が答えて云ったことには、「たとえ寝所の中の事であっても、すでに問うて知ったことが有るのではないか。どうしてましてや、この事はなおさらである。事実を得ていながら、漏らし伝えられないのは、極めて恐るべき事である。早く禅室に申されるように」と。宰相は、あの亜相《あしょう》(行成)の所に向かい、すぐにまた、帰って来て云ったことには、「思ったところは、このとおりです。只今、禅室に参って申すようです。実経は重科《じゅうか》に処されるとはいっても、恨むところは無いでしょう」ということだ。事が多く、詳しく記す事ができないばかりである。

昨日、内裏に犬死が有り、穢気《えき》が来て交じった。そこで明後日、鹿島使《かしまし》を発遣することはできない。あの日は優吉《ゆうきち》ではないばかりである。

二十七日、庚申。　位禄定について指示／季御読経料物の進納／惟朝および但馬国郡司の勘問日記

大外記頼隆真人を召した。調べて勘申させる事が有ったからである〈公卿給《くぎょうきゅう》の尻付《しづけ》について。〉。大夫史《たいふのし》(小槻《おつきの》)貞行《さだゆき》宿禰を召して、明日、位禄文《いろくぶん》を揃えておく事、およびその所の弁を伺候させておく事を命じた〈権左中弁経頼。〉。左大弁が参っているかどうかを問うたところ、申して云ったことには、「参入することになっています」と。また、季御《きのみ》読経《どきょう》の料物《りょうもつ》について問うたところ、皆、進納するということを申した〈周防《すおう》の米百石、越前《えちぜん》の米六十石、信濃布、大宰府の絹である。油は少々、足りない。ところが召して揃える。〉。来月二日に定め申さなければならないのである。文書を揃えておくことを、同じく命じておいた。

右中弁章信朝臣が、惟朝法師および但馬国の郡司たちの勘問日記を持って来た。見終わって、関白に覧せるよう命じた。

二十八日、辛酉。　位禄定／季御読経定、延引

今日、位禄文を奏上しなければならない。あの所の弁は、経頼朝臣である。先日、参るよう命じた。ところが今朝、煩う所が有って、内裏に参ることができないということを申させてきた。左中弁が参るよう、命じておいた。左人弁が来て云ったことには、「何日か、煩っている所を灸治していて、久しく内裏に参っていません。今日は我慢して参入します。そのことを申す為に来たものです」と。位禄文を奏上するよう伝えた。大弁が云ったことには、「前備後守《さきのびんごのかみ》能通の解由状《げゆじょう》を、今日、申上させては如何でしょうか」ということだ。早く申上するよう答えた。結政《かたなし》に参るということを称し、すぐに退出した。午の終剋の頃、内裏に参った。宰相は車後に乗った。左大弁が陣の後ろに立った。私は敷《ふ》政《せい》門から入った。宰相は従って、陣座《じんのざ》に着した。次いで大弁が陣座に着した。中文について命じた。座を起って、陣の腋に向かった。この頃、式部大輔広業が参入した。しばらくして、右大史《うだいし》基信《もとのぶ》が、書杖《ふづえ》を捧げて北に移った。私は座を起って、南座《なんざ》に着した。次いで大弁が座に着し、申して云ったことには、「中文」と。私は揖礼《ゆうれい》した。称唯《いしょう》して、史《し》の方を見た。基信が書杖を捧げて、小庭《こにわ》に進んだ。

私は目くばせした。称唯し、膝突《ひざつき》に着して、これを奉った。執って見た〈匙文《さじぶみ》二枚。能通の解由状である。〉。元のように巻いて板敷《いたじき》の端に置き、基信に下給した。束ね申した。先ず匙文二枚は、「申し給え」と。次いで解由状は、ただ目くばせした。毎度、称唯した。元のように巻き、杖に加えて退出した。ところが、位禄文については、大弁に準備して揃えさせた。奉らせるよう命じた。右大史〈中原〉義光《よしみつ》が、位禄文など〈主税寮《しゅぜいりょう》の租《そ》穀勘文《こくかんもん》、位禄《いろく》の充文《あてぶみ》、男女の歴名帳《れきみょうちょう》、出納《すいとう》の諸司・外衛《げえ》の佐《すけ》・馬寮《めりょう》の助《すけ》・諸道の博士・大夫史・外記・史の文書、去年の定文二通。〉を進上した。次いで硯を大弁の前に据えた。私はこれらの文書を一々、見終わって、他の文書を取り出した。官の充文〈黄の反古《ほご》。〉は筥《はこ》に納め、左中弁重尹を介して、関白に奉った。もし事の難点が無ければ、奏聞《そうもん》するよう伝えた。また、今日、御読経《みどきょう》について定め申さなければならない。ところが、明日については、内裏は犬の死穢《しえ》である。来月二日に定めるよう、まずは関白に伝えさせた。長い時間が経って、重尹朝臣が来て、下給して云ったことには、「関白の御書状に云ったことには、『御読経は、来月二日に定めるように』ということでした」と。大弁に二枚の文書〈出納の諸司が一枚、殿上が一枚。〉を書かせた。私が読む前に定めて、書かせたのである。書き終わって、大弁は座を起ち、これを奉った。私はこれを取った。大弁は座に復した。私は開いて見終わった。左中弁重尹を召し、定文を下給した。二枚とも、束ね申した。私は目くばせした。称唯した。重尹は位禄所《いろくしょ》の弁ではない。先ずただ、下給したものである。権左中弁経頼に充てなければならないのである。来月二日、御読経の文書を揃えておくよう、左中弁に命じた。行事の弁を問うたところ、「弁は未だ誰か申していません」ということだ。越中《えっちゅう》の申文と交替使《こうたいし》の文書を、左大弁に下した。進んで給わり、束ね申した。定め申すよう命じた。大弁が云ったことには、「今日、定められなければならないでしょうか」ということだ。私が答えて云ったことには、「後日、申すように」と。座に復した。すぐに座を起った。私は座を起ち、退出した。大納言頼宗卿が、一緒に退出した。

今日、参入した卿相は、大納言頼宗、中納言兼隆、参議朝経・私（資平）・広業である。

二十九日、壬戌。　法華経講釈／行成の心痛

分別功徳品《ふんべつくどくぼん》〈慶範。〉。

宰相が来て云ったことには、「昨夕、権大納言の書状によって、あの家に向かいました。心労は極まりありませんでした。これは但州《たんしゅう》（実経）の事です。先朝、禅室に申しましたが、やはり不快の様子が有りました。もっとも道理です。朝廷に出仕すれば、上下の者が何と称すでしょうか」ということだ。

○五月

一日、癸亥。　石塔造立供養／伯耆国投文／道長、病悩

石塔供養《せきとうくよう》を行なった。内府（藤原教通《のりみち》）が、（平）孝義朝臣《たかよしあそん》を介して、伯耆《ほうき》国の投文《なげぶみ》を送られた。（藤原）資《すけ》頼《より》の許に仰せ遣わすよう、報せた。宰相（藤原資平《すけひら》）が来て云ったことには、「禅室《ぜんしつ》（藤原道長《みちなが》）は、今日から鏁《さ》閉《へい》されます。病悩されて、未だ尋常に復しません」と云うことだ。「今回は、生きていることは難しいであろうということを、人々に語られています」と云うことだ。明日、弁官が参入するよう、右大史《うだいし》（中原）義光《よしみつ》に命じた。

二日、甲子。　麻子散を服用／山陰道相撲使に胡籙等を下給／惟朝拷訊の可否を勘申／季御読経定

今日、麻子散《ましさん》を服用した。侍医《じい》（和気《わけの》）相成《すけなり》が作って進上した。山陰道相撲使《さんいんどうすまいし》の随身《ずいじん》（身人部《むとべの》）信武《のぶたけ》に胡《やな》籙《ぐい》および豹皮《ひょうがわの》切付《きつつけ》・散物韉《ちらしもののくつわ》を下給した。大外記《だいげき》（清原）頼隆《よりたか》が、前日に勘申《かんじん》させた文書《もんじょ》を進上した〈外《げ》記局《ききょく》にあった元の帯を持って来た。一見し終わって、返給した。〉。右中弁《うちゅうべん》（藤原）章信《あきのぶ》が、但馬《たじま》国の郡司《ぐんじ》および惟朝《いちょう》法師の勘問日記《かんもんにっき》と国解《こくげ》を持って来た。伝え仰せて云ったことには、「惟朝法師を拷訊《ごうじん》すべきか。明法博士《みょうぼうはかせ》に命じて勘申させるように」ということだ。すぐに同じ弁に命じて、日記を下給した。内裏に参った〈未二剋。〉。宰相は車後《くるまじり》に乗った。左大弁《さだいべん》（藤原）朝経《あさつね》が、先に参っていた。御読経《みどきょう》の文書について問うたところ、「皆、揃えてあります」ということだ。陰陽寮《おんみょうりょう》が伺候しているかどうかを左《さ》中弁《ちゅうべん》（藤原）重尹《しげただ》に問うたところ、「陰陽頭《おんみょうのかみ》（惟宗《これむねの》）文高《ふみたか》が参入しています」ということだ。行事《ぎょうじ》の巡を問うたところ、「右中弁章信が、その巡に当たっています」ということだ。そこで日時を勘申させるよう、章信朝臣に命じた。私は南座《なんざ》に着した。大弁が座に着した。文書を奉るよう、大弁に命じた。大弁は、陣官《じんかん》を介して、伝え仰させた。すぐに右大史義光が、去年の定文《さだめぶみ》、僧綱《そうごう》・阿闍梨《あじゃり》・諸寺の僧《そう》名帳《みようちよう》を進上した。右少史《うしようし》（伴《ともの》）佐親《すけちか》が、硯を執って、大弁の座に置いた。外任《げにん》と死去の勘文《かんもん》を筥《はこ》に入れなかった。そこで事情を問うた。大弁は、硯の筥の内から取り出した。文書の筥に入れるべきであろうか。私が指示したことに随って、大弁が書いた。僧綱一人と已講《いこう》一人を加えた。そこで二寺〈大《だい》覚寺《かくじ》と海印寺《かいいんじ》。〉を止めた。去年の興福寺《こうふくじ》の竪義《りゆうぎ》者と天台広学《てんだいこうがく》の竪義者を、輪転《りんてん》に入れた。これは通例である。書き終わって、大弁がこれを進上した。開いて見ると、文字の誤りが有った。そこで大弁に目くばせした。来て坐ったので、返した〈今月十一日癸酉、時は巳・午剋。二十一日甲午、時は巳・午剋。〉。日時勘文《にちじかんもん》と定文を筥に納め、章信を介して、関白《かんぱく》（藤原頼通《よりみち》）に奉った。長い時間が経って、帰って来て云ったことには、「慎しむところが有って、内裏に伺候しません。十一日に行なわれることになりました。二十日は天台舎利会《てんだいしやりえ》で、僧たちが参り難いでしょう」と。章信は昇殿《しようでん》していない。そこで左中弁重尹を介して、日時勘文と定文を奏上させた。十一日に行なわれるということを、関白が定め申した趣旨を加えて奏上させた。御覧が終わって、返給された。おっしゃって云ったことには、「十一日に行なわれるように」ということだ。日時勘文および定文を、右中弁章信に下給した。先ず定文を束ね申した。次いで日時の文。十一日に行なうよう命じた。次いで硯の筥を撤去させた。大弁は、座を起った。次いで私が座を起ち〈未四剋。〉、退出した。大弁も同じく退出した。

三日、乙丑。

右少史佐親が、昨日、定めた僧名《そうみよう》を進上した。

四日、丙寅。　右近衛府荒手結

夜に入って、手結《てつがい》を右近府生《うこんのふしょう》（勝《すぐりの》）良真《よしざね》が持って来た。夜に臨んでいたので、下給しなかった。右《う》少将《しょうしょう》（藤原）良頼《よしより》と（藤原）実康《さねやす》が、着して行なった。東宮庁《とうぐうちょう》が、菖蒲《しょうぶ》と蓬《よもぎ》を進上した。

五日、丁卯。　季御読経行事所、雑物を請う／馬場所、藤蕨糟酒を進上

早朝、手結を下給した。右中弁章信が、御読経行事所《ぎょうじしょ》が申請した雑物の文書を持って来た。見終わって返給し、奏し下すよう命じておいた。馬場所《ばばしょ》が藤蕨《ふじわらび》の糟酒《かすざけ》二瓶《かめ》を進上した。酒を侍所《さむらいどころ》の随身に下給した。右頭中将《うとうのちゅうじょう》（藤原）公成《きんなり》が、宣旨《せんじ》〈太政官《だいじょうかん》の申文《もうしぶみ》。史生《ししょう》。〉を持って来た。「中将《ちゅうじょう》（公成）は、念誦《ねんじゅ》堂《どう》を見ようとしている」ということだ。連れて行って、見せた。感嘆は極まり無かった。

六日、戊辰。　惟朝法師拷訊の明法勘文／道長逆修法事定／右近衛府真手結

右中弁章信が明法勘文《みょうぼうかんもん》を持って来た〈「惟朝法師を拷訊する」ということだ。〉。すぐに奏聞《そうもん》させた。また、関白の御書状を伝えて云ったことには、「相撲人《すまいびと》を点定《てんじょう》して貢上する官符《かんぷ》は、やはり毎年二人を点定して貢上することを載せるということは、すでに先日の定のとおりである」ということだ。すぐに同じ弁に仰せ下した。この事は、禅閤《ぜんこう》（道長）が執論《しつろん》した。そこで今になっても作成していない。大膳大《だいぜんだい》夫《ぶ》（菅野）敦頼《あつより》朝臣が云ったことには、「昨日、禅室は、二十日に行なうことになっている逆修法事《ぎゃくしゅうほうじ》の雑事を定められました」と。また、或いは云ったことには、「二十日は御衰日《すいにち》です。そこで二十八日に定められました」と。夜に入って、右近府生（身人部）保重《やすしげ》が、手結を持って来た。明日、下給することにする。右中将公成、右少将良頼・実康が、着して行なった。真《ま》手結《てつがい》は、垣下《えんが》の五位や六位を馬場《ばば》に差し遣わした。将の禄の大掛《おおうちき》、射手《いて》の官人の禄の絹六疋や布を遣わした。但し、饗宴の料米《りょうまい》は、あらかじめ下給させておいた。

七日、己巳。　踏歌節会舞人欠怠の申文／藤原経通女の聟取／紀貞光死去の噂／三条院国忌

大外記頼隆真人《まひと》が、雅楽頭《うたのかみ》（清原）為成《ためなり》真人の申文、および雅楽少允《うたのしょうじょう》藤原実正《さねまさ》は城外《じょうがい》であって、召し進めるに堪えないという寮官の申文と、三鼓師《さんこし》多政行《おおのまさゆき》の過状《かじょう》を進上した。正月十六日の節会《せちえ》の舞人《まいびと》四人の内、もう一人が欠怠《けったい》した申文や過状である。手結を下給した。雅楽頭為成真人の申文三通を、左《さ》頭中将《とうのちゅうじょう》（源朝任《あさとう》）に託した。外記《げき》史生の奏を下給された。太政官が申請した史生の奏状を、式部丞《しきぶのじょう》（橘）則長《のりなが》に下給した。右兵衛督《うひょうえのかみ》（藤原経通《つねみち》）が語って云ったことには、「聟取《むことり》については、来月下旬に吉《きち》日《にち》が有ります。状況に随って遂げることにします。手作布百段を用いることになるでしょう」ということだ。志し与えるということを伝えておいた。左頭中将朝任が来た。為成真人の申文を返給して、云ったことには、「為成が申したところは、そうであってはならない。過状を進上させるように。雅楽允《うたのじょう》実正については、確かに召して過状を進上させるように」ということだ〈政行の過状は下給しなかった。〉。

「検非違使左衛門府生《けびいしさえもんのふしょう》（紀）貞光《さだみつ》が死去した」と云うことだ。数年、我が家の案主《あんじゅ》であった。下劣の者の志とは異なっていた。また、「検非違使であった間、その忠勤《ちゅうきん》は傍輩《ほうばい》に勝っていた」と云うことだ。

或いは云ったことには、「万死一生《ばんしいっしょう》である」と云うことだ。もしかしたら、未だ死んでいないのか。中宮権大夫《ちゅうぐうごんのだいぶ》宰相が来て云ったことには、「今日、故三条《さんじょう》院の御国忌《こき》を法興院《ほこいん》に於いて修されました。(藤原)能信《よしのぶ》・左衛門督《さえもんのかみ》(藤原)兼隆《かねたか》・大蔵卿《おおくらきょう》(藤原)通任《みちとう》・(藤原)広業《ひろなり》が参入しました」と。

十日、壬申。　惟朝拷訊についての勅語／相撲人貢上官符の草案／源朝任、念誦堂を見る

今日は厄日《やくび》である。諷誦《ふじゅ》を六角堂《ろっかくどう》に修した。

右中弁章信朝臣が勅綸《ちょくりん》を伝えて云ったことには、「明法家《みょうぼうか》は、惟朝法師を拷訊するよう勘申した。ところが、郡司たちを勘問した日記を、一々、覆問《ふくもん》した。事はすでに問うところは無い。本来ならば、すぐにそのことを命じなければならない」ということだ。文書を下給した。すぐに同じ弁に仰せ下した。次いでまた、殺された者の姓名を申した。「本来ならば、殺された者の父母および妻子を随身して、参上しなければならない。郡司は、その弁を申さなかった。また、この事によって、郡司たちを召し上げるには、勘問に備えるべき者を必ず随身しなければならないのである。もしも諍《いさか》い申す者がいれば、拷訊に及ぶように。但し、惟朝を拷じ、次いで郡司を拷じるように」ということだ。「大略は、内々に郡司が死んでいないことを申すべき事を、披露《ひろう》に及んだ。そこでこの事が有るのか」ということだ。同じ弁が、諸国に下賜する相撲官符《すまいかんぷ》の草案《そうあん》を見せた。官符の文は、はなはだ宜しくなかった。そこで改め直させた。弁に書かせて、下給した。但し、先ず関白に覧せるよう命じた。もし事の謗難《ぼうなん》が無ければ、官符を作成させる事を加えて命じた。左頭中将朝任が綸旨《りんじ》を伝えて云ったことには、

「今日、結政所《かたなしどころ》に於いて請印《しょういん》させるように。返金使《へんきんし》の官符は、また逓送《ていそう》の官符を作成させて、同じく捺印《なついん》するように」ということだ。この官符については、前日、左中弁重尹に命じた。ところが、東宮(敦良《あつなが》親王)に恪勤《かくご》ではなかったので、勘責《かんせき》された。ところが、それ以前に官符を作成させるよう、仰せ遣わしてあった。すぐに作成するとの報が有った。左頭中将が堂に来た。先ず勅命《ちょくめい》を伝え、後に装飾を見た。感嘆は極まり無かった。

十一日、癸酉。　藤原公任に法事用の茵等を貸す／季御読経

按察《あぜち》(藤原公任《きんとう》)に、茵《しとね》四枚を貸した。還脚《かえりあし》を付けた。「十六日の法事の分」ということだ。また、屏幔《びょうまん》を借りられた。同じくこれを送った。両度、貞光を見舞った。すでに万死一生であった。内裏に参った〈午二剋。〉。先に式部大輔《しきぶのたいふ》広業が参入していた。左大弁は病によって参らなかった。右大弁《うだいべん》〈藤原定《さだ》頼《より》〉は假《か》であった。今朝、李部《りほう》(広業)に伝えた。そこで早く参った。僧の見参《げんざん》を行事の右中弁章信に問うた。申して云ったことには、「見参を取りました」と。御前僧《ごぜんそう》を定めなければならない。文書を進上させるよう命じた。私は南座に着した。右大史基信《もとのぶ》が、文状《もんじょう》〈通例の文書・今回の定文・欠請《けつしょう》。〉を進上した。右少史佐親が、硯を取って、宰相の座に置いた。私は目くばせした。式部大輔が、硯筥《すずりばこ》の許に進み寄った。重ねて意向を示した。私が定めたものに随って、書いた〈僧綱四人、凡僧《ぼんそう》十六人。〉。笏《しゃく》に取り副え、僕(実資)の前に進んで坐り、これを奉った。章信を介して、関白に奉った。関白は里《り》第《てい》にいた。長い時間が経って、帰って来て云ったことには、「見申した。奏上されるように。一昨日から煩う所が有って、参入していない」ということだ。御前僧の文書を、蔵人《くろうど》（源）資通《すけみち》朝臣を介して、奏聞させた。すぐに返給された。章信朝臣を召して、定文を下給した。定文を開いて、束ね申した。私は目くばせした。見参の僧の数を問うたところ、「二十余人ほどが参入しました」ということだ。鐘を打たせるよう命じた。未〈二剋。〉。しばらくして、打った。書筥《ふみばこ》と硯筥を撤去させた。内大臣（教通）が参入した。私は座を起ち、奥座《おくざ》に加わって着した。大納言《だいなごん》（藤原）頼宗《よりむね》、中納言《ちゅうなごん》（源）道方《みちかた》、参議《さんぎ》（藤原）公信《きんのぶ》・経通が参入した。「堂童子《どうどうじ》は、戒めておいたのは四人です。ところがもう二人は、未だ参入していません」ということだ。催促するよう命じた。章信朝臣を召して、参入した僧の数を問うたところ、申して云ったことには、「四十余人が参入しました。僧綱は四人が参入しました」と。また、御前僧を問うたところ、申して云ったことには、「僧綱の他に五人が参入しました」と。私は座を起って、御前に参上した。内大臣、参議公信・経通が、同じく参上した。中納言道方と参議広業は、陣座《じんのざ》に留まった。紫宸殿《ししんでん》に伺候する為である。殿上間《てんじょうのま》に於いて、権左中弁《ごんのさちゅうべん》（源）経頼《つねより》に御前僧の数を問わせた。「僧綱三人と凡僧五人が、参入しました」ということだ。出居《でい》を催促させた。すぐに次将《じしょう》が座に着した。次いで私が御前の座に着した。内府、頼宗卿、参議公信・経通も、同じく着した。次いで僧たちが参上した〈僧綱三人と凡僧七人が参入した。〉。作法は恒例のとおりであった。大納言（藤原）斉信《ただのぶ》と中納言（藤原）長家《ながいえ》が、御前の座に加わって着した。行香《ぎょうこう》の時、右頭中将公成が加わった。行香が終わって、退出した〈申剋の頃。〉。

十二日、甲戌。資平、病悩

宰相は、一昨日の夕方から風病《ふうびょう》が発動《はつどう》し、煩いが有る。今日、来て云ったことには、「昨日の朝、はなはだ苦しみました。晩方から尋常を得ました」と。

「雨沢《うたく》が降らず、耕作は旱魃《かんばつ》を憂いています」と云うことだ。もしもまだ日を経れば、巨害《きょがい》に及ぶであろう。

十三日、乙亥。市女笠・襪を禁制

右中弁が来て、御読経の雑事を申した。明日、物忌《ものいみ》によって参ることができないということを伝えた。法橋元命《ほっきょうげんみょう》が、宇佐宮《うさぐう》の焼亡および大宰府《だざいふ》の事を言談した。宰相が云ったことには、「明日の夕方、皇太后宮《こうたいごうぐう》(藤原妍子《きよこ》)は本宮《ほんぐう》に還御《かんぎょ》されます」と。また、云ったことには、「今日、両殿(道長・頼通)に参りました。関白は、雑事を談られた次いでに、源中納言《げんちゅうなごん》(道方)が市女笠《いちめがさ》を切った事を云いました。関白が答えられた詞は、却《しりぞ》けられるべきであるということをおっしゃられたのでしょうか。この二、三日、或いは検非違使、或いは刀禰《とね》が、市女笠および襪《したうづ》を切っています」と云うことだ。未だその意味がわからない。もし新制《しんせい》が有るのならば、先ず期日を立て、世間に知らせて、却けられるべきであろう。ところが、急に切り破る事は、如何なものか。特に女たちは、市女笠で顔を隠して、功徳所《くどくしょ》に参る。これは善根《ぜんこん》である。今となっては、頼りの無い女たちは、善根を植え難いのではないか。女人が笠を着しても、公損《こうそん》は無いのではないか。法制《ほうせい》については、万を数えるべきである。ところが急に笠の禁制《きんせい》が有る。未だその是を知らない。往古《おうこ》から禁制は無い。奇怪とするに足るばかりである。

十四日、丙子。　季御読経結願／触穢

今日、御読経の結願《けちがん》に参入することができないということを、左頭中将に伝え送った。今朝、廐《うまや》の馬が斃《たお》れた〈門の外。〉。特に慎しまなければならない月に当たっている。ところが、馬が斃れることが有った。善とした。故貞光の後家《ごけ》が、雑布を申請してきた。二十端《たん》を下給させた。弓を随身信武に下給した。前日、胡籙を下賜し、弓を下給しなかった。そこで下賜したものである。左大弁が報じて云ったことには、「去る五日、内裏に参って、退出した後、身が熱く、重く煩いました。昨日、熱の状況は散じました。ところが、未だ尋常を得ていません」と。春宮少進《とうぐうしょうじん》〈藤原〉資国《すけくに》が来て、明後日、御読経であることを申した。

十五日、丁丑。　夢想紛紜

夢想《むそう》が静かではなかったので、諷誦を六角堂に修した。

十六日、戊寅。　公任二女七々日法事／競馬尻付文

按察大納言《あぜちだいなごん》〈公任〉が、宝積院《ほうしゃくいん》に於いて二娘の七々日の法事を修した。僧の食膳〈高坏《たかつき》十二本。打敷《うちしき》を加えた。大破子《おおわりご》四荷《か》、手作布《たづくりのぬの》三十端。〉を送った。馬寮《めりょう》が、競馬《くらべうま》の尻付《しづけ》の文〈五番。〉を進上した。

十七日、己卯。

二十三日に、賑給使《しんごうし》を定めて奏上しようと思う。参会するよう、右大史義光を介して、左大弁に示し遣わした。返事に云ったことには、「病悩が、増気《ぞうき》は無いとはいっても、未だ起居《ききょ》することができません」ということだ。

十八日、庚辰。　藤原実頼忌日

巳剋の頃、東北院《とうほくいん》に参った。宰相は車後に乗った。四位侍従《しいじじゅう》（藤原）経任《つねとう》と右少将（藤原）資房《すけふさ》が従った。俗客《ぞくきゃく》の準備は、我が家が行なったものである。諷誦を修し、法華経《ほけきょう》を供養したことは、通例のとおりであった。法事が終わって、行香を行なった。講師《こうじ》は別当慶命《べっとうきょうみょう》。午の終剋、宅に帰った。入礼《じゅらい》は、三相公《しょうこう》〈経通・資平・定頼。〉、四位五人〈重尹・（大江）景理《かげまさ》・経任・（藤原）能通《よしみち》・（慶滋《よししげの》）為政《ためまさ》。五位は多数いて、記す暇はなかった。〉。拙宅に帰った後、阿闍梨盛算《じょうさん》を屈請《くっしょう》した。私の代わりに斎食《さいじき》させた。念賢《ねんけん》に斎させた。これは、僧の食膳を準備したものである。

十九日、辛巳。　東宮御読経結願／賑給料の米塩の納不

今日、東宮の御読経が結願した。心神《しんしん》は屈した。精進《しょうじ》の気である。そこで参入することができないということを、宰相を介して宮（敦良親王）の辺りに披露させた。

大夫史《たいふのし》（小槻《おつきの》）貞行《さだゆき》が参って来た。賑給の為の米と塩を問わせた。申して云ったことには、「皆、進上しました。但し、土佐《とさ》国の米は、淡路《あわじ》の石家泊《いわやのとまり》にあります。今朝、来着したでしょう」ということだ。

二十日、壬午。　頼通、仁王講／興福寺僧、頼通を批判し不参

伝え聞いたことには、「今日、関白は高陽院《かやのいん》に於いて、仁王経《にんのうきょう》を講演《こうえん》した。山階寺《やましなでら》（興福寺）の僧綱は、皆、故障を申して参らなかった」と云うことだ。事は由緒が有る。その故は、現在の氏長者《うじのちょうじゃ》(頼通)は、寺家《じけ》を労《いたわ》られず、領している荘園《しょうえん》は、国々の国司《こくし》がすべて収公《しゅうこう》し、地子《じし》を納めない。頻りに愁い申させたとはいっても、一切、承引《しょういん》することが無い。他の事は、またまたこのようである。特に近江《おうみ》と備中《びっちゅう》の荘園は、有って無いようなものである。寺家は、この二荘の地利《ちり》で、多く要須《ようしゅ》の料に充て用いている。「現在の氏長者の時に、寺家の陵遅《りょうち》は、もっとも甚しい」と云うことだ。「寺僧《じそう》が忠を怠っていることは、比べるものは無い」と云うことだ。ひとえに国司の言を信じて容れている。ああ、ああ。暁に臨んで、宰相が来て云ったことには、「関白の百講仁王経については、先ず主人(頼通)、内大臣以下の諸大夫《しょたいふ》・太政官《だいじょうかん》の上官《じょうかん》が、庭中《ていちゅう》の座に着し、これを拝しました。次いで昇って、座に着しました。百僧が斎食を行ないました。他は、云々。山階寺の僧綱二人が参入しました。僧都《そうず》永昭《えいしょう》と律師《りつし》経理《きょうり》です。また、別当僧都林懐《りんかい》と扶公《ふこう》は、参りませんでした」と。

二十一日、癸未。　身人部信武、出立／土佐賑給米、進納／太皇太后宮読経、結願／皇太后宮読経、発願／但馬国司を勘問

籠手《こて》および弓籠手《ゆごて》二つを信武に下給した。両種が無いということを聞いたからである。「昨日、出立《しゅったつ》しました」ということだ。この男は、明け暮れの忠勤に、未だ欠怠がなかった。貞行宿禰《すくね》が申させて云ったことには、「土佐の賑給米《しんごうまい》は、すでに進納しました」ということだ。

明後日、賑給使を定めるということを、右大弁に示し遣わした。弁の返状に云ったことには、「明日と明後日は、重く慎しまなければならない事がございます。もし他の日が無ければ、諷誦を修して参入するだけです」と。賑給使の文書を揃えておく事、外衛《げえ》の官人や馬寮の官人で在京している者は別紙に記して、加えて揃えさせておく事を、大外記頼隆真人に命じた。明後日、定め申すこととする。明日、関白に伝える事を、同じく命じた。

夜に臨んで、宰相が来て云ったことには、「太皇太后宮《たいこうたいごうぐう》（藤原彰子《あきこ》）の御読経が結願しました。皇太后宮の御読経の発願《ほつがん》に、内府及び諸卿が多く参りました」と。

或いは云ったことには、「今日、検非違使庁《けびいしちょう》に於いて、但馬国司《たじまこくし》（藤原実経《さねつね》）を勘問しました」と。

二十二日、甲申。　競馬文／但馬国司勘問日記

大外記頼隆真人が関白の報を伝えて云ったことには、「明日、賑給使を定める事は、甚だ善い事である」ということだ。馬寮が御競馬の文書を進上した。

右中弁章信が、但馬国司を勘問した日記および前日に下給した日記・調度《ちょうど》の文書を持って来た。すぐに奏上させるよう伝えた。地下人《じげにん》の弁であるので、関白に覧せて、彼から伝奏《てんそう》されなければならない。

二十三日、乙酉。　源頼信の解由状／石見守、赴任／賑給使定／道長・頼通、惟朝を原免する意向

前石見守《さきのいわみのかみ》（源）頼信《よりのぶ》が、解由状《げゆじょう》を持って来た〈未だ捺印していない。〉。右頭中将公成が来た。石見守（藤原）頼方《よりかた》が、二十六日に赴任するとのことである。蘇芳《すおう》の下襲《したがさね》と表袴《うえのはかま》を下給した。六角堂で誦経《ずきょう》した。

内裏に参った〈午剋の頃。〉。宰相は車後に乗った。式部大輔広業が、殿上間に伺候していた。随身を介して、呼び遣わした。すぐに来た。大外記頼隆を召し、賑給の文書について問うた。揃えてあるとのことであった。座を起って、南座に着した。文書を進上するよう、外記に命じた。則正《のりまさ》と(菅原)惟経《これつね》が、文書を進上した〈例文・兵部省《ひょうぶしょう》の歴名帳《れきみょうちょう》・外衛および馬寮で在京している者の勘文。〉。則正は、硯を取って、宰相の座に置いた。式部大輔に書かせた。書き終わって、進んで来て、これを奉った。私は取って、座に復した。開いて見終わって、筥文《はこぶみ》を撤去した。油の定文を、権左中弁経頼を介して、関白に奉った。もし返難《へんなん》が無ければ奏聞するよう、示し含めておいた。時剋が移り、来て云ったことには、「奏覧《そうらん》が終わりました。下賜してください」ということだ。次いで関白の御書状を伝えて云ったことには、「宜しい日に行なうよう、召し仰せられるように。本来ならば、内裏に伺候して、これを承らなければならない。ところが、今日、いささか煩う所が有って、参入することができない」ということだ。文書を外記に撤去させた。終わって、式部大輔が座を起った。次いで私が座を起って、退出した。式部大輔と宰相も、一緒に退出した〈先日、下し勘じさせた、和泉《いずみ》国の申請文を、左中弁重尹が、膝突《ひざつき》に於いて進上した。〉。夜に入って、右中弁章信が関白の御書状を伝えて云ったことには、「但馬国司と郡司については、近く定められるであろう。但し、惟朝法師については、郡司たちが申したように、すでに充てるところは無い。免《ゆる》されるように」ということだ。すぐに同じ弁に伝えた。弁が云ったことには、「今日、奏上されました。また、章信を介して、禅家《ぜんけ》(道長)に申されました。先ず早く惟朝を原免《げんめん》せよとのことでした」と。

二十四日、丙戌。 相撲白丁貢上の官符

年々、国毎に相撲《すまい》の白丁《はくちょう》二人を貢上せよとの官符四枚を、右近将曹《うこんのしょうそう》(紀)正方《まさかた》が持って来た〈山《さん》陽《よう》・南海《なんかい》・西海道《さいかいどう》の官符である。河内《かわち》・摂津《せっつ》・和泉国の官符が有るはずである。畿内《きない》三箇国を一枚の官符に載せなければならない。ところが、「ただ畿内の官符一枚が有る」と云うことだ。「山城《やましろ》と大和《やまと》を載せたので、左近府《さこんのふ》生《しょう》が受けた」と云うことだ。また更に官符を作成させなければならないのか。〉。播磨《はりま》国司《こくし》に請けさせるよう命じた。播磨《はりま》は官符を受けて、美作《みまさか》に遣わさなければならない。順序はこのようである。但し、美作・備前《びぜん》・長門《ながと》の国司は、在京している。先ず仰せ知らせるよう、同じく命じるとのことである。大宰府の官符については、馳せ遣わせるようにとの仰せである。

太政官が五畿内・七道《しちどう》諸国司に符《ふ》す。

応《まさ》に年々、国毎に相撲の白丁二人を貢上すべき事

右、相撲の白丁は、膂力《りょりょく》の者を撰んで貢上する。行程は格条《きゃくじょう》に載せてある。ところが、長年の間、諸国の吏は、或いは供節《くせち》を忘れて、点定して貢進する勤めを欠き、或いは期日に迫って、尫弱《おうじゃく》の者を貢上する。これはつまり、国司が憲章《けんしょう》を憚らず、勤節《きんせつ》を疎《おろそ》かにして致したものである。右大臣(実資)が宣したことには、「勅を奉ったところ、『宜しく下知《げち》を加え、膂力の者を貢上させよ』ということだ。但し、叙位《じょい》・除目《じもく》の時、功過《こうか》を定め申す日に、先ず本府に命じて、勘否《きんぴ》の勘文を進上させる。勤めが

無い輩《やから》のような者は、たとえ任国の功を致したとはいっても、曾て僉議《せんぎ》の列には預かってはならない」ということだ。諸国は承知し、宣によってこれを行なえ。符が到ったならば、奉って行なえ。

右中弁藤原朝臣章信　左少史《さしょうし》大宅《おおやけの》真人恒則《つねのり》

治安《じあん》三年四月一日

二十五日、丁亥。　位禄文／雅楽頭等の怠状／公任、但馬についての道長の意向を伝える／公任の辞意

左少史恒則が、位禄文《いろくぶん》〈信濃《しなの》・但馬・紀伊《きい》。〉を進上した。賑給について、早く行なうよう、仰せが有った。明日、行なうこととするということを、大外記頼隆に伝えた。頼隆が、雅楽頭為成と雅楽允実正の怠状《たいじょう》を進上した。按察大納言が伝え送って云ったことには、「但馬については、泥のようである。止めるように」と云うことだ。先日の禅家の意向である。先ず罪名を下し勘じられた後には、行なわれてはならないのではないか。もしかしたらまた、あれこれは無いのではないか。この間の云々は、人主《じんしゅ》(後一条《ごいちじょう》天皇)がもっぱらにされるのか。たとえ優免《ゆうめん》が有ったとはいっても、天下に何と謂うのか。また、云ったことには、「辞退については、理由が無いわけではない。種々の病悩がございます。これは故怠《こたい》ではない。ところが、今年だけは人がいない日に、一、二度ほど、参入しようと思う」ということだ。

二十六日、戊子。　太皇太后・中宮、内裏参入

今日は小衰日《こすいにち》である上に、重く慎しまなければならない日である。そこで諷誦を清水寺《きよみずでら》・広隆寺《こうりゅうじ》・祇《ぎ》園《おん》社三箇寺に修した。雅楽頭為成と雅楽允実正の怠状を、左頭中将の許に送った。奏聞させる為である。権左中弁経頼が、備前と紀伊の国司が申請した条の続文《つぎぶみ》を持って来た。「今夜、太皇太后《たいこうたいごう》〈彰子〉と中宮《ちゅうぐう》〈藤原威子《たけこ》〉が同輿《どうよ》して内裏に入った後、御車を同じくした」と云うことだ。これは四位侍従経任の説である。

二十七日、己丑。　季御読経、結願

蔵人所《くろうどどころ》の衆《しゅ》範明《のりあき》が来て、今日、季御読経《きのみどきょう》が結願するということを告げた。病悩が有って、参入しなかった。

二十八日、庚寅。　尊星王供養・仁王講・聖天供／道長、逆修法事

今日から六箇日、尊星王《そんしょうおう》を供養し奉る〈去年の冬と今年の春季の分。阿闍梨文円《ぶんえん》が普門寺《ふもんじ》に於いて供養する。〉。当季《とうき》仁王講《にんのうこう》〈三箇日。〉は、阿闍梨盛算・念賢・慶範《けいはん》。当季聖天供《しょうでんぐ》〈三箇日。〉。

今日、禅閤は、法成寺《ほうじょうじ》に於いて、逆修法事を行なった〈今日から始め、四十九日、これを行なう。〉。未剋の頃、参り詣でた〈両宰相〈経通・資平〉が従った。〉。饗饌《きょうせん》が有った。これより先に、関白・内大臣及び諸卿が、座に着していた。座に着させた後、汁を据えた。食に就いた。申剋、鐘を打った。関白以下は、堂前《どうぜん》の座〈阿弥陀堂《あみだどう》。〉に着した。等身《とうしん》の阿弥陀《あみだ》如来《にょらい》像四十九体を懸け〈但し、中の一幅《ふく》の尊像は、七尺ほどか。観音《かんのん》・勢至菩薩《せいしぼさつ》および天人音楽《てんにんおんがく》像を加えて図画した。等身の勢至菩薩は無かった。前毎に机を立て、机の上の燈を燃やした。御明《みあかし》二に、燈を燃やした。また、仏供《ぶつぐ》が有って、様器《ようき》を用いた。〉、金泥《こんでい》法華経・般若心経《はんにゃしんぎょう》・阿《あ》弥《み》陀経《だきょう》若干巻を書写《しょしゃ》した。また、黒字《こくじ》観音経《かんのんきょう》・阿弥陀経若干巻。八僧に法服《ほうふく》が有った〈天台座主《てんだいざす》権僧《ごんのそう》正《じょう》院源《いんげん》、大僧都《だいそうず》慶命、前大僧都《さきのだいそうず》心誉《しんよ》、少僧都《しょうそうず》林寿《りんじゅ》・定基《じょうき》・明尊《みょうそん》・永昭、已講教円《きょうえん》。〉。講師は座主。本家が諷誦を修した〈布、若干。〉。行道《ぎょうどう》の道は、壇上および堂中を用いた。行香は通常のとおりであった。法事が終わって、布施《ふせ》が有った〈絹と包紙《つつみがみ》には等差が有った。殿上人《てんじょうびと》と地下人が、これを取った。〉。この頃、燭《しょく》を秉《と》った。次いで花と机を撤去した。念仏《ねんぶつ》〈念仏僧《ねんぶつそう》二十人。褻装束《けのしょうぞく》を下給した。〉。亥の初剋の頃、法会が終わった。入礼したのは、関白、私（実資）・内大臣、大納言斉信・（藤原）行成《ゆきなり》・頼宗・能信、中納言兼隆・道方・長家、参議公信・経通・私（資平）・通任・定頼・広業。

三十日、壬辰。　藤原広業、実資邸念誦堂を見る／法華経講釈

広業相公が、格別な事も無く、来た。ここに念誦堂を見聞した。相伴《しょうばん》して、堂に向かった。廻り見て云ったことには、「一の伽藍《がらん》と称すべきである。流俗《りゅうぞく》の処ではない。一町の内、深山《しんざん》の絶域《ぜついき》は、まったくこれを知らない。かえって奇とすべきである」と。数度、感嘆し、述べたところは多々であった。

随喜功徳品《ずいきくどくほん》を釈し奉った〈慶範。〉。

○六月

一日、癸巳。　石塔造立供養／造皇嘉門用途文・用途帳／造酒司、醴酒を進上／鹿島使に装束を下給

石塔供養《せきとうくよう》は、通例のとおりであった。左中弁《さちゅうべん》（藤原）重尹《しげただ》が、権左中弁《ごんのさちゅうべん》（源）経頼《つねより》の申請した、近江《おうみ》に任じられた時、造営した皇嘉《こうか》門の物の用途《ようど》文《ぶん》、および用途帳《ようどちょう》を持って来た。すぐに奏上させた。造酒司《ぞうしゅし》が、醴酒《れいしゅ》一瓶《かめ》を進上した。

鹿島使《かしまし》（藤原）経孝《つねたか》に蘇芳《すおう》の下襲《したがさね》を下給した。彼が申請したからである。申して云ったことには、「鹿《か》島宮司《しまぐうじ》に、着している装束《しょうぞく》を下給します。香取宮司《かとりぐうじ》に綾の下襲と表袴《うえのはかま》のような物を下給します」ということだ。また、色革《いろがわ》を下給した。

二日、甲午。　鹿島・香取使、発遣／惟朝を優免、但馬国の郡司を帰国させ、但馬守実経の釐務を停止

今日、鹿島・香取使《かとりし》を発遣した。祭文《さいもん》は、先日、勘解由長官《かげゆのかみ》（藤原）資業《すけなり》に作成させた。今朝、少外記《しょうげき》（安倍）祐頼《すけより》を召して、書かせた〈白色の紙。〉。赤染《あかぞめ》の辛櫃《からびつ》二合《ごう》に鹿島《かしま》・香取《かとり》社の御幣《ごへい》を納めた〈鹿島の辛櫃一合に、金の御幣二捧《ささげ》・銀の御幣二捧・白妙《しろたえ》の御幣二捧を納めた。但し、祭文は各一捧を載せるのが、先例である。ところが作物所《つくもどころ》預《あずかり》（宇治《うじの》）良明宿禰《よしあきすくね》が云ったことには、「関白《かんぱく》が奉献《ほうけん》される時は、各二捧、有ります」と。また、関白（藤原頼通《よりみち》）の家司《けいし》が述べたところも、同じであった。そこで二捧が有る。事情を使経孝に伝えた。社司《しゃし》が近例を知っていて、二捧であることを申したならば、急に何としよう。そこで加えて奉献したものである。色目《しきもく》の文と祭文。〉。朝服《ちょうふく》〈平文《ひょうもん》の筥《はこ》に納めた。錦の折立《おりたて》が有った。〉。笏《しゃく》〈平文の筥に納めた。折立。香取の辛櫃は、金・銀・白妙の御幣を納めた。各一捧。祭文と色目の文。この二合の韓櫃《からびつ》の覆いは、皆、油単《ゆたん》を用いた。ことごとく幣木《ぬさぎ》を揃え、薦《こも》に包んで、辛櫃に付した。〉。使経孝および辛櫃二合は、先ず河原の祓所《はらえどころ》に遣わした。未剋、河頭《かわのほとり》に出た。宰相は車後《くるまじり》に乗った。（藤原）資高朝臣《すけたかあそん》が従った。二合の辛櫃を平張《ひらばり》の前に舁き立てて、神祇祐大中臣惟盛《じんぎのじょうおおなかとみのこれもり》に解除《げじょ》させた。終わって、私は二宮を拝み奉った〈各四拝。〉。すぐに帰った。宰相は河原から法成寺《ほうじょうじ》に参った。

夜に入って、左頭中将《さとうのちゅうじょう》（源）朝任《あさとう》が、惟朝《いちょう》法師と但馬《たじま》の郡司《ぐんじ》たちを勘問《かんもん》した日記と調度《ちょうど》の文書《もんじょ》を下給した。仰せを伝えて云ったことには、「前日、惟朝法師を優免《ゆうめん》した。『但馬国朝来《あさこ》郡の農桑《のうそう》は、多く他の郡に勝る』と云うことだ。ところが、郡司たちが参上し、きっとその勤めは無いであろう。事は農《のう》節《せつ》にある。軽法《けいほう》に従って、假《か》を給うこととする。また、国司《こくし》（藤原実経《さねつね》）の罪科《ざいか》は軽くはない。釐務《りむ》を停止《ちょうじ》することとする。これもまた、軽法である」ということだ。右中弁《うちゅうべん》（藤原）章信《あきのぶ》を召し遣わした。すぐに来た。但馬《たじま》国司《こくし》実経の釐務を停止する事・郡司に假を給う事を伝えた。釐務を停止する宣旨《せんじ》について、大外記《だいげき》（清原）頼隆《よりたか》を召して、先例を問うたところ、申して云ったことには、「停任《ちょうにん》の宣旨は、外記《げき》が承るところです。釐務を停止する宣旨については、弁官が承ります。官符《かんぷ》を本国に下給しなければならないからです」ということだ。もっともそうあるべきである。そこで右中弁章信に命じておいた。

五日、丁酉。　皇嘉門用途文を勘ず／待賢門の瓦を葺かせる／大垣、御忌方に当たるか否かの勘文

左中弁重尹が仰せを伝えて云ったことには、「権左中弁経頼が申請した、近江守《おうみのかみ》の時に造営した皇嘉門の用途文は、用途帳を勘えるように」ということだ。すぐに下給した。また、伝えて云ったことには、「待賢《たいけん》門の瓦は、未だ葺《ふ》き終わっていない。修理《しゅり》職《しき》に葺かせるように」ということだ。また仰せ下しておいた。「この門は、故但馬守《たじまのかみ》（橘）則隆《のりたか》が造営したものである。ところが、未だ瓦を葺き終わっていないうちに、その身は卒去した」ということだ。そこで奏聞《そうもん》させたものである。また伝えて云ったことには、「長門《ながと》国司《こくし》（橘）元愷《もとすえ》が申させて云ったことには、『大垣《おおがき》については、勘仕《ごんし》します。ところが、御忌方《いみかた》の南西に当たります。そこで造築することができません』ということだ。陰陽寮《おんみょうりょう》に問うように」ということだ。私が答えて云ったことには、「前日の勘文《かんもん》では、御忌方に当たらないということを勘申《かんじん》した様に、ほのかに覚えているところです」と。あの勘文は、弁の許にあるのではないか。先ずあの勘文を見て、忌避《きひ》されてはならないということを申したならば、ただ奏上しなければならない。あの勘文に、もしも見えるところが無ければ、問うように、また示し仰せておいた。

七日、己亥。　位禄定

位《い》禄《ろく》を下給する人々を、先日、位《い》禄所《ろくしょ》が進上した文書に記し付けた。左少史《さしょうし》（大宅《おおやけの》）恒則《つねのり》を召して、下給させた。内々に申させて云ったことには、「（川瀬《かわせの》）師光《もろみつ》朝臣に宜しい国を充てるのは、信濃《しなの》と同《どう》法《ほう》である」ということだ。定め充てる国を問うたが、確かに覚えてはいないということを申した。改めて進上するよう、命じておいた。もし格別な勝劣《しょうれつ》が無いのならば、師光に問い、彼が申すに随って、人を改めて定めなければならないからである。信濃〈師光朝臣。〉、但馬〈（藤原）国経《くにつね》朝臣。〉、紀伊《きい》〈（源）永《なが》輔《すけ》朝臣。〉。

八日、庚子。　**夢想紛紜により、薬師経転読／大垣の方角についての陰陽寮勘文／内裏・法成寺、触穢の疑い／道長、法成寺新造長堂の礎石を関白以下に曳かせる**

今日から三箇日、堂に於いて、得命《とくみよう》師に、私および小女(藤原千古《ちふる》)の為に、薬師経《やくしきよう》を転読《てんどく》させ奉る。夢想《むそう》が静かではなかったことによる。

左中弁重尹が、昨年、(安倍)吉平《よしひら》が勘申した大垣の方角の勘文を持って来た。すぐに関白に見せ奉るよう、伝えておいた。この勘文のとおりならば、安芸《あき》国が垣を築くことになっているのは、御忌方に当たる。但し、談天《だんてん》門以南の三段の南に築かなければならない。宰相が伝え送って云ったことには、「大外記頼隆が申したことには、『内裏および法成寺に穢《え》が有ります。穢に触れてはなりません』ということでした」と。考えるに、神今食《じんごんじき》によって、おっしゃられたものか。禁中《きんちゆう》の穢を、随身《ずいじん》に命じて頼隆真人《まひと》に問い遣わした。頼隆真人は、尋ね会うことができなかった。使が帰って来た。左中弁が関白の書状を伝えて云ったことには、「去年の勘文に云ったことには、『今年は、大将軍《たいしようぐん》は西に遊行《ゆぎよう》する。但し談天門以南の三段の他は、大将軍の方角に当たらない』ということだ。その三段以南に、安芸国は築かなければならない。民部卿《みんぶきよう》(源俊賢《としかた》)が云ったことには、『談天門は、伊予《いよ》が造営しなければならない』と。そこで吉平に問うたところ、申して云ったことには、『大将軍の方角に当たりません』と。吉平が勘申して云ったことには、『談天門以南の三段は、大将軍の方角に当たります』ということだ。どうしてましてや、談天門はなおさらである。事の疑いは、もっとも多い。吉平に問わなければならない」ということだ。問うよう命じた。また上西《じょうさい》門の北・南方について問うよう、同じく命じた。穢について左中弁に問うた。「兵部丞《ひょうぶのじょう》（源）基任《もととう》の穢が、関白の家に引いて来ました。よく尋ね問うと、すでに展転《てんてん》していました。触穢《しょくえ》としてはなりません。美作介《みまさかのすけ》（源）章任《あきとう》が、関白の家の座に着しました。順序を尋ねられたところ、章任については、すでにこれは丙人《へいにん》です。そこで彼（基任）が着した所は、穢とすることはないということを定められました」ということだ。晩方、大外記頼隆が来た。申した趣旨は、左中弁が述べたものと違っていた。「頼隆は、始めに戒め仰せられた趣旨だったのでしょうか。『その後、関白が右中弁章信を介して、禅家《ぜんけ》（藤原道長《みちなが》）に申されて、決定されたものである』と云うことでした」ということだ。

夜に入って、宰相が来て云ったことには、「触穢については、左中弁が申したとおりです」と。また、云ったことには、「法成寺の中に、今、新たに東に長堂《ちょうどう》を造立する為の石を曳く事になりました。今日、参り詣でた大納言《だいなごん》以下に、右衛《え》門権佐《もんのごんのすけ》（藤原）家業《いえなり》が、序列どおりに石を引かせるよう、伝え示しました。関白・内大臣（藤原教通《のりみち》）及び家の子の納言《なごん》（藤原頼宗《よりむね》・藤原能信《よしのぶ》・藤原長家《ながいえ》）・民部卿は、あらかじめ曳かせました。また、諸大夫《しょたいふ》も、同じく引きました」と云うことだ。「関白は二十個。次々に等差が有りました。諸大夫は各一個でした」と云うことだ。「穀倉院《こくそういん》・神泉苑《しんせんえん》・諸司・諸寺の石で、面の広さが二尺余のものを曳きました」と云うことだ。「大納言は八個、中納言《ちゅうなごん》は六個、宰相は四個」と云うことだ。私は、寺の石を曳いてはならないということについて、宰相を戒めた。私の家の中に、一個の石が有る。これを運ぶよう、伝えておいた。上達部《かんだちめ》の役は、相次いでいる。万燈会《まんとうえ》の後、旬日は幾《いくば》くもない。「また見聞すると、多く愁嘆《しゅうたん》しています」と云うことだ。

十日、壬寅。　仁王経講演／道長、逆修法事／道長、病悩／大垣修造の方角についての勘文

今日、五口《く》の僧を招請して、賀茂明神《かものみょうじん》の御為に仁王経《にんのうきょう》を講演《こうえん》した。これは、二季の例事である。去年に見える〈念賢《ねんけん》・慶範《けいはん》・皇基《こうき》・運好《うんこう》・忠厳《ちゅうげん》。〉。禅家に参り詣でた。宰相は車後に乗った。私は先ず、阿弥陀堂に向かった。禅閤《ぜんこう》(道長)が出て会し、清談《せいだん》した。この頃、鐘を打った。内大臣、大納言(藤原)斉《ただ》信《のぶ》、民部経俊賢、大納言(藤原)行成《ゆきなり》、中納言(藤原)兼隆《かねたか》・(藤原)実成《さねなり》・長家、参議《さんぎ》(藤原)公信《きんのぶ》・(藤原)経通《つねみち》・(藤原)資平《すけひら》・(藤原)定頼《さだより》、右三位中将《うさんみちゅうじょう》(藤原)兼経《かねつね》、参議(藤原)広業《ひろなり》が、座にいた。講師《こうじ》は権少《ごんのしょう》僧都《そうず》永昭《えいしょう》。言語が微妙《みみょう》であって、落涙《らくるい》は禁じ難かった。禅閤は、数度、涙を拭った。禅閤が云ったことには、「病悩は不快である。枯槁《ここう》はもっとも甚しい」ということだ。氷水を飲まれ、度々、座を起った。少し急がれているのか。説経《せっきょう》が終わって、念仏《ねんぶつ》を行なった。申剋の頃、法会が終わった。私は先に退出した。左中弁が、吉平の勘申した西大垣の犯土《ぼんど》の方角の勘文を持って来た。大略は、去年の勘文と同じであった。また、「上西門の北・南は、御忌方に当たる」と云うことだ。絶命《ぜつめい》は北西、鬼吏《きり》は北か。関白に見せ奉るよう伝えた。

十一日、癸卯。　法成寺の堂の礎石の為、諸所の石を奪う

上達部及び諸大夫に、法成寺の堂の礎石《そせき》を曳かせた。「或いは宮中の諸司の石・神泉苑の門および乾《けん》臨閣《りんかく》の石を取り、或いは坊門《ぼうもん》・羅城門《らじょうもん》・左右京職《きょうしき》・寺々の石を取った」と云うことだ。嘆かなければならない、悲しまなければならない。言うに足りない。

十二日、甲辰。

東大寺《とうだいじ》僧済慶《さいけい》が、初めて来て、雑事を談った。

十三日、乙巳。　藤原彰子、病悩

宰相が来た。夜に臨んで、また来て云ったことには、「禅閤は、やはり病悩の様子が有ります。念仏の間、簾中《れんちゅう》に入って臥しています。心誉《しんよ》を招き入れられました。加持《かじ》の為でしょうか。熱が発《おこ》ったと称されました。万人が疑ったところは、邪気《じゃけ》にあります」と云うことだ。「昨夜、母后《ははきさき》(藤原彰子《あきこ》)は、いささか悩《や》まれました」と云うことだ。

十五日、丁未。　施米を問う／信濃・美作国の減省

大夫史《たいふのし》(小槻《おつきの》)貞行《さだゆき》が来た。施米《せまい》について問わせたところ、申して云ったことには、「料米《りょうまい》は、未だ揃っていません。また、僧は未だ進上していません。今日と明日、催促して進上させることにします」ということだ。「信濃・美作国《みまさか》が、官奏《かんそう》を催促し申しています。その事情を申します」と云うことだ。信濃が重ねての減省《げんせい》を上卿《しょうけい》に申す事は、今となっては、奏に入れるべきである。「美作の減省は、未だ上卿に申していません」ということだ。この両国の文書は、一度に奏に入れるべきである。極熱《ごくねつ》の候、度々、奏に伺候するのは堪えられそうもないからである。そのことを伝えておいた。

十七日、己酉。　東宮読経／蒔塗師に賜禄

早朝、春宮大進《とうぐうだいじん》(源)懐信《かねのぶ》が来て云ったことには、「今日、辰剋、御等身《とうしん》の延命菩薩《えんめいぼさつ》像十体を供養します。十口の僧を招請して、千巻金剛般若経《こんごうはんにゃきょう》を転読します。参入されますように」ということだ。時剋はすでに至っている。参入することは難しいであろう。そこでそのことを伝えた。あらかじめ告げるべき事である。

蒔塗師《まきぬし》三人に禄を下給した〈一人に絹三疋、もう二人に各二疋。〉。唐櫛笥《からくしげ》・櫛筥《くしばこ》一双《そう》・硯筥《すずりばこ》を、蒔き終わった。他の物は、金が無かったので、蒔かせることができなかった。そこでまた、禄を下給しておいた。厨子《ずし》二階および雑具は、皆、螺鈿《らでん》を入れた。

宰相が来た。すぐに東宮(敦良親王《あつながしんのう》)に参った。夜に臨んで、また来て云ったことには、「東宮の御読《みど》経《きょう》は、未だ発願《ほつがん》に到っていません。左衛門督《さえもんのかみ》兼隆と右兵衛督《うひょうえのかみ》経通が参入しました」と。

十九日、辛亥。　慶命、念誦堂を見る／道長、頼通を勘当／彰子、内裏から御出

宰相が来た。法性寺座主《ほっしょうじざす》慶命僧都《きょうみょうそうず》が来て、語った。「小堂を見ようと思います」ということだ。そこで一緒に見せた。宰相を従わせた。僧都が感嘆したことは、極まり無かった。昨日、衆中《しゅちゅう》に於いて、禅閤が関白を勘当《かんどう》された。これは懈怠《けたい》の人々を勘責《かんせき》されなかった事である〈「官中の諸司」と云うことだ。〉。その御詞は、極めて便宜《びんぎ》のないものだったのである。僧都および宰相が談ったところである。

伝え聞いたことには、「亥剋、太后《おおきさき》(彰子)が内裏から御出《ぎょしゅつ》した」と云うことだ。

二十一日、癸丑。　夢想紛紜

今朝の夢は、静かではなかった。諷誦《ふじゅ》を三箇寺〈広隆寺《こうりゅうじ》・清水寺《きよみずでら》・祇園社《ぎおん》。〉に修した。早朝、宰相が来た。夜に臨んで、また禅家から左頭中将を伴って来た。云ったことには、「頭中将《とうのちゅうじょう》が、申させなければならない事が有ります。そこで束帯《そくたい》を整えず、御堂《みどう》から参入しました。それで逢うには憚りが有ります」と。すぐに宰相を介して、伝えて云ったことには、「関白の御書状に云ったことには、『明後日、定め申させる事が有る。諸卿を催促して参入するように』ということでした」と。承ったということを報せておいた。

二十二日、甲寅。　一条天皇国忌円教寺御八講始

大外記頼隆真人を召して、明日、諸卿が参るよう命じた。また、二省を戒めて伺候させる事を命じた。頼隆は内裏に参った。帰って来て云ったことには、「今朝、いささか憚ることが有って、参入することができません」ということだ。

今日、円教寺《えんきょうじ》の御八講始《みはっこうはじめ》が行なわれた。何日か、心神《しんしん》が宜しくなく、参入することはできなかった。権左中弁経頼が、宣旨および勘宣旨《かんせんじ》を持って来た。

或いは云ったことには、「内府(教通)の室(藤原公任女《きんとうのむすめ》)は、何日か、三井寺《みいでら》に於いて修善《しゅぜん》を行なっている。懐妊《かいにん》による。明日、内府は、あの寺に向かう。また、辛崎《からさき》に於いて解除を行なう」と云うことだ。

二十三日、乙卯。　家司を補す／藤原実康、藤原経通女と婚す／小除目／造大安寺司を任ず／造八省行事／雅楽頭・三鼓師を原免／東大寺別当定、延引／頼通、猶子源師房と千古との婚姻を求む

早朝、宰相が来た。人々の申文《もうしぶみ》を伝えて進上した次いでに云ったことには、「前信濃守《さきのしなののかみ》(源)道成《みちなり》を因《いな》幡《ば》に任じるということについて、禅閤が決定したという仰せを、直接、承りました」ということだ。

大外記頼隆真人を家司に補した。すぐに慶賀《けいが》を申した。これより先に、参って来て、今日、諸卿が参るかどうかについて申した。私はいささか病悩が有り、我慢して午の後剋に参ることにする。特に関白や諸卿は、毎日、禅家の仏事《ぶつじ》に参会している。その頃を推測して、参入することとする。頼隆が今朝、関白に申した。関白が云ったことには、「はなはだ吉い事である。先ず禅家に参り、内裏に参るように」ということだ。宰相が右兵衛督の許から、また来て云ったことには、「彼の聟取《むことり》について訪ねる為に、参り向かったものです。今夜、先ず着裳《ちゃくも》を行なうことになっています」ということだ。聟は右近《うこんの》少将《しょうしょう》(藤原)実康《さねやす》。大夫史貞行宿禰を前に召して、施米の料物《りょうもつ》について、および官奏に入れるべき文書について問うた。右中弁章信が、先日、下給した勘宣旨を持って来た。諷誦を清水寺に修した。(平)孝義《たかよし》朝臣が云ったことには、「(菅野)敦頼《あつより》朝臣と(藤原)親光《ちかみつ》朝臣のどちらかが、因幡守《いなばのかみ》に任じられるのでしょうか」と云うことだ。諸説は雲のようであって、信じ難い。申剋の頃、宰相が禅門《ぜんもん》(道長)から来て云ったことには、「講説《こうぜち》が終わりました。関白が伺候されていました」ということだ。私はすぐに

内裏に参った。宰相は車後に乗った。「これより先に、皇太后宮大夫《こうたいごうぐうだいぶ》（源）道方《みちかた》と右大弁《うだいべん》定頼が、仗頭《じょうとう》に伺候していました。しばらくして、中宮権大夫《ちゅうぐうごんのだいぶ》能信と中納言長家が参入しました」ということだ。関白はまた、今、参入された。左頭中将朝任を呼んで、参入したということを申させた。また、前日、下給した文書を覆奏《ふくそう》させた〈大宰府《だざいふ》が、宇佐宮《うさぐう》の造作の功によって、大宮司《だいぐうじ》宇《う》佐相規《さのすけのり》に重任《ちょうにん》の官符を下給されることを言上《ごんじょう》した。「寛仁《かんにん》二年二月二十二日の重任を勘申した」と云うことだ。〉。すぐに下給して云ったことには、「重任の官符を下給するように」ということだ。しばらくして、朝任が旧吏《きゅうり》九人および成功《じょうごう》の者四人の申文〈因幡を申請した。〉を下賜した。順番に参議に見下した。参議広業が撰び上げた〈道成・（慶滋《よししげの》）為政《ためまさ》・（藤原）信通《のぶみち》。成功の者一人、（藤原）義忠《よしただ》。〉。成功の者を除く他は、旧吏三人を撰び上げなければならない。ところが四人を撰んだ。「内々の意向による」と云うことだ。朝任を介して、奏上させて云ったことには、「旧吏三人の申文を撰ばなければなりません。ところが一方では、その道理が有ります。そこでもう一人を加えます」と。しばらくして、道成の申文を下給した〈任中の労。〉。「因幡に任じることとする」ということだ。右頭中将《うとうのちゅうじょう》（藤原）公成《きんなり》が、仰せを伝えて云ったことには、「大安寺《だいあんじ》の造営については、太政大臣（藤原公季《きんすえ》）が、右大臣であった時に行なったものである。汝《なれ》（実資）が行なうように」ということだ。また、おっしゃって云ったことには、「左中弁重尹を長官《かみ》に任じることとする」と〈右大弁を参議に任じた替わり。〉。また、おっしゃって云ったことには、「八省院《はっしょういん》造営については、権左中弁経頼に行なわせることとする」ということだ。私は南座《なんざ》に着し、大外記頼隆に命じて云ったことには、「造寺司《ぞうじし》の除目《じもく》は、他の除目と一紙に書くのであろうか。見えるところが有れば、そのことを申すように」と。頼隆が、長い時間が経って、申して云ったことには、「延喜《えんぎ》以来、造寺司の除目は、別紙にあります」ということだ。除目を召して見ると、言ったところのとおりである。ただ、造大安寺《ぞうだいあんじ》司《し》の除目は、長官・次官《すけ》・判官《じょう》は、皆、他の官に遷っている。ただ主典《さかん》が有る。そこで公成を介して、そのことを奏聞した。また、判官は、史《し》を任じなければならない。誰を任じるべきか、仰せに随うべきである。おっしゃって云ったことには、「(伴《ともの》)惟信《これのぶ》〈元は史。〉を次官に任じることとする。史については、叙位《じょい》に預かることができないのならば、宜しいように計って任じなければならない」ということだ。(中原)義光《よしみつ》と恒則のどちらかで、仰せに随うということを、また奏聞させた。おっしゃったことには、「恒則は未だ史に任じられない前、頗る云々を申した」ということだ。そこで恒則を任じた。皆、これは関白が命じたものである。私は右大弁に目くばせした。大弁が進んで来た。道成の中文を下給した。因幡守に任じるという事である。また、造大安寺司を伝えた〈長官は重尹朝臣、次官は惟信、判官は恒則。〉。八省院造営については、(但波《たんばの》)公親《きんちか》が大夫史であった時に行なったものである。ところが、加賀守《かがのかみ》に任じられた後は、行事《ぎょうじ》の人はいなかった。そこで事情を奏上させた。おっしゃって云ったことには、「大夫史貞行に行なわせるように」ということだ。すぐに権左中弁経頼と大夫史貞行に八省院の造営を行なわせるよう、右大弁に伝えた。大弁は除目二枚〈一枚は造大安寺司、一枚は因幡守道成。元の中文を加えた。〉を書いた。終わって、これを進上した。見終わって、筥に納めた〈但し、中文を留めて、座に置いた。〉。外記を召して、これを給わった。則正《のりまさ》は、筥を捧げ、立って少し進んだ。私は座を起って、御前に参った。朝任を介して奏上させた。この頃、私は侍所《さむらいどころ》に伺候していた。しばらくして、返された。外記を小板敷《こいたじき》に召して、これを下給した〈心神は大いに悩み、殿上《てんじょう》のまま、これを下給した。〉。陣座《じんのざ》に復した。則正は除目を進上した。次いで外記を召し、式部丞《しきぶのじょう》が参っているか否かを問うた。参入しているということを申した。召すよう命じた。三箇度、式部省《しきぶしょう》が伺候しているということを申した。命じたことには、「毎度、召せ」と。式部丞（藤原）俊忠《としただ》が、小庭《こにわ》に進み立った。私が宣して云ったことには、「参り来い」と。称唯《いしょう》して、膝突《ひざつき》に着した。右手で除目二枚を給わった〈一の奏の中に、奏し加えた。〉。元の所に退いて立った。命じて云ったことには、「任じ給え」と。称唯して、退出した。出て外記を召し、筥文《はこぶみ》および硯を撤去させた。朝任が、雅楽頭《うたのかみ》（清原）為成《ためなり》と三鼓師《さんこし》某《なにがし》（多政行《おおのまさゆき》）の過状《かじょう》を返給した。仰せを伝えて云ったことには、「為成たちの過状は、特に将来を戒めて、免《ゆる》されることとする。雅楽允《うたのじょう》（藤原）実正《さねまさ》については、分配《ぶんぱい》の官人である〈正月十六日の節会《せちえ》。〉。そこで免されない」ということだ。すぐに大外記頼隆を召して、過状を下給した。宣旨の趣旨による。また、朝任が仰せを伝えて云ったことには、「今日、東大寺《とうだいじ》別当《べっとう》を定め申させなければならない。ところが、上達部は数が少ない。また、深夜に及ぶであろう。そこで今日以後、定め申させるように」ということだ。亥一剋、退出した。宰相が云ったことには、「関白が密かに語られて云ったことには、『東大寺別当については、彼（道長）の御雅意《がい》は、済慶にある。ところが、律師《りっし》観真《かんしん》は、あの寺に常住《じょうじゅう》し、すでに年序《ねんじょ》を経ている。又々、詳細を取って、あれこれ処置するように』ということでした。また、密かに語って云ったことには、『四位侍従《しいじじゅう》(源)師房《もろふさ》を姻戚《いんせき》とする事は、意向を取って、事を告げるように。もし許さないのならば、何としよう。もし宜しい意向が有るのならば、吉日《きちにち》を撰んで、書状を申そうと思う』ということでした」と。この事は、女房《にょうぼう》の方から頻りに懇切《こんせつ》な御書状が有った。ところが、あれこれを報じなかった。先ず着裳の後に、続いて定めるべき事である。

二十四日、丙辰。

因幡守道成が来て、悦びを申した。会わなかった。

二十五日、丁巳。　**本命供／法性寺荘下人、宮道式光の馬を射て摂津国において捕えられる／慶命、優免を請う**

本命供《ほんみょうく》を行なった。清食《せいじき》したのは、通例である。

夜に入って、法性寺座主僧都(慶命)が来た。寺家《じけ》の荘園《しょうえん》の下人の愁えた事によるものである。左衛門《さえもんの》尉《じょう》(宮道《みやじの》)式光《しきみつ》の馬を射た事による。こちらから検非違使別当《けびいしべっとう》(公信)の許に伝えた。そこで看督長《かどのおさ》を事発所《じはっしょ》の摂津《せっつ》国に差し遣わして、召し上げたものである。座主が云ったことには、「年はすでに七十余歳。国の拷訊《ごうじん》を待っていては、死門《しもん》に及ぶでしょう。本来ならば寺家の請文《うけぶみ》によって、待つ身を請け出さなければなりません」ということだ。検非違使別当に告げられるよう伝えた。また、云ったことには、「汝(実資)の伝えたところは、検非違使別当は免し難いのではないでしょうか」と。頻りにこの趣旨が有った。請文を送られれば、その事を知る左衛門府生《さえもんのふしょう》（笠《かさの》）良信《よしのぶ》を召し遣わして、試みに検非違使別当に伝えることとする。

二十六日、戊午。　最下臈外記の参入を禁ず／法性寺三綱の申文

宰相が来た。私が雑事を承って行なっている間は、最下臈《さいげろう》の外記を参入させることは、そうであってはならないということを、大外記頼隆真人に伝えた。明日の官奏については、大夫史貞行宿禰に命じた。貞行宿禰が申して云ったことには、「右大弁が参入するということを申させました」ということだ。法《ほっ》性寺三綱《しょうじさんごう》の申文を、左衛門府生良信を召して、下給した。検非違使別当に見せるよう、命じておいた。

二十七日、己未。　夢想紛紜／減省申文／待賢門修造について修理職の申請／官奏／施米文

諷誦を三箇寺〈六角堂《ろっかくどう》・清水寺・祇園社。〉に修し、金鼓《こんぐ》を打たせた。夢想が紛紜《ふんうん》していたからである。播磨守《はりまのかみ》（藤原）惟憲《これのり》が来て、減省を奏に入れるということを申した。内裏に参った。宰相は車後に乗った。これより先に、右大弁定頼が参入した。申文について問うたところ、「丹波《たんば》の減省・播磨《はりま》の減省・美作の重ねての減省・白米の減省・後不堪《ごふかん》を申上することになっています」ということだ。申上させるよう命じた。左中弁重尹が云ったことには、「待賢門を修造するよう、修理職に命じました。申して云ったことには、『損色《そんしょく》を取って、修造を始めることにします。また、但馬国の材木は、行事《ぎょうじ》所《しょ》が点検されました。その材木を、この分に充てることにします』ということでした」と。修理職が申請した事は、奏聞を経て、勅定《ちょくじょう》に随うよう、伝えておいた。私は南座に着して、文書を申させた。

その儀は、恒例のとおりであった。
左大史斉通《ただみち》が、申文の儀に伺候した〈丹波の減省・播磨の減省・美作の減省・白米の減省。相模《さがみ》の後不堪が有った。合わせて五枚。〉。その後、官奏は通例のとおりであった〈右大史《うだいし》義光が文書を奏上した際、二度、落とした。失儀《しつぎ》である。〉。「左中弁重尹を介して、関白に内覧《ないらん》した」ということだ〈「御物忌《ものいみ》」ということだ。〉。官奏五通〈信濃の減省・丹波の減省・播磨の減省・美作の通例の減省・白米の減省。〉。奏上し終わって、施米の文を進上させた〈僧と沙弥《しゃみ》の夾名《きょうみょう》十五巻。下し勘じた充文《あてぶみ》および米塩《べいえん》の勘文、各一枚。古伝《こでん》に云ったことには、「米塩の文を奏上しない」ということだ。近代の例によって、奏上させたものである。〉。右大史基信《もとのぶ》が、これを進上した。左少弁《さしょうべん》義忠を介して、関白に奉った。年来の例によって、史を使とするのが便宜がある事を申させたのである。関白が報じて云ったことには、「通例によって、史を使とするように」ということだ。右中弁重尹を介して、施米の文を奏上させた。史を使とする事を、加えて奏上した。おっしゃって云ったことには、「通例によって、これを行なえ」と。使の史について、右大弁に命じた。また、筥を撤去させた。午二剋、参入した。未だ秉燭《へいしょく》に及ばず、退出した。退出した際、雨が降った。

二十八日、庚申。　頼通、千古婚姻の答報を求む／定頼、信濃国の重減省の裁許に疑義／実資、これを怒る

早朝、右大史義光が、奏報《そうほう》を進上した。

宰相が来て云ったことには、「今朝、関白殿に参りました。あの事を問われました。格別な御書状が無いうえに、日もまた、宜しくないということは、汝(実資)が述べていたところです。このことを答報しました」ということだ。思慮は多端《たたん》である。何としよう、何としよう。

法性寺座主が来た。獄者《ごくしゃ》について云々した。事は懇切なようである。はなはだ自由にし難い。ところが、良信を召して検非違使別当に伝えるよう、指示しておいた。すぐに良信を召し遣わした。ところが、参って来なかった。

右大史義光が来て云ったことには、「奏報を右大弁の許に持って参りました。大弁が云ったことには、『信濃国の重ねての減省の裁許《さいきょ》の詞は、異なるべきであろうか。今年、任終《にんしゅう》である。未だ去年以前を勘じておらず、裁許が有るべきであろうか。このことを大夫史貞行宿禰に伝えるように』ということでした。未だ貞行宿禰には伝えていません。先ず申させたところです」と。私が答えて云ったことには、「右大弁は、一家の人である。下官(実資)にもしも失誤が有るのならば、内々に指示するだけである。ところが、史を遣わして貞行宿禰に仰せ遣わすのは、極めて不当である。また、貞行も処置することは難しいであろううえに、奏下の文は、裁許の辞を改めることはできないものである。もしも事の難点が有るのならば、申上する日に、大弁がそのことを伝えて、解文《げぶみ》を返却しなければならない。もしも改め直させなければならないのに、奏下した後に誹謗《ひぼう》するというのは、未だその意味がわからない。特に、この国は、(藤原)信理《のぶまさ》の時から、今まで、勘済《かんさい》してきたところである」と。

税帳《ぜいちょう》は、明年の二月に造って上呈する。今となって事を勘済する吏が、税帳に関わられるのは、任中の勤めを致すことは難しいであろう。そこで信理は、任じられてから数代で、任終の年の減省をすでに裁許していることは、奏報に見える。また、去年、この国は通例の減省を申請した。その時、貞行宿禰に命じて勘申させた。信理が任じられて以後の裁許は、先例が有る。そこで裁許したところである。この減省も同じである。今、この謗難《ぼうなん》を行なったのは、前例を調べなかったのか。一端の新たな謗難を行なうとはいっても、数代の旧例を知らないのか。あれこれの思慮は、かえって嘲《あざけ》らなければならない。私は至愚《しぐ》とはいっても、この事には過失は無いばかりである。

二十九日、辛酉。　摂津法性寺荘の下人を優免

左衛門府生良信が云ったことには、「今日、法性寺座主が請い申したので、摂津の男を優免しておきました」ということだ。

三十日、壬戌。　宇佐大宮司重任／解除

宇佐大宮司相規の重任宣旨を、右中弁章信に仰せ下した〈勘宣旨を下給した。〉。今夕、解除を行なったことは、通例のとおりであった。

○七月

一日、癸亥。　石塔造立供養／十斎日大般若読経始

石塔供養《せきとうくよう》を行なった。当年十斎日《しっさいにち》の大般若読経始《だいはんにゃどきょうはじめ》を行なった〈念賢《ねんけん》と春豪《しゅんごう》。〉。薄暮に臨んで、宰相（藤原資平《すけひら》）が来て云ったことには、「関白《かんぱく》（藤原頼通《よりみち》）は、御堂《みどう》に於いて、明日、汝《なれ》（実資）が法興院《ほこいん》に参るか否かを問われました。参入するということを申しました」ということだ。

二日、甲子。　藤原兼家忌日法興院法華八講、結願

今日、法興院八講《はっこう》が結願《けちがん》した。そこで参入した。宰相が従った。禅閤《ぜんこう》（藤原道長《みちなが》）は、客亭《かくてい》に出居《でい》を行なった。これより先に、内大臣（藤原教通《のりみち》）、大納言《だいなごん》（藤原）能信《よしのぶ》、中納言《ちゅうなごん》（藤原）兼隆《かねたか》・（藤原）実成《さねなり》、参議《さんぎ》（藤原）公信《きんのぶ》・（藤原）経通《つねみち》・（藤原）通任《みちとう》・（藤原）広業《ひろなり》が参入していた。禅閤は、しばらく談じて、宿廬《しゅくろ》に帰った。上達部《かんだちめ》と殿上人《てんじょうびと》が、饗の座に着した。食し終わって、堂前《どうぜん》の座の前に着した。鐘を打った。僧侶が堂に入った。上達部が前に着すのを待っただけである。講説《こうぜち》と行香《ぎょうごう》は、恒例のとおりであった。未剋の頃、法会が終わった。私は先に退出した。禅閤が帰られた。御供の内大臣以下が従った。□□「講説は、未だ始まっていません」と云うことだ。

三日、乙丑。　藤原資房、病悩／道長・彰子、実資の来訪を聞き、病悩をおして結願に出座／但馬守藤原実経の蟄務停止を解く

左少将《さしょうしょう》（藤原）資房《すけふさ》は、昨日の夕方から、悩《や》み煩っている。昨日は坎日《かんにち》であって、見舞わなかった。そこで今朝、（中原）師重《もろしげ》に命じて、問い遣わした。報じて云ったことには、「朝の間は、頗る宜しかったです。午の後剋に、倍苦《ばいく》します」と。宰相が次いで来て、云ったことには、「早朝、罷り向かいました。悩む所は疫病《えきびょう》です」ということだ。禅林寺僧正《ぜんりんじそうじょう》(深覚《しんがく》)が伝え送られて云ったことには、「大僧《だいそう》正《じょう》(済信《さいしん》)を連れて、今月二十日の頃、密々に念誦堂《ねんじゅどう》を見ることにします」ということだ。報じて云ったことには、「いささか結構《けっこう》は、未だその功を終えていません。この間の光臨《こうりん》は、極めて便宜《びんぎ》が無いでしょう。九月の頃には、何とか終わるはずです」と。宰相が談じて云ったことには、「昨日、式部《しきぶの》大輔《たいふ》(広業)が云ったことには、『禅閤は、何日か、御心地がなお快くありません。また、太后《おおきさき》(藤原彰《あき》子《こ》)は、頗る平生《へいぜい》に背くことが有りました。ところが□□でいらっしゃいました。それでも□、汝が参り詣でるということを聞かれて、出られたものです。帰られた後は、長い時間、休息されて、講説を始められました。尊重されているようです』と」と。下僕《げぼく》(実資)については、旧恩《きゅうおん》を忘れていないので、この日が来る毎に、参会を欠かさない。丞相《じょうしょう》に昇ってからは、必ずしも参らなくてもよいであろう。ところが、報恩《ほうおん》・謝心《しゃしん》は、どうして下臈《げろう》の時だけにあるであろう。考えるに、これに感動したので、禅閤が合応しただけである。右兵衛督《うひょうえのかみ》(経通)が来て、語った。夜に入って、左頭中将《さとうのちゅうじょう》(源)朝《あさ》任《とう》が来た。前日に諸卿が定め申した国々の定文《さだめぶみ》を下給した。また、参議が、兼国《けんこく》の俸料文《ほうりょうぶん》および□国の申請文を申請した。また、仰せを伝えて云ったことには、「東大寺《とうだいじ》別当《べっとう》については、諸卿が一緒に定め申さなければならない。また、但馬守《たじまのかみ》(藤原)実経《さねつね》は、元のように国務《こくむ》を行なわせるように」ということだ。夜、深夜に臨んだ。先ずは右中弁《うちゅうべん》(藤原)章信《あきのぶ》朝臣《あそん》に仰せ遣わし、明日、直接、命じるよう伝えて□□。今日は仰せ下さない。また、権大納言《ごんだいなごん》(藤原行成《ゆきなり》)は、思うところが有るであろう。そこでまずは仰せ遣わしておいた。報じて云ったことには、「今夜、宣下することになりました。明日と明々日は、身の慎しみが特に重いのです。随って又々、訪れるよう伝えます」ということだ。

四日、丙寅。　般若寺僧に布施／風雨／大地震／呵梨勒丸を服す

今日と明日は、来てはならず、明後日に来るよう、章信朝臣の許に云い遣わした。般若寺《はんにゃじ》の住僧《じゅうそう》と三《さん》昧僧《まいそう》に手作布《たづくりのぬの》を施与《せよ》した〈弘恵《こうけい》に二端《たん》、三昧僧□□に各一端。〉。（石作《いしづくりの》）忠時宿禰《ただときすくね》を遣わして、資房を見舞った。報じて云ったことには、「朝の間は、頗る宜しかったです。熱は散じました」と。宰相が伝え送って云ったことには、「昨日、永昭僧都《えいしょうそうず》を招請して、山階寺《やましなでら》（興福寺《こうふくじ》）の三宝《さんぼう》に祈り申させました。春日《かすが》御社が、昨夜の夢に冥助《みょうじょ》するという相が有りました。夜間は頗る宜しかったです。私（資平）は、今日と明日は物忌《ものいみ》です」ということだ。宰相が申剋の頃、書状を送って云ったことには、「未剋の頃から重く煩っています。そこで物忌を破って、罷り向かうことにします」と。終日、風雨があった。黄昏に臨む頃、大いに吹いた。戌剋の頃、大地震があった。この間、風雨は収まらなかった。戌の終剋、風が止んだ。終夜、雨は止まなかった。暁方、呵梨勒丸《かりろくがん》を服用した〈六十。〉。時々、瀉《しゃ》した。□後、やはり瀉した。

五日、丁卯。　大地震／藤原千古の着裳の日を勘申

午剋の頃、大地震があった。大いに極まり、倍に到った。昨夜、度々、資房を見舞った。「昨日と今日とで、増減はありません」ということだ。小女（藤原千《ち》古《ふる》）の着裳《ちゃくも》の日を、（安倍）吉平《よしひら》に□□勘申《かんじん》させたところ、云ったことには、「十月四日甲子、時は亥剋。十一月二十五日乙卯、時は亥剋。八月と十二月は、吉日《きちにち》はありません」と。また、十月四日と十一月二十五日の優劣を問うたところ、云ったことには、「十一月二十五日が勝っています。十月四日は除日《じょじつ》です。また、民間で云うことには、『四日は避けるべきか』と。十一月二十五日は満日《まんにち》で、もっとも吉いです。行なうのは、優吉《ゆうきち》と称すべきです」と。

六日、戊辰。　夢想紛紜

参議が連署《れんしょ》した申文《もうしぶみ》、および国々が申請した条々の文書《もんじょ》を、右中弁章信朝臣に下給した。夢想《むそう》が紛紜《ふんうん》した。そこで六角堂《ろっかくどう》で誦経《ずきょう》を行なった。

宰相は、脛《すね》にいささか熱物《ねつもつ》が有って、二、三日、来なかった。夜に入って、或いは云ったことには、「少将は重く煩っています」と云うことだ。そこで宰相の許に問い遣わしたところ、報じて云ったことには、「やはり何日来と同じです。乳母《めのと》は邪気《じゃけ》のように急に煩いました。その事を聞いて、申したものでしょうか」と云うことだ。今日、少将は堅固《けんご》の物忌である。ところが病悩を我慢して、門外に参り向かった。詳細を聞かなければならない。しばらくして、伝え送って云ったことには、「少将は同じようです」ということだ。

七日、己巳。

宰相が来て云ったことには、「少将が煩った所は、未だ減じません」ということだ。

八日、庚午。　扶公に下女の装束を送る／資房の病状

黄朽葉《きくちば》の単重《ひとえかさね》の掛《うちき》と袷袴《あわせばかま》を、扶公《ふこう》僧都の許に送った。先日の書状に云ったことには、「薬師堂《やくしどう》の材木を採らせる為に、明日、今月九日、杣《そま》に□□。その間の分に充てる為、女装束《おんなしょうぞく》一襲《かさね》を下して調送《ちょうそう》してください。但し、唐衣《からぎぬ》や裳《も》は除いてください」ということだ。そこで送ったものである。資房の夜間の状況を、宰相に問い遣わした。報じて云ったことには、「去る夕方、重く煩いました。諷誦《ふじゅ》を所々に修しました〈亥□半。〉。その後、頗る宜しくなりました。ところが熱気は、未だ散じません」ということだ。二十日頃、両僧正（済信・深覚）が来て念誦堂を見るという御書状が有った。ところが、未だ造営し終わっていないので、便宜が無いであろうということを、禅林寺僧正に申し達させた。すぐに返報が有った。度々、資房朝臣を見舞い遣わしたが、「未だ減気《げんき》は有りません」ということだ。宰相は驚き思って、頻りに伝え送った。

九日、辛未。　良円、病悩／藤原千古の着裳の日を勘申

内供《ないぐ》（良円《りょうえん》）は、去る五日から悩み煩っているということを、永源《えいげん》師の許から云い送ってきた。驚きながら、使を発して問い遣わしたところ、報じて云ったことには、「去る五日から、脚病《きゃくびょう》が発動《はつどう》しています。昨日、重く煩いました。丑剋の頃、頗る平復《へいふく》しました。今日は尋常を得ています」ということだ。度々、資房を見舞った。「何日来のとおりです」ということだ。（賀茂《かもの》）守道《もりみち》が占って云ったことには、「明日か明後日には、平復するでしょう。そうでなければ、甲・乙の日でしょうか」ということだ。宰相が云ったことには、「明日と明後日は、堅固の物忌です。また、資房も物忌です。そこで籠ることにします」ということだ。小女の着裳の日について、守道朝臣に問うたところ、云ったことには、「十月四日と十一月二十五日は、皆、これは吉日です。但し十月四日は除日です。『除日や危日《あやぶにち》は、凶会日《くえにち》に准じる。上吉《じょうきち》は、合わせて用いるのは、妨げは無い』ということです。ところが最吉日《さいきちにち》ではありません。十一月二十五日は満日で、共にこれは吉日で、勝とします」ということだ。

十日、壬申。　後一条天皇病悩の噂

早朝、民部卿《みんぶきょう》(源俊賢《としかた》)が告げて云ったことには、「昨日、重くはないとはいっても、後一条《ごいちじょう》天皇の御病悩が有った」と云うことだ。「今日は状況を承っていない」ということだ。陣吉上《じんのきちじょう》(海《あまの》)守留《もりとめ》が云ったことには、「昨夜、陣に伺候していましたが、承ったところはありません」ということだ。守留を殿上《てんじょう》の蔵人所《くろうどどころ》の辺りに遣わして、様子を見させた。しばらくして、帰って来て云ったことには、「出納《すいとう》某《なにがし》丸《まる》に問うたところ、申して云ったことには、『御病悩とのことは承っていません。但し昨夕、入道殿《にゅうどうどの》(道長)・関白・内大臣・中宮大夫《ちゅうぐうだいぶ》(藤原斉信《ただのぶ》)・中宮権大夫《ちゅうぐうごんのだいぶ》(能信)が、連れだって参入し、御読《みど》経《きょう》について定められました』と云うことです。入道殿と諸卿は退出しました。関白は候宿《こうしゅく》されました」ということだ。

十一日、癸酉。　当季仁王講／山陰道相撲使、帰京／法成寺に講師・読師、年分度者を置く／御悩平癒／大般若不断御読経

当季《とうき》仁王講《にんのうこう》は、特に五箇日で終わる。世間が静かではないからである。請僧《しょうそう》は、念賢・運好《うんこう》・忠高《ちゅうこう》。諷誦を天安寺《てんあんじ》に修した。これは通例である。山陰道相撲使《さんいんどうすまいし》の随身近衛《ずいじんこのえ》（身人部《むひとべの》）信武《のぶたけ》が参って来た。相撲人《すまいびと》を随身していなかった。申して云ったことには、「追って参上することになっています」ということだ。夜に臨んで、左頭中将朝任が来た。宣旨《せんじ》一枚〈法成寺《ほうじょうじ》に置く講師《こうじ》と読師《どくし》各一人、年分度者《ねんぶんどしゃ》三人の奏。〉を下した。御病悩について中将《ちゅうじょう》に問うたところ、云ったことには、「すでにその様子はありません。今日から御前に於いて□□口《く》の僧を□、七箇日を限り、大般若不断御読経《だいはんにゃふだんみどきょう》を行なわれます〈『行香は行なわれない』と云うことです。〉」と。今朝、宰相が書状を送って云ったことには、「資房の熱気は、未だ散じません」と。

十二日、甲戌。

早朝、右中弁章信が来た。法成寺の奏状を下給した。宰相が来て云ったことには、「資房の煩う所は、増減はありません」と。

十三日、乙亥。　**婉子女王遠忌**

諷誦を禅林寺に修した。故女御《にょうご》（婉子女王《つやこ》）の遠忌《おんき》である。
十七日の分の念誦《ねんじゅ》と読経《どきょう》を、今日、勤めた。神事が有るからである。
山陽道相撲使《さんようどうすまいし》の右近番長《うこんのばんちょう》播磨貞安《はりまのさだやす》が参って来た。播磨《はりま》国の相撲人の、旧貢《きゅうこう》二人と新点《しんてん》二人を随身していた。他の国々の相撲人は、未だ参上していない。「資房は、やはり未だ減平《げんぺい》していない」と云うことだ。

十四日、丙子。　**資房病悩の易筮／盆供／談天門築造の勘申に齟齬あり／大安寺造営について指示**

「資房は、やはり同じです」と云うことだ。宰相が伝え送った、仁海律師《にんかいりっし》の易筮《えきぜい》に云ったことには、「樹鬼《じゅき》の祟《たた》りが有る。祈禱《きとう》は感応《かんのう》しないのではないか。煩いは続くであろう。但し、深害《しんがい》には及ばないのではないか。他所に移るのが吉いであろう。また、風熱《ふうねつ》の病が有る。医療を加えるように」ということだ。答えて云ったことには、「医治《いじ》を加えてはならない。但し、他所に移る事は、占わせて、その告げによらなければならない」と。盆供《ぼんぐ》を拝し奉った。通例によって、寺々に頒《わか》ち送った。左中《さちゅう》弁《べん》(藤原)重尹《しげただ》が云ったことには、「伊予《いよ》国が談天《だんてん》門を築造することになっていますが、今年から大将《たいしょう》軍《ぐん》の方角に当たるということを聞いて、吉平が勘申しました。そこで去年、造営することになりました。去年十二月、吉平に問うたところ、吉平が勘申して云ったことには、『今年と明年は、御忌方《いみかた》に当たらない』ということでした。そこで今年から始めて築造することにします」ということだ。両説の勘申は、未だその是非がわからない。確かに問わせるよう、重尹に命じておいた。行事所《ぎょうじしょ》から勘申させた方角の文によって、ただ決定すべきである。ところが、上臈《じょうろう》の卿にその勘文《かんもん》を送った。両疑を問わせなければならないからである。また、これより先に、関白に伝えておいた。また、云ったことには、「大安寺《だいあんじ》造営は、多く行事《ぎょうじ》を調べなければならない。種々の事が有る」と。私が答えて云ったことには、「二十日は吉日である。その日、雑事を仰せ下すように。行事の史と一緒に来るように」と。

十五日、丁丑。　当季仁王講、結願／筑前高田牧の例進物来期の卜占

仁王講が結願した。「資房は、減じることは無い」と云うことだ。度々、見舞わせたが、その報は、如何であろう。陰陽師《おんみょうじ》（中原）恒盛《つねもり》に、高田牧《たかだのまき》の通例の進物《しんもつ》が来る□□期を占わせた。勘申して云ったことには、「今日、もしくは来たる二十日に着くでしょう」ということだ。その後、或いは申して云ったことには、「来着した」ということだ。恒盛の占いは、最も感嘆すべきである。「占ったところの事が当たったのは、すでに度々に及んだ。賞嘆すべきである」と云うことだ。

十六日、戊寅。　夢想紛紜／高田牧年貢及び進物／道長逆修法事、結願／道長、実資参入を謝す／頼通、相撲の諸事について実資に諮問

早朝、宰相が来て云ったことには、「資房は、今も減じることはありません。熱気は散じません。何としましょう。種々の善事《ぜんじ》を修しましたが、未だその効験《こうげん》を得ません」ということだ。夢想が閑《しず》かではなかった。そこで諷誦を祇園《ぎおん》社に修した。また、金鼓《こんぐ》を打たせた。

恒盛の占いは、合った。そこで疋絹《ひっけん》を下給した〈昨日の記に見える。〉。高田牧が貢進した年貢《ねんぐ》は、絹五十疋と米七十六石。牧司《まきし》（宗形《むなかたの》）妙忠《たえただ》が別に筥《はこ》一合《ごう》を貢進した。沈香《じんこう》五十両・衣香《いこう》十両・丁子《ちょうじ》三両・唐綾《からあや》二疋・櫛三十枚・髪掻《こうがい》十枚・蘇芳《すおう》の具・糯《もち》・糒《ほしいい》・魚・貝・海草を納めてあった。

今日、禅室《ぜんしつ》（道長）の逆修法事《ぎゃくしゅほうじ》〈四十九日。〉が結願した。そこで参り詣でた。右兵衛督は車後《くるまじり》に乗った。関白・内府（教通）以下が、饗の座に着した。禅閤は客亭に出居を行なった。清談《せいだん》の頃、私が参り着した。しばらく雑事を談られ、堂に入られた。その後、食に就いた。鐘を打った。関白以下は、堂前の座に分かれて坐った。諸僧が行道《ぎょうどう》を行なった。大僧都《だいそうず》慶命《きょうみょう》が講師であった。説経《せっきょう》の後、諷誦を修した。七百□人か。この他には、諷誦は無かった。三礼《さんらい》が礼盤《らいばん》に着した。関白以下が行香を行なった。念仏《ねんぶつ》の後、大納言以下、殿上人は、禄を執った〈大納言が禄の疋絹を執った。はなはだ軽々である。〉。終わって、関白は禅閤の休廬《きゅうろ》に参った。意向によって、私も参り進んだ。禅閤は、参入した事を謝された。禅閤は、再三、退出するよう、伝えられた。ところが、命に応じなかった。そこで禅閤が本堂《ほんどう》に帰られた。次いで私が退出した〈この頃、秉燭《へいしょく》となった。〉。武衛《ぶえい》(経通)は、元のように、車後に乗らせた。今日の公卿は、関白、右大臣(実資)・内府、大納言斉信・(藤原)頼宗《よりむね》・能信、中納言兼隆・実成・(源)道方《みちかた》・(藤原)長家《ながいえ》、参議公信・経通・(藤原)朝経《あさつね》・(藤原)定頼《さだより》・広業。今日、関白が談られて云ったことには、「相撲《すまい》に楽が有るべきであろうか、如何か。格別な事が無い時は、音楽が有るのが通例である。召仰《めしおおせ》は、今日、行なうべきか」と。答えて云ったことには、「楽が有る時は、突然に召し仰せられる事です。但し、今日は御衰日《すいにち》でしょうか。必ずしも忌避《きひ》されなければならないわけではないとはいっても、明日は吉日です。何事が有るでしょうか」と。すでに感心された。また、云ったことには、「相撲の両日の装束《しょうぞく》を、改めて着してはならないのは如何か」と。答えて云ったことには、「もっとも善い事です。ただ、楽が有る年は、必ずしも二襲を禁じることはありません。過差《かさ》を好む輩《やから》は、きっと謗難《ぼうなん》するでしょう。倹約《けんやく》は、やはり善いことで、二色は過差です」と。また、云ったことには、「下人が紅色を着す事は、制止すべきであろうか」と。「随身が紅を着すのは、□ではない事です。苦熱《くねつ》の候、帷子《かたびら》を着しても、何事が有るでしょうか」と。また、云ったことには、「官人たちは、何色の単衣《ひとえぎぬ》を着せばよいのであろうか」と。答えて云ったことには、「黄朽葉の下襲《したがさね》に支子染《くちなしぞめ》の単衣を着すのが、もっとも善いことです。上古《じょうこ》はこのようでした」と。また、云ったことには、「舞人《まいびと》は如何か」と。答えて云ったことには、「舞人については、便宜に随うべきでしょう」と。

十七日、己卯。　**鹿島社を遙拝／資房、吉飯を食す／相撲召仰／伯耆・出雲の相撲人、参着／備中守・遠江守、罷申／当季鬼気祭**

今日は、御幣《ごへい》・神宝《じんぽう》・表衣《うえのきぬ》・笏《しゃく》・封戸《ふこ》を鹿島《かしま》御社に奉献《ほうけん》する日である〈昨月、使者を進発した。今日、あの御社に参り着す日である。〉。香取《かとり》御社に表衣を奉献しなかった。神明《しんめい》を敬う懇誠《こんせい》を奉ったからである。家中に於いて、衣冠《いかん》を整えて遙拝《ようはい》した。解除《げじょ》を行なった。読経と念誦は行なわなかった。暁方、呵梨勒三十丸を服した。頗る瀉した。宰相が来て云ったことには、「資房は、やはり同じです。ところが今日は、吉飯《きつぱん》を食すことを申しました。そこで今朝、申したところです」と。我が家が、別に飯を遣わした。「梅だけを三、四口、食しました」ということだ。漸々と平復している。熱気は未だ散じない。「相撲の召仰は、去年の例による」と云うことだ。伯耆《ほうき》と出雲《いずも》の白丁《はくちょう》、各二人が参って来た。召して見た。備中守《びっちゅうのかみ》（源）行任《ゆきとう》が、罷申《まかりもうし》に来た。すぐに逢った。退出した後、（橘）為経《ためつね》に命じて、豹皮《ひょうがわの》韉《したぐら》と馬を遣わした。為経を介して申させたからである。この朝臣は、芳心《ほうしん》が有る。そこで与えたものである。遠江守《とおとうみのかみ》(源)安道《やすみち》が、罷申に来た。相□が有った。深夜、宰相が来て云ったことには、「資房の熱気は、少しばかり減じました。もしかしたら漸く平□□□」と。

今夜、当季の鬼気祭《ききさい》を行なった〈(惟宗《これむね》)文高《ふみたか》。西門。〉。

十八日、庚辰。　大般若不断御読経、結願／相撲召仰、陣より申さず

今日、内裏の御読経が結願した。ところが、昨夜来、病悩が有った。参ることができないということを、左頭中将に示し遣わしておいた。

「昨日、相撲の召仰が行なわれたとのことだ」と云うことだ。ところが、陣から申させることは無かった。はなはだ奇怪である、はなはだ奇怪である。右近将曹《うこんのしょうそう》(紀)正方《まさかた》が参って来た。事情を問うたが、承ったところは無いということを申した。一昨日、関白が云ったことには、「十七日に行なうこととする」ということだ。尋ね問うよう、命じた。宣旨を承りながら、事情を申させなかった官人は、弁解するところは無いであろう。

十九日、辛巳。　相撲内取日時勘文／南海道相撲使、帰京／資房、平減

右近将曹正方が申して云ったことには、「相撲の召仰について、尋ね問うたところ、案主《あんじゅ》(身人部)保《やす》武《たけ》が申して云ったことには、『一昨日、夜に入って、右少将《うしょうしょう》(藤原)実康《さねやす》朝臣が陣に来て云ったことには、「相撲の召仰が行なわれる。去年の例によって行なうように。大納言能信が伝宣《でんせん》する。このことを年預《ねんよ》の官人に伝え仰すように」ということでした。夜に入っていたので、伝え仰せませんでした。

また、少将は大将殿(実資)に申してはならないということでした。随ってまた、詳細を知りません。そこで申さなかったものです。また、官人も伺候していませんでした』ということでした」と。命じて云ったことには、「詳細を知らないことを申すについては、あれこれ命じるわけにはいかないのである。但し、正方に伝え仰せたことは、正方が尋ね問うべきか。たとえ日を隔てたとはいっても、正方は事情を申さなければならない。ところが、尋ね勘えることはできない。事は頗る違例《いれい》であるばかりである」と。右近府生《うこんのふしょう》(身人部)保重《やすしげ》が、相撲の内取《うちとり》を始めるべき日時《にちじ》勘文《かんもん》(陰陽頭《おんみょうのかみ》文高朝臣が勘申した。二十日壬午、時は午・申剋。)を進上した。南海道相撲使《なんかいどうすまいし》の右近将曹(秦《はたの》)正親《まさちか》が、淡路《あわじ》・讃岐《さぬき》両国の白丁各二人を随身して、参って来た。召して見ると、異なることは無かった。宰相が来て云ったことには、「資房は、すでに減気が有ります。少しばかり、食しました。熱気は減じました。去る夕方、東寺《とうじ》に祈り申させたところ、二つの夢想が有りました。(源)経相《つねすけ》の夢に、大鳥が来て、大蛇を食べて飛び去りました。これはすぐに尋汲《じんきゅう》を招請して、孔雀経《くじゃくきょう》を転読《てんどく》させた効験です。大鳥は孔雀《くじゃく》です。また、尋汲の夢に云ったことには、『深覚僧正が来て、坐った』と。皆、東寺の冥助です」と。夜に入って、宰相が来た。右衛《え》門権佐《もんのごんのすけ》(藤原)家業《いえなり》が、夜に臨んで、来た。庁政について談った。怪しみ驚く事が有った。これはつまり、検《け》非《び》違《い》使《し》別当《べっとう》(公信)が行事したものである。

二十日、壬午。　**相撲人の装束の請奏／相撲内取を始む／造大安寺司の材木／藤原惟憲男、元服**

晩方、右近府生保重が、相撲人の装束の請奏《しょうそう》を進上した。「朝臣」を加えて返給した。申させて云ったことには、「中少将は、皆、格別の障りが有ります。今日、内取所《うちとりしょ》を始めても、着すことができません。但し頭中将《とうのちゅうじょう》(朝任)は伺候します。関白殿から承った事が有ります。この間、もしかしたら時剋は相違するでしょうか」ということだ。午・申剋である。伝えさせて云ったことには、「夜に臨むとはいっても、何事が有るであろう。申剋以後は、きっと吉時《きつじ》が有るであろう」と。改めて勘じさせて行なうよう、すぐに保重を介して、頭中将に示し遣わしておいた。造大安寺《ぞうだいあんじ》司長官《しのかみ》左中弁重尹が来た。今日、初めて大安寺造営の□を見た〈大安寺の杣司《そまし》が、材木の解文《げぶみ》を進上した。〉。造大安寺《ぞうだいあんじ》司判官《しのじょう》左《さ》少史《しょうし》(大宅《おおやけの》)恒則《つねのり》およびその所の検非違使《けびいし》右衛門志《えもんのさかん》(中原)成通《なりみち》と右衛門府生《えもんのふしょう》(秦)貞澄《さだずみ》を伺候させた。杣十六本は、淀津《よどのつ》にある。曳かせるよう、伝え仰させたのである。「成通と貞澄は、事の勤めがありません」と云うことだ。右衛門尉《えもんのじょう》(藤原)尚方《なおかた》を加えて寄せられるよう、重尹を介して関白に伝えさせた。また、「採って置いた播磨の材木およびこの十六本の柱については、爵《しゃく》を申請している宣道《のりみち》と行方《ゆきまさ》が曳いて進上しました」ということだ。大安寺《だいあんじ》別当安奝《べっとうあんちょう》が云ったことには、「禅室および関白の仰せによって、あの御領所《ごりょうしょ》の人たちに引かせたものです」ということだ。あれこれの論は、喧嘩《けんか》が絶えない。同じく事情を伝えた。この事は、先日、関白に謁見《えっけん》した次いでに、事情を申した。報じられて云ったことには、「宣旨を播磨国に下給して、真偽を決するように。早く宣旨を下給するように」ということだ。ところが、あの所の弁を介して事情を伝えて、宣旨を下給することにした。そこで申し伝えたものである。伝え聞いたことには、「今夜、播磨守《はりまのかみ》(藤原)惟憲《これのり》の子が元服《げんぷく》した。中納言兼隆が加冠《かかん》を勤めた〈子（藤原兼房《かねふさ》）の姻戚《いんせき》であるからか。〉。参議経通と通任が、同じく到った」と云うことだ。随身信武が申したところである。「加冠の人に二疋、両宰相（経通・通任）に各一疋」と云うことだ。宰相は、皆、聟《むこ》である。

二十一日、癸未。　随身に衣服料を下給／相撲人、上京／藤原景斉の後家を弔問

早朝、右近府生保重が、相撲所《すまいどころ》の定文を持って来た。申して云ったことには、「昨日、戌剋に内取を始めました〈戌剋。〉。右中将《うちゅうじょう》（藤原）公成《きんなり》と右少将（源）実基《さねもと》が、着して行ないました」ということだ。随身の衣服料を下給した〈府生《ふしょう》に絹四疋・下襲・縑《かとり》を下給することにした。番長《ばんちょう》に絹三疋、近衛に絹各二疋。〉。狩袴《かりばかま》の料布《りょうふ》を、追って下給しなければならない。

最手《ほて》（真上《まかみの》）勝岡《かつおか》が、参って来た。申して云ったことには、「船に乗って参上しました。（葛井《ふじいの》）重頼《しげより》と（県《あがたの》）為永《ためなが》も、同船しました。但し（秦）吉高《よしたか》は、参上しません」ということだ。

忠時宿禰を遣わして、故備前守《びぜんのかみ》（藤原）景斉《かげただ》法師の後家《ごけ》を弔問《ちょうもん》した。「去る十七日に逝去《せいきょ》した」と云うことだ。

二十二日、甲申。　資房、平減／諸国相撲人を引見

宰相が云ったことには、「資房は、頗る宜しいです。平減《へいげん》したようなものです」ということだ。右近将曹正方が申して云ったことには、「四位少将《しいしょうしょう》実基が申させて云ったことには、『出居は下臈の右少将実康が奉仕すべきでしょうか。実康は、去年と一昨年の両年、出居の役を勤めています。ところが、下臈が三箇年、すでに勤仕《ごんし》した例が有ります』ということでした」と。私が答えて云ったことには、「連年の例は、他の人が無い時の事か。(藤原)良頼《よしより》朝臣は外祖父《がいそふ》(景斉)の假《か》、実康については、連年の役を勤めた。上臈と云うとはいっても、未だ役していない人が勤仕すべきものである」と。随身の下襲料の縑を下給させた。宰相の相撲装束の打絹《うちぎぬ》を、書状が有ったので、分け遣わした。大宰および国々の相撲人たちが、参って来た。召して見た。左頭中将朝任が、宣旨二枚を持って来た。

二十三日、乙酉。　相撲内取

宰相が云ったことには、「資房は漸く尋常に復したとはいっても、時々、熱気があります。はなはだ奇怪な事です。数日を経たのは、前々もこのようでした」と云うことだ。伊予の相撲人が、先ず二人、参って来た。申させて云ったことには、「今日は坎日です。そこで門内に入れません。ただ、事情を申させます」ということだ。右中将公成が、右近府生保重を介して、申させて云ったことには、「相撲人たちが参入しました。今日は坎日です。内取を行なわせるのは、如何なものでしょう。但し、召《めし》合《あわせ》の日は、すでに近々です。明日は太相府《だいしょうふ》(藤原公季《きんすえ》)が、瘧病《おこりやまい》の当日《あたりび》です。そこで内取所に参り着すことができません」ということだ。私が報じて云ったことには、「吉日に、内取および音楽を始め行なう。更にまた、吉日を択ぶことはできない。今日、内取を行なっても、何事が有るであろう」と。保重が云ったことには、「その日は、近衛に形だけ取らせます」ということだ。命じて云ったことには、「ただ始め行なうのを、最初の事とする。また、人毎に吉日を用いることはできないのではないか」と。夜に臨んで、宰相が来た。土佐《とさ》の相撲人たちが来た。召して見た。

二十四日、丙戌。　**相撲内取手結**

昨日の内取の文を、右近府生保重が持って来た。書き落とした事が多かった。そこで返給して、改め直させた。伊予の相撲人（越智《おちの》）富永《とみなが》および弟の男が参って来た。召して見た。右少将実基が、保重を介して、白丁一人を送ってきた〈肥後《ひご》国人の膂力《りょりょく》の者である。都督《ととく》（源経房《つねふさ》）が探して、これを召して進上した。〉。しばらくして、来て云ったことには、「今日の内取は、事情を承らなければならない事が有ります」と。つまりこれは、相撲の結番《けつばん》である。大略を伝えておいた。重頼と為永か。（他部《おさべの》）秀孝《ひでたか》は、そうであってはならない。明日、御前の内取の最手と腋《わき》について、また伝えておいた〈秀孝か。最手勝岡は、そうであってはならない事である。各々、意向を伝えるよう、密々に伝えておいた。〉。晩方、右近将曹正方が、相撲内取の手結《てつがい》を持って来た。

二十五日、丁亥。　**因幡守に餞す／内取手結／藤原資頼、入京**

暁方、呵梨勒を服した〈三十丸。〉。阿波《あわ》の相撲人を見た。次いで備前《びぜん》を見た。豹皮韉を因幡守《いなばのかみ》（源）道成《みちなり》に与えた〈先ず宰相を介して、意向を伝えさせた。夜に臨んで、宰相の家に来た。「感動していたことは、極まりありませんでした」と云うことだ。〉。芳心が有るので、志し与えたものである。宰相が、二度、来て云ったことには、「資房は、尋常を得たとはいっても、気力はやはり微《かす》かです」ということだ。

備中守行任が来た。前司《ぜんじ》（藤原済家《なりいえ》）は不能である事を談った。また、云ったことには、「明日、卯剋に出立《しゅったつ》します。来月二日、国境に入ります」と。右近府生保重が、右近衛府《うこのえふ》の内取の手結を持って来た。「今日、御前の内取は行なわれませんでした。左方の相撲人が参らなかったからです」と云うことだ。明朝、伯耆守《ほうきのかみ》(藤原)資頼《すけより》が入京することになった。妻(源国挙女《くにたかのむすめ》)を随身している。そこで車を送る事を云った。網代車《あじろぐるま》を山崎《やまざき》に遣わした。

二十六日、戊子。　右近衛府内取手結／官人以下、上達部の装束の禁制

右近府生保重が、右近衛府の内取の手結を進上した。また、今日の御前の内取に参加することになっている相撲人の夾名《きょうみょう》を進上した。頭中将朝臣が、御前の内取の手結について伝え送った。備前守経相が来て云ったことには、「二十八日に下向します」ということだ。夜に臨んで、左頭中将朝任が来て云ったことには、「関白がおっしゃって云ったことには、『官人以下は、紅色を着させてはならない』と。また云ったことには、『上達部は二襲を着してはならないということを、同じく披露《ひろう》するように』ということでした。この事は、宣旨を下すことはありません。ただ事情を伝えるだけです」と云うことだ。日没の頃、右近府生保重が御前の内取の手結を進上した。紅色を着してはならない事を、そこで保重に伝えた。また随身に命じておいた。随身が申して云ったことには、「帷子を藍《あい》に染めて着すことにします。関白の随身が、この色を着しています」と。

二十七日、己丑。　相撲召合

今日、相撲の召合が行なわれた。早朝、諷誦を三箇寺〈清水寺《きよみずでら》・六角堂・祇園社。〉に修した。相撲の擬近《ぎこん》

奏《のそう》に二字を加えて、下給した〈右近将曹正方が、大略、書き記した。奏に入れるべき者を進上した。頭中将朝臣が点を付けた。共に定めて、奏に入れさせた。〉。頭中将に託すよう命じた。舞人たちは、去年は皆、擬近奏に入れた。今年は入れなければならない者はいない。そこで舞人の擬近奏は無かった。午の初刻、内裏に参った。宰相は車後に乗った。大納言能信卿が、陽明《ようめい》門に参会した。相撲人が参入した。敷政《ふせい》門から入って、陣座《じんのざ》に着した。続けて参議広業が参った。私は外記《げき》(菅原)惟経《これつね》を召し、左右三衛府《えふ》の佐《すけ》が参っているかどうかを問うた。皆、参入していないということを申した。督促するよう命じた。頭中将公成は、壁の後ろにいた。私は座を起って、逢った。結番について云い合わせた。擬近奏について問うたところ、云ったことには、「未だ下給していません」と。また、云ったことには、「宮(敦《あつ》良《なが》親王)が参上されます。参入してください」ということだ。この頃、諸卿が参入した。一緒に宮に参った。関白が参られた。すぐに参上された。東宮学士《とうぐうがくし》(藤原)義忠《よしただ》、春宮亮《とうぐうのすけ》(藤原)泰通《やすみち》・公成、春宮《とうぐう》権大夫《ごんのだいぶ》公信・春宮大夫《とうぐうだいぶ》頼宗・私は、前行した。これより先に、道を敷き、帯刀《たちはき》が伺候していた。関白及び御傍親《ぼうしん》の卿相《けいしょう》が、御後ろに伺候した。私は紫《し》宸殿《しんでん》の御障子の後ろを徘徊《はいかい》し、宰相に命じて、氷水を召して飲んだ。苦熱に堪えなかっただけである。関白は、中戸の内に於いて対面した。音楽の時に侍従《じじゅう》を召す事は、通例である。諸卿が未だ参上していない前に命じられなければならないことを、驚かし伝えておいた。次いで擬近奏を下すか否かを問うた。答えられて云ったことには、「未だ見ていない。もしかしたら奏聞《そうもん》するのか」と。奏聞するということを報じたところ、下されるという意向が有った。聞くに従って、下された。私は陣に復した。左頭中将朝任が、侍従を召すよう伝えた。宜陽《ぎよう》殿《でん》の座を敷かせる事を、装束司《しょうぞくし》左中弁重尹に命じた。侍従を召すべき事を、外記惟経に命じた。また三衛府の将と佐たちが参っているかどうかを問うたところ、申して云ったことには、「左右三衛府の佐は、皆、参入しています」ということだ。この頃、内府が参入した。遅参《ちさん》と称さなければならない。すぐに御前に参上した。内侍《ないし》が檻《かん》に臨んだ。私は座を起って、参上した。内府は壁の後ろに立って、すぐに参上した。序列どおりに参上したことは、恒例のとおりであった。殿上の出居を行なう将と侍従を督促させた。しばらくして、左少将(源)隆国《たかくに》と左中弁重尹が、日華《にっか》門から入り、参上して座に着した。次いで左大将《さだいしょう》(教通)は退下した。次いで私が退下した。共に壇上に立った。右奏は遅く持って来た。擬近奏を遅く下したからであろうか。先ず左奏。次いで私。去年と同じであった。左将軍(教通)は奏を見た後、杖を引き寄せて、奏を挿した。はなはだ見苦しい。そうではない事である。内侍は御屛風《びょうぶ》を排して、私を召した。笏《しゃく》を挿んで、揖礼《ゆうれい》を行ない、簾下《れんか》の座に着した。版位《へんい》を取るよう、命じさせた。長い時間が経って、左将監《さしょうげん》(笠《かさの》)良信《よしのぶ》が走り出て、執った。時剋は推移した。籌刺《かずさし》と出居の円座《わろうだ》を置かなかった。左右の出居が座に着した。次いで円座を置いた〈一説である。先に置くべきであろうか。〉。立合《たちあわせ》は一番が遅々とした。左方の相撲人が出たからである〈左方が勝った。〉。二番の頃、雨が降った。立合と籌刺は、まだ庭中《ていちゅう》にいた。春興《しゅんこう》・安福殿《あんぷくでん》の壇上に伺候するよう命じさせた。ところが、左方の立合は、日華門に立った。前例を失した。春興殿の砌《みぎり》に立つよう命じた。左大将の方は、すでに勝った。改めて立つのは、危ういであろう。元の所を改めてはならないということを戒めた。道理は、そうであってはならない。二番の頃、或いは天が晴れた。そこで立合と籌刺は、庭中に出た。また雨脚が降った。時に雨儀《うき》に立った。左方の立合は、遂に春興殿に立たなかった。左方の立合は、或いは安福殿の北砌《きたのみぎり》、或いは校書殿《きょうしょでん》の壇上〈陣の南東。〉に立った。頻りに負けたので、もしかしたら改めて立ったものか。御前の事ではない。五番の頃、上達部の饌を据えた。左少将隆国〈四位。〉が、上達部の座の第一の衝重《ついがさね》二合を執って、私の後ろに据えた。大納言斉信が指示して云ったことには、「双べて据えるように」と。私が云ったことには、「高欄《こうらん》に副え、連ねて据えるように」と。そこで連ねて据えた。長秋《ちょうしゅう》（斉信）は、古跡《こせき》を知らないのか。次いで隆国は、盃を勧めた。造酒正《みきのかみ》（源）頼重《よりしげ》が瓶子《へいじ》を執った。私が伝えて云ったことには、「御前の瓶子は、次将《じしょう》が執るものである」と。そこで頼重は退帰した。隆国も同じく帰った。しばらくして、隆国は元のように盃を勧めた。右少将実康が瓶子を執った。私は盞《かわらけ》を受けた。内府は座を起って、簀子敷《すのこじき》に下りて盞を受けた。座に復して、流し巡らせた。晩に臨んで、意向を承けて、張筵《はりむしろ》を撤去させた。内府以下は、座を起って、簀子敷に下りて坐った。天が陰り、雨が降った。そこで筵を左方の出居に給わなかった。申の終剋以後、雨は止んだ〈未剋の頃、小さい雷があった。雨脚は時々、降った。〉。今日、意外な天判《てんぱん》が有った。十五番の頃、秉燭に及んだ。そこでもう二番は、御覧にならなかった〈左方が勝った。勝ち越した数は若干。〉。私は座を起ち、簀子敷の卿相の上頭《じょうとう》に着した。左方が乱声《らんじょう》を発した。抜頭《ばとう》が出て、舞った。右方の乱声は、拠るところが無かった。事情を伝えて、停止《ちょうじ》させた。上達部が退下した。主上《しゅじょう》（後一条天皇）が還御《かんぎょ》された後、太弟《たいてい》（敦良親王）が退下された。東宮傅《とうぐうふ》（実資）以下が供奉《ぐぶ》したことは、元のとおりであった。但し春宮大夫頼宗は病悩が有って、これより先に退出した〈胸病《きょうびょう》。〉。今日、苦熱は双び無かった。今日、参った諸卿は、左大臣〈関白。簾下に伺候した。〉、私・内大臣、大納言斉信・行成・頼宗・能信、中納言兼隆・実成・道方・長家、参議公信・経通・資平・通任・朝経・定頼、右三位中将《うさんみちゅうじょう》（藤原）兼経《かねつね》、参議広業。

二十八日、庚寅。　相撲抜出／追相撲／当季聖天供

早朝、諷誦を三箇寺〈広隆寺《こうりゅうじ》・清水寺・祇園社。〉に修した。来月二日、仗座《じょうのざ》の議定《ぎじょう》が行なわれる。諸卿を督促するよう、外記（中原）師任《もろとう》に命じた。今日は、天皇は早く出御《しゅつぎょ》することになっている。去る夕方、早く参るようにとの仰せが有った。そこで参入した〈午の初剋。宰相は車後に乗った。〉。陣座に卿相はいなかった。しばらくして、一、二人が参入した。「太弟は只今、参上された」と云うことだ。驚きながら参入したところ、仁寿殿《じじゅうでん》に参会した。侍従を召すよう、右頭中将《うとうのちゅうじょう》（公成）を介して、意向を伺わせた。すぐに召すようにとの仰せが有った。宜陽殿の座について、左中弁に命じた。侍従を召す事を、外記惟経に命じた。殿上の出居と左右出居の次将について、同じく惟経に命じた。内侍が檻に臨んだ。私は先ず参上した。次いで内府以下が参上したことは、恒例のとおりであった。座が定まって、殿上の出居を催促させた。左少将隆国は、陣から私の後ろに参上した。心底《しんてい》に奇怪に思い、これを問うたが、あれこれを述べなかった。命じて云ったことには、「出居に伺候するように」と。あれこれの者は、また参上するということを問うた。「召しが有るということを承って、参入しました」ということだ。誰が告げたものか。隆国は出居の座に着した。本来ならば日華門から参入しなければならない。はなはだ違例である。侍従は参上しなかった。内侍は御屏風の南枚《ひら》を排して、これを召した。私は座を起って、簾下に着した。長い時間、左右の出居の円座を置かなかった。頻りに催し仰させた。僅かに幕下《ばっか》から差し出した。左右少将の出居〈左右が見合わせて坐っていた。古昔《こせき》はそうではなかった。坐ったまま、出た。今日、左の出居は隆国。昨日の出居は(藤原)経輔《つねすけ》。同じ人が、両日、役している。そこで今日は経輔が参入した。ところが隆国は、出居に伺候している。特に隆国は、殿上の出居に伺候している。また、地下《じげ》の出居を勤めるのは、如何なものか。〉、次いで左方の相撲人が参列した〈一人を欠いた。もしかしたら障りを申したのか。〉。意向を示した。後に命じて云ったことには、「南向け〈初め、南向きに立っていた。例を失した。そこで事情を伝えて北に向かせ、後にこれを命じた。〉」と。また意向を示した。命じて云ったことには、「罷り入れ」と。次いで右方の相撲人が参列した。仰詞《おおせことば》は左方と同じであった。但し、西を東に替えた。次いで仰せによって、左方の(宇治《うじの》)常材《つねき》を召した〈命じて云ったことには、「常材、進《たてまつ》れ」と。〉。次いで右方の秀孝を召した〈目が眩転《げんてん》する病を申させたということを、頭中将に伝えておいた。〉。右少将実康が、階下《かいか》を経て、来た。申して云ったことには、「秀孝は目転病《もくてんびょう》が有って、奉仕することができません」ということだ。事情を奏上した。天皇の許容は無かった。早く取り組みを進めるよう命じた。しばらくして、出て立った。先に病の障りを申したのに、裁許《さいきょ》は無かった。奉仕するよう命じた。取り合った後、重ねて愁い申した。天皇の許容が有った。そこで退き入るよう命じた。右方の相撲人は、眼病《がんびょう》で、病気が有った。次いで左方の勝手《かちて》を召した。次いで右方の宇治元高《もとたか》を召した。元高が勝った。関白が云ったことには、「二番で止めては如何か」と。私が答えて云ったことには、「楽が有る年は、多くは三番に及びません」と。次いで天皇の意向を伺って、白丁を召した。先ず左方に命じて云ったことには、「白丁、進れ」と。右方に命じた。追相撲《おいずまい》は、通常のとおりであった。次いで意向を伺って命じたことには、「陣直《じんちょく》、進れ」と。左右方に命じた。終わって、散楽《さんがく》があった。相撲が終わって、乱声を発した。私は御前の座を起って、本座に復した。大唐《だいとう》・高麗楽《こまがく》が、互いに奏した〈蘇合香《そこう》・散《さん》手《じゅ》・青海波《せいがいは》・還城楽《げんじょうらく》・猿楽《さるがく》・古鳥蘇《ことりそ》・帰徳《きとく》・崑崙八仙《こんろんはっせん》・狛犬《こまいぬ》・猪猲《けつかん》。〉。舞の中間、張筵を撤去させた。後に諸卿は、下りて坐った。舞曲以前に上達部の饗饌《きょうせん》を据えた。諸卿が下りて坐った後、甘瓜《あまうり》を下給した。これより先に、関白が御簾《みす》の中に於いて云ったことには、「五位少将《ごいしょうしょう》は、ただ一人である。四位少将に役仕《やくし》させては如何か」と。私が答えて云ったことには、「更に何事が有りましょう」と。兵衛佐一人を加えて、役仕した。長い時間、酒を給わなかった。そこで甘瓜を食べなかった。高声で傍らの人に伝えた。関白はこれを聞いて、左少将経輔〈四位。〉を催促された。盃を執って来て、坐った。造酒正頼重が、瓶子を執って、東階《ひがしのきざはし》から参上した。私はそうであってはならないということを伝えた。そこで退帰した。勧盃《けんぱい》の者、瓶子を執る者は、皆、母屋《もや》の御簾の中から出た。ところが経輔は、盃を執って東階から参上した。はなはだ前例に背いた。経輔も同じく退帰した。関白が造酒司《ぞうしゅし》を用いることを思われて、行なっただけである。しばらくして、右中将〈源〉顕基《あきもと》が、盃を執って、母屋の御簾の中から出て、私の座に当たる長押《なげし》の上に坐った〈前例である。〉。右少将実基〈四位。〉が、瓶子を執って、巡行《じゅんこう》した。終わって、箸を下した。庭燎《にわび》の後、時剋が移った。儀が終わって、私が太弟の還御に供奉したことは、昨日と同じであった。今日、中宮《ちゅうぐう》〈藤原威子《たけこ》〉は、紫宸殿に於いて、相撲を見られた。当季聖天供《しょうでんぐ》を行なった。今から三箇日、阿闍梨《あじゃり》盛算《じょうさん》を招請して、文殊《もんじゅ》像を供養させ奉る。宿曜《すくよう》の厄《やく》を攘《はら》う為である。

二十九日、辛卯。　相撲人を饗す／章信に馬を下賜／資頼、道長に献物

資頼が、胡籙《やなぐい》二腰《こし》と駄馬《だば》七疋を進上した。雑人《ぞうにん》に下賜させた。また、馬二疋を送ってきた。国々の相撲人たちが参って来た。晩方、最手勝岡及び相撲人が、参って来た。前に召して、熟瓜を下給させた。去る夕方、厩《うまや》の馬〈河原毛《かわらげ》。駿蹄《しゅんてい》。〉を和泉守《いずみのかみ》章信に与えた。夜、資頼が云ったことには、「禅室に献上する物の解文を託す為、定基《じょうき》僧都に逢いました。すぐに託して、退出しました。僧都が云ったことには、『しばらく伺候して、仰せの報を聞くこととする』ということでした。前に召し仰せ、雑事を談られました。恩気が有りました」ということだ。献物《けんもつ》〈榻子《とうし》十基《き》・懸盤《かけばん》三十基・漆一石・細布《さいふ》千端。〉。

○八月

一日、壬辰。　石塔造立供養／頼通の物忌により、陣定延引

石塔供養《せきとうくよう》を行なった。外記《げき》(中原)師任《もろとう》を召して、明日、上達部《かんだちめ》が参るかどうかを問わせた。その数を申した〈十二人。〉。内府(藤原教通《のりみち》)の御障りは、分明《ぶんめい》ではない。師任を遣わして、事情を伝えた。「いささか病悩する所が有ります。夜の間、我慢して、状況に随い、参入することにします」ということだ。明日の議定《ぎじよう》について、関白《かんぱく》(藤原頼通《よりみち》)に伝えるよう、左頭中将《さとうのちゆうじよう》(源朝任《あさとう》)の許に示し遣わした。報じて云ったことには、「今日と明日は、堅固《けんご》の御物忌《ものいみ》である」ということだ。重ねて伝えて云ったことには、「先日、対面の次いでに、二日に定めるということを申しました。もしも音沙汰も無く定めないのは、如何なものでしょう。漏らし伝えようと思います」と。しばらくして来て、云ったことには、「門外に参って、状況を申させました。おっしゃられて云ったことには、『今日と明日は、物忌である。内裏に伺候することができない。明日を過ぎて、定めるように』ということでした」と。明日の陣《じんの》定《さだめ》は延引《えんいん》するということを、師任に伝えた。諸卿に告げさせる為である。但し、先ず内府に参って申すよう命じた。今朝、右少史《うしようし》行高《ゆきたか》を召した。明日、硯を準備して揃えておくよう命じていた。延引するということを伝える為、召し遣わせた。ところが、山寺に参ると称して、参って来ない。日没の頃に入って、宰相(藤原資平《すけひら》)が来て云ったことには、「禅室《ぜんしつ》(藤原道長《みちなが》)に参りました。伯州《はくしゆう》(藤原資頼《すけより》)が献上した榻子《とうし》十脚と懸盤《かけばん》三十脚を見られました。恩容《おんよう》の様子が有りました」ということだ。

二日、癸巳。　小野宮の池の水蓮の瑞兆

右少史行高が参って来た。今日の陣定は延引するということを伝えた。昨月、西池に、蓮が生え出た。

日を逐って、葉が多く北面から出た。その後、東池にまた、生え出た。西池よりは少なく、生え出なかった。且つは怪しく、且つは貴い。山の小堂の西および北方に面して、池が有る。験徳《げんとく》が有るであろうことによって、この瑞応《ずいおう》が有るのか。随喜《ずいき》すべき事である。

三日、甲午。　石清水八幡宮別当の慶賀／資頼の昇殿について、道長の内諾

右兵衛督《うひょうえのかみ》（藤原経通《つねみち》）が来て、語った。法橋元命《ほっきょうげんみょう》が来て、云ったことには、「石清水宮別当《いわしみずぐうべっとう》に任じられました。その慶賀《けいが》を申す為に、来たものです」と。しばらく清談《せいだん》して、去った。宰相および資頼朝臣《あそん》と一緒に、小女（藤原千古《ちふる》）の着裳《ちゃくも》の雑事を定めた〈十一月二十五日。〉。宰相が定文《さだめぶみ》を書いた。宰相を介して、資頼の昇殿《しょうでん》について禅室に申させた。すでに許すという御報が有った。御報に云ったことには、「善悪を論じてはならない。もっともそうあるべき事である。関白に伝えるように。我も伝え示すことにする」ということだ。明朝、関白の御許に参り詣でて申すよう、宰相に伝えておいた。

四日、乙未。　念誦堂東廊の布障子を画かせる／資頼から進物

資頼の昇殿について、宰相を介して関白に伝えさせた。その報を伝えて云ったことには、「先日、伝え送った趣旨を、禅室に申した。おっしゃって云ったことには、『その善悪を云ってはならない。早く聴《ゆる》されるべき事である。その間、任国にいた。そこで聴されなかった。昨日、事情を申さなかった。随ってまた、許容が有る』と云うことだ。懇請《こんせい》するよう申し定めた。何の疑う事が有ろうか」ということだ。今日、左兵衛志《さひょうえのさかん》（佐《さ》太《たの》）良親《よしちか》に、堂の東廊《ひがしろう》の布障子《ぬのしょうじ》を画かせた。夜に入って、伯耆守《ほうきのかみ》資頼が雑物を志してきた。冠《かんむり》筥《ばこ》二合《ごう》〈黒漆。〉・衣櫃《ころもびつ》二合〈一合には八丈の絹二十疋を納めた。一合には細美《さいみ》の布三十端《たん》・六丈の絹二十五段・四丈の絹五端を納めた。〉・皮籠《かわご》一合〈綿十三斤《きん》を納めた。〉・紙四百帖《じょう》〈上紙百・中紙百・用紙二百。〉・大口《おおくち》の楾《はんぞう》二合・貫簀料《ぬきすりよう》の塗竹《ぬりたけ》二具の分・塗提《ぬりさげ》二口・壺胡簶《つぼやなぐい》八腰《こし》・楾《はんぞう》破子《わりご》一具・漆三袋・深履《ふかぐつ》十足・唐笠《からかさ》二番・上具《うわぐ》一具・金燈台《かねとうだい》一本。紙と深履は、宰相および(藤原)資高《すけたか》朝臣に分け与えた。また、紙は内供《ないぐ》(良円《りょうえん》)の許に送った。中紙と用紙は、女房《にょうぼう》たちに下給した。

五日、丙申。　造大安寺司、造寺料材木の色目を注進

左中弁《さちゅうべん》(藤原重尹《しげただ》)が、造大安寺司《ぞうだいあんじし》大威儀師《だいいぎし》安奝《あんちょう》が注進《ちゅうしん》した、造寺のための材木を造って置いた播磨《はりま》国の杣《そま》の山中の色目《しきもく》の文書《もんじょ》を持って来た。その状の中に云ったことには、「国司《こくし》に曳き出させなければならない」と。また、知識物《ちしきぶつ》を進上するかどうかや、用途《ようど》の勘文《かんもん》である。見終わって、返給した。奏聞《そうもん》するよう命じた。もし宣旨《せんじ》を播磨国に下給せよとの仰せが有れば、ただ早く宣下するよう、同じく伝えておいた。また、淀津《よどのつ》に引き置いてある柱十六本は、山城《やましろ》国の人夫に命じて、泉木津《いずみきづ》に引き置かせる事を奏聞するよう、同じく示し仰せておいた。黄昏に臨んで、左《さ》衛門権佐《えもんのごんのすけ》(藤原)家業《いえなり》が来て、雑事を言った〈二つ有った。(藤原)頼貞《よりさだ》朝臣の事、中宮《ちゅうぐう》(藤原威子《たけこ》)の御使の弓箭《きゅうせん》を糺弾《きゅうだん》した事。天下は嗷々《ごうごう》としている。家業が述べたところは、由緒が有る。但し頼貞が行なったところは、憲法《けんぽう》に違背している為、道理は当たらない。〉。

六日、丁酉。　源顕定、卒去

去る四日、民部大輔《みんぶのたいふ》（源）顕定《あきさだ》が卒去した。兄弟が頻りに死ぬ。もっとも怪しむに足る。

七日、戊戌。　釈奠内論義／資頼から千古に進物

今日の内論義《ないろんぎ》について、事情を取ったところ、左頭中将が報じて云ったことには、「御出《ぎょしゅつ》は行なわれません。関白の御障りが有るからです」ということだ。

伯耆守が小女の雑物を造ったものを志した。黒漆の手筥《てばこ》二合〈画扇《がせん》二枚・小刀五十・露草《つゆくさ》の移花《うつしばな》二帖・紙を納めた。〉・黒漆の硯筥《すずりばこ》二合〈紙を納めた。〉・黒漆の細櫃《ほそびつ》二合〈紬《つむぎ》各五端を納めた。〉・小台四本・盤《ばん》一枚・手洗《てあらい》一・椋二・尿筥《しのはこ》三｜・手作布《たづくりのぬの》百端。為孝を遣わして、□重ねさせた。大学寮《だいがくりょう》が、釈奠《せきてん》の胙《ひもろぎ》を進上した。法性寺座主《ほっしょうじざす》慶命《きょうみょう》僧都《そうず》が堂に来て、談った。夜に乗じて、退出した。

八日、己亥。　資頼の昇殿を道長・頼通に懇請／犯土により、藤原経任宅に移る

資頼の昇殿について、宰相を介して、関白に懇請し奉らせた。「左兵衛志良親に紬一段〈彩色《さいしき》。〉を下給した」ということだ。光安《みつやす》に太手作布《ふとたづくりのぬの》三段と丹調《にちょう》の童布《どうふ》一段を下給した。

内府が（平）孝義《たかよし》朝臣を遣わして、紀成任《なりとう》について伝えられた。事は頗る奇怪であった。国司資頼に問うよう報じた。その申すに随って、あれこれを伝えなければならない。宰相が来て云ったことには、「あの昇殿について、関白に伝え申しました。報じて云ったことには、『承った』と。また、禅室に参りました。拾謁《しゅうえつ》しませんでした。定基《じょうき》僧都に云い置いて、退出しました。休息されているからです」と。小女と同車して、早朝、西隣（藤原経任《つねとう》）に移った。北垣の破壊を修補する為である。私はすぐに帰った。黄昏に臨んで、婦(千古)を迎えた。犯土《ぼんど》によるものである。

九日、庚子。　頼通、季御読経・仁王会の料物を召させる／資頼、昇殿

孝義朝臣を呼んで、成任について内府に申し伝えた。すぐに返事が有った。昨日、国司に問うたところ、申すところが有った。先ずその報を申し伝えたものである。この事は、頗る事情が有る。国司が下向した後、仰せ下さなければならない。密々に伝えておいた。すでに感心するばかりである。左大《さ》弁《だい》《べん》(藤原朝経《あさつね》)が来た。雑事を談った次いでに云ったことには、「季御読経《きのみどきょう》について、今朝、関白に申しました。おっしゃって云ったことには、『甚だ暑い頃である。この期間を過ぎてから行なわれるのが宜しいのではないか。但しその料物《りょうもつ》を召すのは、宜しいであろう』と。また、仁王会《にんのうえ》について申しました。おっしゃって云ったことには、『御読経《みどきょう》を行なわれる以前が佳《よ》いであろう。同じく料物を召して置くように』ということでした」と。両宰相(経通・資平)が来た。堂に於いて談話した頃、左中弁が来た。宰相を介して、伝え申させて云ったことには、「淀の柱は、山城国の人夫に曳かせます。播磨の杣の材木を造り置いて、播磨国に曳き出させることにします。知識物は、催促して進上させることにします」と。すぐに同じ弁に命じた。造大安寺司が、宣旨《せんじ》米《まい》と知識物で材木を交易《こうえき》させて、注進させる事を、同じ弁に命じた。夜に入って、伯耆守資頼が来た。時剋が推移し、小舎人《こどねり》が来て、昇殿したということを告げた。小舎人を随身《ずいじん》して、すぐに退出した。禄を下給しなければならないからである。

十日、辛丑。　藤原忠平追善八講始／為平親王北方を弔問／月奏の過失／藤原公成、右近衛府粮所の事を辞退

暁方、呵梨勒丸《かりろくがん》を服用した〈三十。〉。資頼の昇殿の悦びを、宰相を介して両殿〈道長・頼通〉に申させた。すぐに御返事が有った。中でも禅閤《ぜんこう》〈道長〉は、子細な仰せが有った。感嘆するばかりである。宰相は法性寺《ほっしょうじ》に参った。今日、貞信公《ていしんこう》〈藤原忠平《ただひら》〉の御八講始《みはっこうはじめ》が行なわれた。左近将曹《さこんのしょうそう》〈八俣部《やまたべの》〉重種《しげたね》が、乗物が足りないということを申させた。馬一疋を、伯耆守資頼の許に取り遣わし、下給させた。綱を取って、一揖した。欣悦《きんえつ》は極まり無かった。書状で故染殿式部卿宮《そめどのしきぶきょうのみや》〈為平《ためひら》親王〉の北方《きたのかた》〈源高明女《たかあきらのむすめ》〉を弔問《ちょうもん》した。子息の民部大輔顕定が死んだからである。頭中将《とうのちゅうじょう》〈藤原〉公成《きんなり》が来て、云ったことには、「昨月の月奏《げっそう》について、右近将曹《うこんのしょうそう》〈紀〉正方《まさかた》に過失が有ります〈子細を記さない。〉。そのことを召問《しょうもん》しましたが、弁解するところはありませんでした」と。過状《かじょう》を進上させる事を伝え仰せた。また、云ったことには、「粮所《ろうしょ》の事を行なうことができません。度々、辞し申しましたが、許容はありません」ということだ。私が答えて云ったことには、「どうしても辞退するのならば、傍らの将に行なわせるように」と。

十一日、壬寅。　念誦堂に於いて食事、念誦・読経／相撲還饗／道長、宇治殿に於いて法華八講／資頼、昇殿の慶賀

今朝、初めて堂に於いて、強飯《こわいい》や粥を食した。宰相および資高朝臣が、食事に預かった。堂に於いて、自ら念誦《ねんじゅ》と読経《どきょう》を行なった。今日、相撲《すまい》の還饗《かえりあるじ》が行なわれた。饗料《きょうりょう》の米を、先ず遣わした。官人以下の禄は、通例によって送った。但し右近将監《うこんのしょうげん》為資は、その所の官人であるとはいっても、病を申して、まったく参らなかった。ただ将曹《しょうそう》と府生《ふしょう》が、役を勤めた。そこで将監《しょうげん》の禄を遣わさなかった。今年、官人は縫物《ぬいもの》を賜わらなかった。ただ通例の禄を賜わった。謂うところの将曹の禄は、絹一疋と綿である。今日、禅室は、宇治殿《うじどの》に於いて八講《はっこう》を行なわれた。少僧都懐寿《しょうそうずかいじゅ》・定基・永昭《えいしょう》、已講《いこう》教円《きょうえん》を随身した。法華経《ほけきょう》と四巻経《しかんぎょう》（金光明経《こんこうみょうきょう》）を供養された。「この処に於いて、長年、漁猟《ぎょりょう》を行なった。その罪を懺悔《ざんげ》する為である」と云うことだ。「ただ民部卿《みんぶきょう》（源）俊賢《としかた》と権中納言《ごんちゅうなごん》（藤原）長家《ながいえ》がいた。他の家の子の諸卿は、命によって参らなかった。ただ前僧都心誉《さきのそうずしんよ》と永円《えいえん》を随身した。請用《しょうよう》の他である」と云うことだ。資頼が、昇殿の悦びを申させた。宰相の車に乗って、所々に参った。夜に入って、退出した。先ず関白の御許に参った。次いで内裏に参った。次いで中宮〈中宮に申してはならない。ところが近日、申すことを、宰相が談ったものである。そこでそのことに従った。〉。次いで太皇太后宮《たいこうたいごうぐう》（藤原彰子《あきこ》）。夜に入って、帰って来て、言ったところである。

十二日、癸卯。

暁方、呵梨勒丸を服用した〈二十。〉。瀉《しゃ》さなかった。

十三日、甲辰。　**定考**

一昨日、考定《こうじょう》が行なわれた。今日、餠餤《べいだん》を進上した。

十四日、乙巳。　千古の婚姻の日を勘申／資頼、昇殿の慶賀を道長に申す

新宰相が来て云ったことには、「太娘《おおいらつめ》（千古）の嫁娶《かしゅ》の日を、（賀茂《かも》）守道《もりみち》朝臣が勘申《かんじん》して云ったことには、『十二月七日丙寅か明年四月七日壬午。丙寅は除日《じょじつ》。壬午の日は危日《あやぶにち》。ところが上吉《じょうきち》であって、並んで用いても、咎祟《きゅうしゅ》は無い』ということでした」と。私が考えたところは、「除日や危日には、嫁娶を行なってはならない。凶である」ということだ。やはり不吉と称すべきか。すでにその事を指して、凶と称す。はなはだ不快であるばかりである。遍《あまね》く問うてはならないということを命じておいた。

禅室は、夜に入って、宇治から帰られた。資頼は、未だ昇殿の悦びを申していない。そこで宰相が、資頼を随身して参入した。左衛門尉《さえもんのじょう》（宮道《みやじの》）式光《しきみつ》が云ったことには、「春宮大夫《とうぐうだいぶ》（藤原）頼宗《よりむね》は、先日、参入しました。民部卿俊賢と新中納言《しんちゅうなごん》長家が、本日、伺候しました。今日、中宮権大夫《ちゅうぐうごんのだいぶ》（藤原）能信《よしのぶ》が、御迎えに参りました。昨日、作文《さくもん》や管絃《かんげん》が行なわれました」と。

十五日、丙午。　石清水宮に奉幣

石清水宮《いわしみずぐう》に奉幣《ほうべい》を行なった。宰相が伝え送って云ったことには、「長和《ちょうわ》元年四月二十七日、甲子、危日。内府は、按察《あぜち》（藤原公任《きんとう》）の女に通じて、今のように栄門《えいもん》が開き、子息は多くいます。暦を引見《いんけん》して合わせると、明年四月七日、甲子、危日」と云うことだ。

十六日、丁未。　紀元武、府掌に昇任／知家事を補す／念誦堂の廊の半蔀の銘／下毛野公長を随身とす／千古を伴い、念誦堂に渡る

随身近衛《このえ》紀元武《もとたけ》を案主《あんじゅ》か府掌《ふしょう》に補すという事を、右近将曹(若倭部《わかやまとべの》)亮範《すけのり》を介して、頭中将公成の許に示し遣わした。仰せ下すという報が有った。次いで三位中将《さんみちゅうじょう》以下に告げさせた。皆、承引《しょういん》が有った。頭中将が、亮範に託して、右近将曹正方の怠状《たいじょう》を送ってきた。あれこれ処置するよう伝えた。すぐに返し遣わした。右史生《うししょう》伴成通《とものなりみち》を知家事《ちけじ》に補した。少外記《しょうげき》(安倍)祐頼《すけより》に堂の廊の半蔀《はじとみ》の銘を書かせた〈三間。万春楽《ばんすらく》を書いた。〉。伯耆守資頼が雑物を志してきた。

近衛下毛野公長《しもつけののきんなが》を随身に選ぶよう、亮範に命じた。召しを賜う日に、元武について、亮範に伝えた。しばらくして、参って来た。申させて云ったことには、「元武は府掌に補されました。その宣旨書を持って来ました」ということだ。召して見なかった。早く下すよう、命じておいた。「召す日について頭中将に伝えて、宣旨書を下させることにします」ということだ。小女は檳榔毛《びんろうげ》の車に乗って、晩方、堂に渡って、これを見た。いささか食事を準備させた。また、女房の方は、細櫃の破子《わりご》を弁備《べんび》して、出した。男たちの方は、伯州を上首《じょうしゅ》とした。

十七日、戊申。　諸司・諸衛の未到を勘申

今日から四箇日、物忌である。覆推《ふくすい》させたところ、「今日は軽い。明日から三箇日は重い」ということだ。清水寺《きよみずでら》に諷誦《ふじゅ》を修させた。ただ北門を開いた。両宰相が来て、語った。晩方、左頭中将が宣旨を下給した〈一枚は常陸《ひたち》国が申請した交替使《こうたいし》の文書。一枚は前尾張守《さきのおわりのかみ》(藤原)惟貞《これさだ》が申請した文書。〉。また、伝え仰せて云ったことには、「諸司と諸衛府《えふ》で未だ到らない者を勘申させよ」ということだ。

十九日、庚戌。　藤原資業、早稲三十石を志納

今日は堅固の物忌である。諷誦を三箇寺〈東寺《とうじ》・祇園《ぎおん》社・清水寺。〉に修した。左頭中将朝任が、門外に来た。（中原）師重《もろしげ》を介して、宣旨を伝え授けた。物忌が堅固であることを言った。「先日、直接、承ったところです。ところが、今日の内に下給しなければならない宣旨です。そこで持って来たものです」ということだ。特に重く慎しまなければならないので、相対しなかった。宣旨については、給わったということを伝えて云ったことには、「この宣旨は、一つを加えて、左中弁重尹の許に移し遣わせ」と。請け取ったという報が有った。丹波守《たんばのかみ》（藤原）資業《すけなり》が、早稲米《わせまい》三十石を志した〈数月を経て、返抄《へんしょう》を報じた。思慮が有ったからである。「初めは志と称し、後に改変が有りました」と云うことだ。そこで封の返抄を給わった。〉。

二十日、辛亥。　文殊菩薩供養／丹生・貴布禰請雨使／東大寺司定、延引／藤原斉信邸、火事／千古の為に薬師如来像を供養

三箇寺〈広隆寺《こうりゅうじ》・六角堂《ろっかくどう》・賀茂下神宮寺《かものしもじんぐうじ》。〉に諷誦を修した。

今日から七箇日、阿闍梨《あじゃり》盛算《じょうさん》を招請して、文殊《もんじゅ》像を供養し奉る。天変を攘《はら》う為である。「明日、請雨《しょうう》使《し》を丹生《にう》・貴布禰《きぶね》両社に出立《しゅったつ》されることになった」と云うことだ〈「何日か、雨沢《うたく》が降らない。国々は頗る旱損《かんそん》の愁いが有る」と云うことだ。〉。秋に入った後は、特に請雨されないものである。ところが、旱魃《かんばつ》の愁いが有るについては、また何事が有るであろう。そもそも明日は神事がある。東大寺司《とうだいじし》を定めてはならないのではないか。外記師任を召し遣わした。すぐに参って来た。明日、上達部が参るかどう

かを問うたところ、或いは参り、或いは障りがある。内府は明日、他処に移る事が有る。そこで参ることができない。但し、そのことを申してはならない。考えて、そのことを申さなければならない。明日の神事、□者に□示した。明日、丹生・貴布禰使を出立されることになっている。そこで師任を遣わして、すぐに東大寺については、後日に改めて定めることにするということを、関白に申させた。報じられて云ったことには、「もっともそうあるべき事である。明後日に定め申すのが宜しいであろう」ということだ。そこで諸卿に改めて告げるよう、命じておいた。すぐに内府に参って、事情を申した。報じて云ったことには、「必ず参入します」ということだ。権大納言《ごんだいなごん》(藤原行成《ゆきなり》)は、必ず参られるよう、師任が参り向かって伝えることを、特に命じたところである。師任が談ったことには、「師重が云ったことには、『昨夜、中宮大夫《ちゅうぐうだいぶ》(藤原)斉信《ただのぶ》の家の火は、ほとんど付こうとしていました。僅かに撲滅《ぼくめつ》しました。聟納言《むこなごん》(長家)の湯帷《ゆかたびら》が焼けました』ということです。『斉信卿の随身の火焔《かえん》でしょうか。隣里《りんり》は怖畏《ふい》が有りました』ということでした」と。小女の為に、今日から七箇日、薬師《やくし》如《にょ》来《らい》像を供養し奉る。これは毎年の例善《れいぜん》である〈供師《くし》は念賢《ねんけん》。〉。左少史《さしょうし》(大宅《おおやけの》)恒則《つねのり》が、位禄《いろく》を給う官符《かんぷ》三枚を進上した。信濃《しなの》の(藤原)致行《むねゆき》、但馬《たじま》の(橘)内位《うちただ》、紀伊《きい》の(源)永輔《ながすけ》。

二十一日、壬子。　源方理に小一条院童相撲の幄を貸す／東大寺司定の参否

主殿頭《とのものかみ》(源)方理《かたまさ》が云ったことには、「二十五日、院(小一条院《こいちじょういん》)の童相撲《わらわすまい》が行なわれます。仰せによって、右方の頭を取られました。そこでこれを憎み、貴い事が備わらない事が多いのです。特に相撲人《すまいびと》のた

めの幄《あく》がありません。あれこれに馳せ求めたのですが、借り得ることができませんでした。酒部所《さかべどころ》と立作所《たちつくりどころ》の平張《ひらばり》を給わって、この役を果たそうと思います。身の大切の為に、これに過ぎることはありません」ということだ。貸し与えるということを答えた。早朝、外記師重が申させて云ったことには、「明日、諸卿は皆、参られることになっています。但し、左衛門督《さえもんのかみ》（藤原兼隆《かねたか》）は、長谷寺《はせでら》に参って、未だ帰りません。右衛門督《えもんのかみ》（藤原実成《さねなり》）は、太相国《だいしょうこく》（藤原公季《きんすえ》）の病悩によって、参入することができません。『もし頗る宜しいのならば、状況に随って参ることにします』ということでした」と。

二十二日、癸丑。　諸国申請雑事定／東大寺司定／皇太弟病悩

早朝、小女と同車して西隣に移った。犯土を避ける為である〈東対《ひがしのたい》を直させた。ただ轆轤《ろくろ》の穴を掘る間である。穴を掘り終わって、私は帰った。小女は今夕、帰ることになっている。〉。内裏に参った。宰相は車後《くるまじり》に乗った。私は陣座《じんのざ》に着した。左大弁が陣座に参った。私は南座《なんざ》に着した。常陸国交替使の文書を大弁に下した。奥座《おくざ》に復した。内大臣（教通）及び諸卿が参入した。国々が申請した雑事を定めた〈和泉《いずみ》・武蔵《むさし》・美作《みまさか》・備前《びぜん》・紀伊。〉。この頃、左頭中将〈仁海《にんかい》・成典《じょうてん》・観真《かんしん》［以上、僧綱《そうごう》。］・済慶《さいけい》。〉が伝えて云ったことには、「各々、一人を選んで、定め申すように」ということだ。中文《もうしぶみ》を下して僉議《せんぎ》した。その議は分かれた〈私・内大臣、大納言《だいなごん》斉信、参議《さんぎ》（藤原）公信《きんのぶ》・経通は、観真に道理が有ることを申した。大納言行成・頼宗・能信、中納言《ちゅうなごん》（源）道方《みちかた》、参議資平・朝経・（藤原）定頼《さだより》・（藤原）広業《ひろなり》は、済慶に道理が有ることを申した。中納言長家は、新任を称して申さなかった。〉。左大弁が定文を書いた。左頭中将を介して、定文および下給した四通の申文を奏上させた。しばらくして、権律師《ごんのりっし》観真の申文を下給して、東大寺別当に任じるということを伝えられた。また、おっしゃって云ったことには、「観真と済慶は、共に大衆《だいしゅ》の挙状《きょじょう》を得た。両人は未だ寺司《てらづかさ》に任じていない。並ぶのかどうかを見ることは無い。この二人は、ただ伽藍《がらん》に常住《じょうじゅう》している。ところが、律師《りっし》観真は、身は僧綱である。彼を任じられるよう定め申したところは、最もそうあるべきである。そこで観真を任じるように」ということだ。この頃、国々の雑事定《ぞうじさだめ》は、漸く終わった。右大弁《うだいべん》定頼がこれを書いた。夜は深夜に及び、能く清書《せいしょ》することができなかった。朝任が、河内《かわち》国の申請した交替使の解《げ》を下給した。私は座を起って、更に南座に着した。東大寺別当の申文〈観真。〉と河内交替使の解を左大弁に下した。終わって、私は退出した〈子剋。〉。左大弁が和徳《かとく》門に於いて云ったことには、「観真の申文に云ったことには、『朝晴《ちょうせい》の死欠《しけつ》の替わり』と。朝晴の替わりは、僧正深覚《そうじょうしんがく》を任じられました。僧正は辞退しました。官符は、『深覚の替わり』と命じるべきでしょうか」と。答えて云ったことには、「深覚は別当に任じられた。『その替わり』と命じるべきである」と。「今日、陣座に伺候していた頃、宮（敦良《あつなが》親王）が悩《や》まれたことが有った」と云うことだ。そこで先ず、東宮学士《とうぐうがくし》（藤原）義忠《よしただ》に問うたところ、「去る十九日、いささか不例《ふれい》の御様子が有りました。ところが、その後、今日に至るまで、御病悩の様子はありませんでした」ということだ。参入しなかった。

二十三日、甲寅。　**深覚を東大寺検校に補し、寺務を統括させる／道長・頼通、東大寺司定の所感／松虫・鈴虫を放つ**

左頭中将朝任が来た。仰せを伝えて云ったことには、「僧正深覚に東大寺司の上の事を執行させることを宣下するように」ということだ。すぐに左大弁の許に仰せ遣わした。また、朝任が云ったことには、「今朝、禅室に参ったところ、おっしゃって云ったことには、『律師観真を任じるという定は、最もその道理に当たっている』ということでした。関白が云ったことには、『上臈《じょうろう》が建てた定は、そうあるべきである。下臈《げろう》の定については、世間で云々している説を聞いて、定め申したものか』ということでした」と。

随身たちが、松虫と鈴虫を執って、堂に参る路の辺りの叢《くさむら》の中に放った。その声は、興が有る。

二十四日、乙卯。　観真、慶賀

早朝、東大寺別当律師観真が来て、慶びを言った。堂に於いて遇った。喜悦《きえつ》の様子は、敢えて云うことができない。右大弁が、一昨日の定文を持って来た。

二十五日、丙辰。　小一条院童相撲／屛幔を貸す／能通・恒基、口論

上達部の定文および国の解文《げぶみ》を、左頭中将に託した。「今日、院の童相撲が行なわれる」と云うことだ。

昨日、主殿頭方理が、大饗《だいきょう》の立作所と酒部所の平張を借り取った。これは童相撲の右方の分である。

また、(藤原)永信《ながのぶ》朝臣が来て云ったことには、「(藤原)能通《よしみち》朝臣が申させて云ったことには、『左方の屛幔《びょうまん》は、古弊《こへい》であって、破裂しました』と。極めて便宜《びんぎ》のないことです。十二条《すじ》を貸し与えてください」ということだ。六条を貸しておいた。或いは云ったことには、「昨日、院に於いて、能通朝臣は恒基《つねもと》朝臣と口論しました。互いに猛々しい詞が有りました」と云うことだ。

二十七日、戊午。　資平、下痢

今日から物忌である。覆推して云ったことには、「今日と明日は軽い」と。そこでただ、北門を開いた。宰相の書状に云ったことには、「昨日、急に痢病《りびょう》を病みました。その色は変改し、三十余度に及びました。今日は十余度です。昨日から減ったことは数度です。ところが、参り行なうことはできません」と。資頼が云ったことには、「明日、盆供《ぼんぐ》を始め勤めます。すぐに下向します」と。また云ったことには、「来月、妻が産むことになっている月に当たります。そこで参上することは難しいでしょう」と。

二十八日、己未。　千古婚儀の日を安倍吉平に問う／八省院・豊楽院の損色／千古の家司を定む

左頭中将が、国々が申請した条々の解、および上達部の定文を持って来た。おっしゃって云ったことには、「皆、諸卿の議定によれ」ということだ。(安倍)吉平《よしひら》朝臣を呼んで、嫁娶の日について問うた。「今年は日がありません。明年は、正月から三月に至るまで、また吉日《きちにち》はありません。四月七日甲子が吉日です。但し、危日です。四条宮《しじょうのみや》(藤原遵子《のぶこ》)が初めて入内《じゅだい》したのは四月甲子、内府が按察の女に通婚《つうこん》したのも、また四月甲子でした。皆、危日です。上吉で、並びにこれを用います。所謂、あれこれ、両所の日は、大小歳《たいしょうさい》の後、天恩《てんおん》です。明年四月甲子は、大歳《たいさい》の後、歳徳《さいとく》・天恩です。歳徳が有るので、あの両所の嫁娶の日に勝ります」ということだ。そこで勘申したものである。

権左中弁《ごんのさちゅうべん》(源経頼《つねより》)が、八省院《はっしょういん》と豊楽院《ぶらくいん》の損色《そんしょく》の文書を持って来た。すぐに奏上させた。また、今日、国々に下給する文書を下した。夜に入って、宰相が来て云ったことには、「病悩した所は、今日、頗る減じました」ということだ。今日、(藤原)資房《すけふさ》が、疫病《えきびょう》の後、初めて来た。八省院の東廊を造営する事は、もしかしたら御《ご》遊年《ゆうねん》の方角に当たるのではないか。事情を権左中弁経頼に問うたところ、云ったことには、「吉平に問うたところ、申して云ったことには、『南方に当たります。但し、遊年は南西の方角にあります。その方角を忌みます。他の方角は忌みません』ということでした。このことを関白に申したところ、おっしゃって云ったことには、『その申したところに従うように』ということでした」と。私が云ったことには、「八卦《はっけ》の文に云ったことには、『遊年の方角は、触犯《しょくはん》してはならない』ということである。この事は如何であろう」と。但し、前にもしかしたら問われるべきであろうか。先日、内々に犯土について吉平に問うたことによる。(惟宗《これむねの》)文高《ふみたか》は、吉平が申したとおりであった。ところが、未だ是非がわからない。同じく遊年の方角を忌避《きひ》するところであるばかりである。永輔朝臣・監物《けんもつ》(源)知通《ともみち》・左衛門尉式光を、小女の家司《けいし》とした。

二十九日、庚申。　源隆国を見舞う

今日と明日の物忌は堅固である。そこで門戸を開かなかった。諷誦を東寺に修した。何日か、左少将《さしょう》(源)隆国《たかくに》は、病によって、天台《てんだい》(延暦寺《えんりやくじ》)に住して、修善《しゅぜん》を行なった。今朝、書札《しょさつ》を遣わした。隆国は、病を我慢して、春日《かすが》社の供として扈従した。その事を思ったので、見舞ったものである。黄昏に臨んで、返報が有った。物忌であったので、見なかった。

三十日、辛酉。　資頼、任国に下向／法華経講読

昨日の資頼の書状を、今朝、開いて見たところ、云ったことには、「夜に入って、桂《かつら》の辺りに参り着きました。明日、巳剋の頃、出立することにします」ということだ。諷誦を東寺に修した。物忌は特に堅い。如来神力品《にょらいじんりきほん》、慶範《けいはん》。慶範は、一昨日、物忌に籠った。

○九月

一日、壬戌。　解除／石塔造立供養／八省院築造の忌方の勘文／実資の疑義

早朝、河頭《かわのほとり》に於いて解除《げじょ》を行なった。(藤原)資高《すけたか》が車後《くるまじり》に乗った。石塔供養《せきとうくよう》は、通例のとおりであった。権左中弁《ごんのさちゅうべん》(源)経頼《つねより》が、八省院《はっしょういん》と豊楽院《ぶらくいん》の損色《そんしょく》の文書《もんじょ》を持って来て、云ったことには、「奏覧《そうらん》を経ました」と。命じて云ったことには、「置いておくように」と。すぐに下した。同じくまた、(安倍)吉平《よしひら》の勘文《かんもん》二枚が有った。「御遊年《ごゆうねん》は、南の方角にある。犯土《ぼんど》や造作を忌んではならない。南西の方角にある時に忌まなければならないというのは、『新撰陰陽書《しんせんおんみょうしょ》』を引いて、勘申《かんじん》した。前例については、調べて勘申することはできなかった」ということだ。南西の方角にある時に忌まなければならない事は、見えるところは無い。弁(経頼)が云ったことには、「この勘文を、禅室《ぜんしつ》(藤原道長《みちなが》)および関白《かんぱく》(藤原頼通《よりみち》)に覧せました。おっしゃって云ったことには、『勘申によるように』ということでした」

と。私が答えて云ったことには、「八卦《はっけ》の第一に云ったことには、『遊年は南にある〈一名の御年は、触《しょく》犯《はん》してはならない。〉。また、次いで遊年を忌む』と。同じくまた、云ったことには、『およそ行年《ぎょうねん》がある処は、病がある地である。触犯することはできない』ということだ。これらの文を考えると、やはり忌避《きひ》しなければならないのであろうか。承って行なうところは、事は難点を調べて捜さなくても、必ず謗難《ぼうなん》する人が有るであろう。そこで重ねて疑ったものである。これらの趣旨をもう一度、問われては如何であろう。奉公の為に申すものである。但し、先ず禅室に伝えるのが宜しいのではないか」と。この勘文を、いささか記し付けて、尚書《しょうしょ》(経頼)に授けた。尚書は感心した。事は鬱々《うつうつ》としていたので、吉平の勘文の趣旨を記して、(賀茂《かも》)守道《もりみち》に問い遣わした。勘申して云ったことには、「遊年の方角に犯土を忌まれなければならない事は、陰陽書に云ったことには、『遊年の方角は、起土《きど》を行なってはならない』ということです。八卦の注に云ったことには、『この方角は、起功《きこう》〈犯土の類である。〉を行なってはならない』と。『三公地基経《さんこうちききょう》』に云ったことには、『本命《ほんみょう》の遊年の地は、犯土や起功は、大凶《だいきょう》』と云うことです〈その説の文は、甚だ悪いものである。重ねて忌みを避けなければならないのである。〉。これを以てこれを言うに、諸方を指さず、皆、重ねて忌みを避けなければなりません。もし南西の方角にあった時に忌むのならば、他方を忌みません」ということだ。天禄《てんろく》四年、御遊年が南東にあった時、この犯土を停止《ちょうじ》された。また、天延《てんえん》二年の勘文に云ったことには、「宮(藤原媓子《てるこ》)の御遊年は、北にある。この方角の犯土や造営が停止された」と云うことだ。他の方角の文も同じである。その文に云ったことには、「内裏から宮の庁を指すのは、北の方角に当たる」と云うことだ。近日、禅室に参ろうと思う。暇が有る日を告げるよう、(慶滋《よししげの》)為政朝臣《ためまさあそん》を呼んで、これを伝えた。

二日、癸亥。　吉平の意見／尾張守に餞す／旧い勘文

権左中弁経頼が堂に来て、云ったことには、「御遊年の方角の犯土について、両殿(道長・頼通)に申しました。また云ったことには、『吉平に問うように』ということでした。そこで召して問うたところ、申して云ったことには、『右府(実資)が疑ったところは、もっとも興が有ります。但し、行年の相異を謂うのは、十五御行年の南東は、南南東の方角を謂わなければなりません』ということでした。また問うて云ったことには、『八卦遊年の方角は、触犯してはならないということを謂う。もしかしたら何事であろうか』と。吉平が云ったことには、『犯土や造作についてです。ところが、ただ南西は、触犯することはありません。これはその凶悪を指しません。軽い凶です。絶命《ぜつめい》・鬼吏《きり》・禍害《かがい》の方角のようです。その凶悪を指すのは、これを重いとします。遊年の方角については、王者《おうじゃ》ではない事を謂うべきでしょう』と。見えるところの文が有ります。ところが陰陽寮《おんみようりよう》は、八卦の御忌方《いみかた》を献じたので、その疑いは無いでしょう。すぐに禅室と関白に申しました。おっしゃって云ったことには、『軽い凶であることを申してきた。犯土については、何事が有るであろう』ということでした」と。疑関《ぎかん》は開き難い。そこで重ねて守道朝臣に問い遣わした。(賀茂)忠行《ただゆき》と(賀茂)保憲《やすのり》の旧い自筆の勘文の草案《そうあん》三巻を送ってきた。この勘文は、皆、御遊年の方角は、重ねて犯土を忌まなければならないことを勘申している。或いは南南東、或いは北方。随ってまた、犯土を止められたということは、すでに分明《ぶんめい》である。弁朝臣（経頼）が写し取って、両殿に参入した。下官（実資）の愚案《ぐあん》は、すでに当たっていた。尾張守《おわりのかみ》（源）則理《のりまさ》が堂に来て、云ったことには、「明日、赴任します。馬の要り用が有ります」ということだ。先日、上馬を与えた。ところが来て、このことを告げた。私が答えて云ったことには、「厩《うまや》の馬三疋の内、厩に向かって取るように」と。すぐに厩に到って、一疋を取った〈白い鴾毛《ときげ》。三疋の中で、宜しい馬である。〉。則理は、我が家の為に、芳心《ほうしん》がもっとも深い。告げた事は、あれこれを論じてはならない者である。

権弁朝臣が来て、云ったことには、「御遊年の方角の犯土について、先ず関白に申しました。関白が云ったことには、『禅室に申すように』と。すぐに事情を申しました。『この事は、また更に覆推《ふくすい》してはならない。吉平・忠行・保憲の勘文に分明であることは、云うまでもない。八省院の東廊《ひがしろう》は、今年、木造して、召し構えさせ、明春、造立するように』とおっしゃられました」ということだ。忠行たちの勘文を記す。

天禄四年五月二十五日、保憲が勘申して云ったことには、「東宮は御遊年の方角に当たり、犯土を忌まれなければならない事。右、東宮は内裏から南東の方角に当たる。南東は、これは今年は御遊年の方角である。陰陽書に云ったことには、『遊年の方角は、起土を行なってはならない』ということだ。犯土を忌まれなければならない。但し、修理については、忌まなければならないということは見えない」と。

天延二年八月十日、保憲が勘申したことには、「宮の庁は、今年、御忌方に当たる。犯土や造作を行なわれてはならない事」ということだ。「右、謹んで八卦の注を勘えるに、云ったことには、『遊年の方角は、功を興してはならない』と云うことだ。ところが今年の御遊年は北にある。内裏から宮の庁を指すと、北の方角に当たる。そこで犯土や造作を行なわれてはならないという状を勘申したことは、このとおりである」と。

天暦《てんりゃく》六年六月十日、前近江権少掾《さきのおうみのごんのしょうじょう》賀茂忠行が勘申したことには、「北方に、新たな門を造立されることは、忌みが有るであろう事。『尚書暦《しょうしょれき》』に云ったことには、『夏三月、土公や治門《じもん》は、触犯してはならない。凶』と。『暦例《れきれい》』に云ったことには、『大歳《たいさい》のある所は、功を興してはならない。動土《どうど》や挙造《きょぞう》の百事は、凶』と〈今年、大歳は北にある。〉。『三公地基経』に云ったことには、『本命の遊年の地は、犯土や起功は皆、凶』と〈今年の御遊年は、北にある。〉。右、これらの説を勘案したので、新たに北門を造立することは、もっとも忌みが有る。そこで勘申した」と。

三日、甲子。　顚倒し、顔面を負傷

堂に於いて、読経《どきょう》と念誦《ねんじゅ》を行なった。終わって造作を見ていた際、顚倒した。頰《ほお》を長押《なげし》に突いて、一寸余りほど切った。血が多く出た。侍医《じい》（和気《わけの》）相成《すけなり》朝臣に療治《りょうじ》させた。宰相（藤原資平《すけひら》）が来た。終日、病んだ。四位（藤原）経任《つねとう》が来た。按察使《あぜち》（藤原公任《きんとう》）と右大弁《うだいべん》（藤原定頼《さだより》）が見舞いに来た。今年は重厄《じゅうやく》であるということは、古義《こぎ》の勘文にあった。もっとも恐怖しなければならない。面上の疵《きず》を嘆きとした。

四日、乙丑。　祈禱・仏供養／道長から見舞い

按察《あぜち》(公任)から書状が有った。左衛門督《さえもんのかみ》(藤原兼隆《かねたか》)が、(清原)為成《ためなり》朝臣を介して、宰相の許に書状を送った。宰相が書状を伝えた。宰相は早朝、来た。相成が療治したのに、未だ減じない。申して云ったことには、「五、六日の内に癒えるでしょう。その疵は、急には尋常に復し難いものです。そうとはいっても、遂には通例のようになるでしょう。まったく深刻な事はありません。疑慮《ぎりよ》してはなりません」ということだ。右兵衛督《うひようえのかみ》(藤原経通《つねみち》)が来訪した。長い時間、清談《せいだん》した。

今日、根本中堂《こんぽんちゆうどう》の祈禱《きとう》について、内供《ないぐ》(良円《りようえん》)の許に示し遣わした。明日、ちょっと下山するという報が有った。また、高尾《たかのお》(神護寺《じんごじ》)別当如念《べつとうじよねん》の許に示し遣わした。これは東寺《とうじ》で祈り申すべき事である。また、明日から我が家に於いて、薬師如来《やくしによらい》像を供養させる事である。返事に云ったことには、「明日、先ず東寺に参って祈り申した後、すぐに来ることにします」ということだ。禅閤《ぜんこう》(道長)から、(藤原)能通《よしみち》朝臣を介して、懇切《こんせつ》な御書状の詞が有った。すぐに恐悦しているということを申させた。為政朝臣が来て云ったことには、「先日、事情を申しました。事の妨げはありません。ただ来る時を待ってください」ということだ。修理権大夫《しゆりごんのだいぶ》(源)長経《ながつね》が来た。

五日、丙寅。　等身薬師如来供養／根本中堂において祈禱／諸所から見舞い

卯剋、等身《とうしん》の薬師如来像を造顕《ぞうけん》し奉った。如念を招請して、今日から供養させ奉ることにした〈七箇

日。〉。如念が来て、障りを称した。そこで念賢《ねんけん》に供養させ奉った。今日から七箇日、東寺に於いて、諷《ふ》誦《じゅ》を修する〈毎日、手作布《たづくりのぬの》一端《たん》。〉。今朝、東寺の冥助《みょうじょ》の夢想《むそう》が有った。関白から御書状が有った〈使は(藤原)定輔《さだすけ》朝臣。〉。李部《りほう》相公《しょうこう》(藤原広業《ひろなり》)が来て、見舞った。宰相を介して、書状を通した。中宮大夫《ちゅうぐうだいぶ》(藤原斉信《ただのぶ》)から、四位《しい》侍従《じじゅう》(経任)を介して書状が有った。人々が多く来た。内供が、根本中堂の香水《こうずい》を随身《ずいじん》して来て、云ったことには、「通夜、久住《くじゅう》の者に加持《かじ》を行なわせました」ということだ。すぐに山(延暦寺《えんりやくじ》)に帰った。定基僧都《じょうきそうず》が来訪した。信□□を介して、書状を伝えた。内府(藤原教通《のりみち》)から、(平)孝義《たかよし》朝臣を遣わして御書状が有った。「民部卿《みんぶきょう》(源俊賢《としかた》)は、黄昏の頃に立ち寄られた。先ず堂を廻って見ている」と云うことだ。宰相を遣わした。次いで私が、その所に向かった。来たり到った途で逢った。率いて座に坐った。時剋が移って、清談した。数度、堂に感心していた。「また、今日、定基僧都が、堂を見て感嘆しました」と云うことだ。

六日、丁卯。　丹波祖穀文／鹿島使、帰参

大蔵卿《おおくらきょう》(藤原通任《みちとう》)が来た。宰相を介して、書状を通じた。修理《しゅり》大夫《だいぶ》(源)済政《なりまさ》や左頭中将《さとうのちゅうじょう》(源)朝任《あさとう》、及び人々が多く来訪した。

丹波《たんば》の祖《そ》穀文《こくぶん》を申上した。すぐに頭中将《とうのちゅうじょう》に託した。夜に入って、前帥納言《さきのそちなごん》(藤原隆家《たかいえ》)が来訪した。左《さ》金吾将軍《きんごしょうぐん》(兼隆)からも、また書状が有った。子の右馬頭《うまのかみ》(藤原)兼房《かねふさ》が来訪した。「その次いでに、堂を見た」と云うことだ。戌剋の頃、鹿島使《かしまし》(藤原)経孝《つねたか》が来た。鹿島《かしま》・香取宮司《かとりぐうじ》の神宝《じんぽう》・御幣《ごへい》・封戸《ふこ》およ

び表衣《うえのきぬ》・笏《しゃく》の請文《うけぶみ》を進上した〈鹿島《かしま》宮は神宝・御幣・表衣・笏・常陸《ひたち》の封戸十戸、香取《かとり》宮は神宝・御幣・下総《しもうさ》の封戸五戸。〉。経孝が申して云ったことには、「路次《ろじ》の間、風雨の妨げはありませんでした。期日〈七月十七日。〉に、鹿島宮に参り着し、御幣を奉献《ほうけん》しました。翌日、渡海《とかい》して香取宮に参りました。同じく奉幣《ほうべい》しました。宮の宮司《みやづかさ》たちが申して云ったことには、『御幣や神宝は、はなはだ厳重です。他所のようではありません。また、香取宮は、必ずしも明日に奉献しません。渡海するので、特に風波が静かではなく、渡り難いのです。ところが、無理に船に乗って、参入しました。海面に入ると、急に平らかになりました。神感《しんかん》が有るようなものです』と。神人《じにん》が申したところも、又々、このようでした」と。

七日、戊辰。　丹波守藤原資業、任地に赴任／大江挙周を侍読とし、昇殿を聴す

今日から四箇日は物忌《ものいみ》である。今日と明日は軽い。そこで北門を開き、外人《がいじん》を忌まなかった。僧都永《えい》昭《しょう》が来訪した。遇わなかった。丹波守《たんばのかみ》（藤原）資業《すけなり》が来て云ったことには、「今日、下向します。また天台山《てんだいさん》（延暦寺）を封じる事を言います。人を介して伝えます」ということだ。遍救律師《へんくりっし》が来て見舞った。大威儀師《だいいぎし》安奝《あんちょう》が来た。

昨日、申上した租穀について、頭中将に問い遣わした。報じて云ったことには、「宣を下されました」と。左中弁《さちゅうべん》（藤原）重尹《しげただ》と四位少将《しいしょうしょう》（源）実基《さねもと》が来た。左兵衛督《さひょうえのかみ》（藤原）公信《きんのぶ》が来訪した。宰相を介して、書状を伝えた。運好《うんこう》師が云ったことには、「遍救律師が堂を廻り見て、感嘆したことは限りがありませんでした」と云うことだ。宰相が云ったことには、「一昨日は物忌に当たっていました。ところが思い忘れて、慎しみませんでした」と。（大江）挙周《たかちか》は、先日、昇殿《しょうでん》を聴《ゆる》され、侍読《じどく》となった。両殿が云ったことには、「（藤原）家経《いえつね》は、侍読であった際、善くない事を申した。そこで新たに挙周を侍読とした。家経については、後一条《ごいちじょう》天皇の竜顔《りょうがん》に近付けるわけにはいかない」と云うことだ。或る人々が密談した。

八日、己巳。　源倫子六十算賀についての風聞／彰子の見舞い／傷の治療

宰相が云ったことには、「禅室の北方《きたのかた》（源倫子《ともこ》）の耳順《じじゅん》の算賀《さんが》を定められました。昨夜、戸部《こぶ》（俊賢）が、同じくこの事を述べました。去る夕方、左武衛《さぶえい》（公信）が説いて云ったことには、『仏事《ぶつじ》を修されるべきです。音楽〈雅楽《ががく》。〉が有るべきです。これはほぼ決まっています』ということでした」と。宰相が伝え談った。右兵衛督〈経通。太皇太后宮権大夫《たいこうたいごうぐうごんのだいぶ》である。〉が来て、太后《おおきさき》（藤原彰子《あきこ》）の令旨《りょうじ》を伝えた。恐縮を啓《けい》上《じょう》させた。面の疵は、何日か、地菘《じすずな》・桑・蓮の葉の三種の湯で洗っている。また、地菘の葉を付けた。今日、柳の湯を交ぜて洗った。疵は一寸余り。今日、見ると、七分ばかり癒えて塞がっているか。

九日、庚午。　諷誦

今日と明日は、堅固《けんご》の物忌である。門を閉じて、特に慎しんだ。諷誦を広隆寺《こうりゅうじ》・清水寺《きよみずでら》・祇園《ぎおん》社に修した。

十日、辛未。　道長法華三十講始／五節定

諷誦を三箇寺〈常住寺《じようじゆうじ》・広隆寺・清水寺。〉に修した。
「今日、禅室の三十講始《さんじつこうはじめ》が行なわれる」と云うことだ。宰相が門外に来た。「権左中弁経頼が戸外に来て、(源)永輔《ながすけ》朝臣を招き、汝《なれ》(実資)の傷を見舞った」と云うことだ。「もしも便宜《びんぎ》が有れば、洩らし申すよう、伝えました。すぐに退きました」ということだ。黄昏に、宰相が重ねて門外に来た。資高朝臣を呼んで云ったことには、「今日、三十講始が行なわれました。また、禅室の北方の算賀には、宸《しん》儀《ぎ》(後一条天皇)が臨幸《りんこう》するということについて、皇太后宮《こうたいごうぐう》(藤原妍子《きよこ》)の女房《にようぼう》が談説したところです。また、五節《ごせち》の舞姫《まいひめ》を定められました。殿上人《てんじようびと》二人〈備前守《びぜんのかみ》(源)経相《つねすけ》と備中守《びつちゆうのかみ》(源)行任《ゆきとう》。〉、中納言《ちゆうなごん》隆家〈前帥。〉と(藤原)長家《ながいえ》」と。後に聞いたことには、「内議《ないぎ》」と云うことだ。後の決定では、前帥は無かった。太相国《だいしようこく》(藤原公季《きんすえ》)を充てられた。

十一日、壬申。

早朝、左大弁《さだいべん》(藤原朝経《あさつね》)が来た。宰相を介して伝えた。夜に入って、宰相が禅室から来た。今日、(但《たん》波《ばの》)忠明宿禰《ただあきらすくね》が来て、頬の疵を問うた。申して云ったことには、「まったく疵が残るはずはありません。ただ柳および蓮の葉の湯で洗ってください」と。

十二日、癸酉。　薬師供養、結願／法性寺の垣の築造／倫子算賀の準備／実資家当季修法始／千古夏季観音供

薬師《やくし》供《く》養《よう》が結願《けちがん》した。今日から始めて十余日、根本中堂に於いて、諷誦を修させる〈日毎に信濃布《しなののぬの》一端。〉。

疵が無いことを祈る為である。疵を被《こうむ》った後、今日、堂に於いて、読経と念誦を行なった。日々、病んだ疵は平癒《へいゆ》している。（伴《ともの》）興忠《おきただ》が申して云ったことには、「伯耆《ほうき》（藤原資頼《すけより》）は法性寺《ほっしょうじ》の垣五本を築造します。ところが、もう三本を加えられました。極まり無い大事です」ということだ。「この垣は、南面の大垣《おおがき》のようなものです」と云うことだ。また、云ったことには、「北方の算賀の為の綾の掛《うちき》二重《かさね》を調備して奉献するよう、太后の令旨が有りました。太皇太后宮亮《たいこうたいごうぐうのすけ》済政が、これを書きました。近来、天下の人は、手足が措《お》き難いのです」と云うことだ。宰相が来た。すぐに三十講に参った。夜に入って、重ねて来て云ったことには、「北方の算賀について定められました。三宮（彰子・妍子・藤原威子《たけこ》）は、造仏《ぞうぶつ》と写経《しゃきょう》を行ないます。請僧《しょうそう》の禄、その御装束《しょうぞく》、楽人《がくにん》の禄は、分けて準備することになりました。殿上人は舞人《まいびと》に定められました。陵王《りょうおう》と納蘇利《なそり》は殿上《てんじょう》の童《わらわ》〈右兵衛督の子（藤原経季《つねすえ》）が陵王、春宮大夫《とうぐうだいぶ》（藤原頼宗《よりむね》）の子（藤原兼頼《かねより》）が納蘇利。〉」と。宰相は、定め充てられたので、尼の夏の御装束を調備しなければならない。皇太后《こうたいごう》（妍子）の宮司であるからである。今夜、当季《とうき》の修法《しゅほう》を始めた〈不動《ふどう》調伏法《ちょうぶくほう》。阿闍梨《あじゃり》文円《ぶんえん》。伴僧《ばんそう》は四口《く》。〉。今日から小女（藤原千古《ちふる》）が、夏季の観音供《かんのんく》を行なう〈念賢。〉。

十三日、甲戌。　加持を受く／諸僧、来訪／俊賢、倫子算賀について道長を諫止

飯室《いいむろ》の僧都尋円《じんえん》が来訪した。人を介して、書状を通じた。その後、禅林寺僧正深覚《ぜんりんじそうじょうしんがく》が、立ち寄られた。自ら清談した。加持を受けた。両僧綱《そうごう》が小堂を見て感動されたということは、男たちが申したところである。法性寺座主慶命《きょうみょう》が来訪した。逢って清談した。僧正に対面していた頃、法性寺座主が来向した。親疎《しんそ》が有るようなものであるから、相対したところである。面の疵は、未だ尋常に復していない。人に逢うことは、多く憚るばかりである。夜に臨んで、宰相が来て、雑事を談った。「今日、禅室に於いて、また北方の算賀について改め定められました。諸卿が退散した後、民部卿が云ったことには、『期日は近々です。課すところが多いということについて、諸人は必ず申すところが有るでしょう』と。禅閤は一切、承引《しょういん》する意向はありませんでした」と。

十四日、乙亥。　頬に腫物／道長、倫子算賀により高野詣を延引

去る夕方から、頬が腫れた。悪血《おけつ》の致すところか。相成朝臣は、蓮の葉の湯を用いて療治した。また、夢想の告げによって、支子《くちなし》の汁を付けた。宰相が云ったことには、「算賀によって、禅室は高野《こうや》（金剛《こんごう》峯寺《ぶじ》）に参られる事を延引《えんいん》しました」ということだ。

（中原）恒盛《つねもり》を招請して、占わせたところ、勘申して云ったことには、「祟《たた》りはありません。血気《けつき》が相《そう》剋《こく》して、致し奉ったところでしょう」ということだ。何日か、蓮の葉の湯は、頗る温かかった。それで頬を洗って、熱気が発《おこ》ったということについて、夢想が有った。そこで支子を付けた。また、蓮の葉の汁を冷やして、面を洗った。もっともその効験《こうげん》が有った。

十五日、丙子。

僧たちが来た。逢わなかった。面は、やはり腫れていた。療治は、昨日のとおりであった。いささか減気《げんき》が有った。

十六日、丁丑。　藤原公成、右近衛府粮所行事を辞す／面の疵の治療法

宰相が来た。すぐに禅室に参った。頭中将(藤原)公成《きんなり》が、頻りに右近衛府《うこのえふ》の粮所《ろうしょ》の行事を辞した。そこで右近将曹《うこんのしょうそう》(紀)正方《まさかた》に命じて、右中将《うちゅうじょう》(源)顕基《あきもと》に示し遣わした。報じて云ったことには、「自ら参入して、申させることにします」ということだ。二十一日は吉日《きちにち》である。その日に書き下すよう命じた。右兵衛督が来た。世間では準備が極めて耐え難い事を述べている。万人が嘆くところである。また、復したことは、このとおりであった。私が病んでいる面の疵は、癒えて塞がったようなものである。物の葉を付けるとはいっても、肉合《ししあい》に付けないのか。疵痕《きずあと》は無いであろうということは、医師および人々が申すところである。何日か、柳・地菘・蓮の葉の湯で洗っている。ところが、夢想の告げによって、支子を付けた。また、蓮の葉を煮て冷やし、面を洗った。面の腫れは、頗る赤色が減じたので、また宜しく冷治しなければならない。すでにその効験が有る。種々の湯治《とうじ》によって、熱が発ったのか。

十七日、戊寅。　藤原斉信、大臣を望み、祈禱／大安寺解・播磨国司返解を奏上／大安寺築造用材

尹覚《いんかく》師が云ったことには、「去る七月の朔日から、百箇日を限って、中宮大夫斉信が、子息の僧永慶《えいきょう》を招請して、安禅寺《あんぜんじ》に於いて、如意輪法《にょいりんぽう》を行なわせています。これは丞相《じょうしょう》を望む祈禱です。あの大納言《だいなごん》(斉信)は永慶に書を送って、夢想の告げを云ったのです」と。ただ今、欠員は無い。祈禱は怖れ多い。大臣の職に当たっている人々は、用心を致さなければならない。特に薄運《はくうん》の人は、いよいよ恐怖しなければならない。但し、不善《ふぜん》の人〈斉信〉については、天道《てんどう》は何と謂うであろう。法性寺座主が来た。逢わなかった。左中弁重尹が、大安寺《だいあんじ》の解文《げぶみ》および播磨《はりま》国司《こくし》の返解《へんげ》文を持って来た〈大安寺に問われた材木の返解。〉。相対することができなかった。奏上するよう伝えておいた。

十六本の柱は、未だ曳いていない。泉木津《いずみきづ》に置いている事について、事情を問うたところ、尚書〈重尹〉が云ったことには、「〈平〉直方《なおかた》が申して云ったことには、『平駄船《ひらたぶね》に入れて、持って参らなければなりません。ところが、近日、河の水がありません。持って参ることができません』ということでした」と。

十八日、己卯。　摂津守、米を志す／維摩会講師の請書に加署／念誦堂近辺に石を立つ

三箇寺〈賀茂下御社神宮寺《かものしものみやしろじんぐうじ》・祇園寺《ぎおんじ》・北野社《きたの》。〉に諷誦を修した。摂津守《せっつのかみ》〈橘〉儀懐《よしかね》が、米五十石を志してきた。維摩会《ゆいまえ》講師《こうじ》の請書《しょうしょ》に、「朝臣」を加えた〈智真《ちしん》。法相宗《ほっそうしゅう》。専寺《せんじ》。去年十二月二十九日の宣旨《せんじ》。〉。今日、蜜を鷹の糞と胡粉《ごふん》に和《あ》え、面の疵に付けた。小堂の廊の辺りは、いよいよ小風流《こふうりゅう》となった。石を立てさせた。

十九日、庚辰。　偉鑒門造立日時勘文

今日と明日は、物忌である。覆推して云ったことには、「軽い」ということだ。そこで北門を開いた。諷誦を三箇寺〈東寺・広隆寺・清水寺。〉に修した。和泉守《いずみのかみ》〈藤原〉章信《あきのぶ》朝臣が来て、云ったことには、「明後日、赴任することにします」と。遇って、清談した。宰相が来て云ったことには、「昨日、関白が云ったことには、『右府は、来月、もしかしたら内裏に参るであろうか』と。申して云ったことには、『負傷した所は、頗る宜しくなりました。参るかどうかの時期は、未だ何時かを承っておりません』ということでした」と。来月、定められなければならない事が有るのか。それとも御算賀の事によるのか。この間の事は、暗に知り難いばかりである。黄昏に臨んで、左中弁重尹が、偉鑑《いかん》門を造立する日時《にちじ》勘文《かんもん》を持って来た。逢わなかった。伝言させて云ったことには、「北方は、御鬼吏の方角です」ところが、吉平が申して云ったことには、『謝させられて造立されても、何事が有るでしょうか』と」と。私が答えて云ったことには、「八卦は犯土を忌む。その時期は有るのか。早く勘文を奏上するように。また、吉平が申した趣旨は、同じく奏上すべきである。立柱《りっちゅう》は、はなはだ近々である」と。偉鑑門を造立される日時を択び申した。

作事を始める日時　九月二十一日壬午　時は巳・午剋
立柱・上梁《じょうりょう》の日時　同二十二日　時は巳・午・酉剋
立扉《りっぴ》の日時　同二十五日丙戌　時は卯・午・未・酉剋
治安《じあん》三年九月十九日　主計頭《かずえのかみ》安倍吉平

二十日、辛巳。　道長邸法華三十講五巻日／面の疵、平減

諷誦を清水寺・祇園社・六角堂《ろっかくどう》に修した。物忌による。宰相が来て云ったことには、「今日は、三十講の五《ご》巻日《かんのひ》です」と。そこで参入した。右大弁定頼が、子代《こしろ》小路と冷泉《れいぜい》小路の間に於いて、車輪を折ったということを、宰相に伝え送った。すぐに車を遣わした。幾《いくば》くもなく、来た。同車して参入した。晩方、右大史《うだいし》（中原）義光《よしみつ》が云ったことには、「人々の捧物《ほうもち》は、関白及び内大臣（教通）以下が執って廻らしたことは、通常のとおりでした」と。私の負傷した所は、漸く平減《へいげん》した。面の疵は、もう三・四分ほど未満である。今となっては、ただ蓮の葉の湯を冷やして、毎日、二度、洗っている。蜜を鷹の糞に和えたのを付けている。侍医相成朝臣は、身を離れずに、丁寧に療治している。まことに家人《けにん》とはいっても、深く尽くす勤節《きんせつ》の者である。

二十一日、壬午。　実資家当季修法結願／尊星王供／千古に真言を授く／偉鑒門造立について、俊賢の意見

修善《しゅぜん》が結願した〈九箇日、修した。〉。通例の布施《ふせ》の他に、阿闍梨に紬《つむぎ》二疋〈八丈。〉。今日から六箇日、二季〈夏・秋。〉尊星王供《そんしょうおうく》を行なう。阿闍梨文円がこれを修する〈普門寺《ふもんじ》に於いて供養する。〉。今日から始めて三十箇日間、広隆寺と清水寺に於いて、諷誦を修する〈日毎に紙二帖《じょう》を用いる。〉。重く慎しまなければならないからである。文円阿闍梨が、真言《しんごん》を小女に授けた〈大日《だいにち》・薬師・観音・如意輪・不動・大威《だいい》徳《とく》・毘沙門《びしゃもん》〉。

右近将曹正方が、右近権中将《うこんのごんのちゅうじょう》源朝臣（顕基）が粮所の行事を勧めるという文書を持って来た。見終わって、返給した。左中弁が偉鑒門の勘文を持って来て、云ったことには、「奏聞《そうもん》しました」と。命じて云ったことには、「下給するように」と。民部卿が申させて云ったことには、「期日は、はなはだ近い。仮棟《かりむね》を立てた方がいい。また、柱は数のとおりに立てることはできないであろう。

その後、立柱・上棟《じょうとう》は、王相方《おうそうかた》の恐れが有るのは、如何であろう」ということだ。民部卿が述べたところは、もっともそうあるべきである。愚案に合っている。弁が云ったことには、「吉平朝臣が云ったことには、『明年は御絶命の方角です。また明後年は御物忌方に当たります』ということでした」と。今となっては、早く造立するよう命じた。民部卿は、伊予《いよ》国について知る人である。そこで述べたものか。私は弁に遇わなかった。人を介して伝えさせた。

二十二日、癸未。　侍医和気相成に馬を下給／資平、病悩／近衛、実資随身の衣裳等を賭けて博奕／源国挙後家を弔問

相成朝臣に馬を下給した。療治に効験が有ったからである。大納言頼宗卿が、(藤原)師通《もろみち》朝臣を遣わして、私の傷を見舞った。昨日と今日は、宰相は物忌である。今朝、(高階《たかしなの》)為善《ためよし》を介して伝え送って云ったことには、「夜半の頃から、霍乱《かくらん》のように悩《や》み煩いました。今朝は頗る宜しいです。食そうと思います」ということだ。答えて云ったことには、「すでに霍乱の疑いが有るのならば、しばらく食してはならない」と。すぐに侍医相成を遣わした。帰って来て云ったことには、「霍乱ではないでしょう。ところが、その覚悟もするよう、伝えておきました」ということだ。近衛《このえ》たちが、博奕《ばくえき》に随身(下毛野《しもつけのの》)公安《きんやす》の衣裳や雑物を賭けて打った。随身たちが参り向かったところ、少々を取り返した。右近衛府に召禁《しょうきん》させるよう、右近将曹正方に命じておいた。(石作《いしづくりの》)忠時《ただとき》宿禰を遣わして、能忍《のうにん》の後《ご》家《け》を弔問《ちょうもん》した〈能忍は、(源)国挙《くにたか》法師である。一昨日、逝去《せいきょ》した。〉。私が負傷した所は、未だ還復《かんぷく》していないとはいっても、はなはだ宜しい。相成朝臣が云ったことには、「今月の内に満合《まんごう》するでしょう。まったく疵痕となることはないでしょう」ということだ。

二十四日、乙酉。　資頼妻、出産／父能忍の死を知らせず

巳剋の頃、油小路《あぶらこうじ》から告げ送って云ったことには、「伯耆守《ほうきのかみ》(資頼)の妻(国挙女《むすめ》)に、産気が有ります」ということだ。(中原)師重《もろしげ》を馳せ遣わした。時剋が推移し、帰って来て云ったことには〈未剋。〉、「只今、産みました〈『女子』ということだ。〉」と。平らかに遂げた悦びを示し遣わした。父能忍が逝去したので、はなはだ伺候するのに便宜が無い。ところが、申させなかったことを何としよう。父能忍が遺《ゆい》言《ごん》を戒めて云ったことには、「もし非常の事が有っても、一切、申させてはならない」ということだ。妻に云い置いたということについて、先日、云い送った事が有った。平産《へいざん》について、すぐに師重を介して、尼(国挙室)の許に伝え送った。帰って来て、云ったことには、「産婦(国挙女)には、未だ父が死去した事を申させておりません。修善の間、魚味《ぎょみ》を服させないよう、伝えたところです。七箇日を過ぎて、申させることにします。また、只今、脚力《かくりき》を伯耆に遣わしました」ということだ。一行を託しておいた。今日から十余日、念誦堂《ねんじゅどう》に於いて、得命《とくみょう》を招請して、薬師経《やくしきょう》を転読《てんどく》し奉る。疵について祈らせる為である。

二十五日、丙戌。　産婦を見舞う

産婦について、尼の許に問い遣わした。報じて云ったことには、「まったく病悩の様子はありません。

はなはだ悦びに思います」ということだ。

二十六日、丁亥。　火事

厄日《やくび》であったので、祇園社で誦経《ずきょう》を行なった。夜に入って、宰相が来て、世間の事を談った。「大中《だいちゅう》納言《なごん》と参議《さんぎ》を任じることが有ります」と云うことだ。考えるに、いい加減な事か。但し近代は、重事は、あらかじめ人の口に上る。それは虚言《きょげん》ではなく、また信じるべきか。「夜半の頃、万里《まり》小路以東、六角《ろっかく》小路以南が焼亡した。三町に及んだ」と云うことだ。

二十七日、戊子。　延寿の夢想／仕丁に禄を下給／道長、法華三十講結願に競馬・作文

今朝、延寿《えんじゅ》の夢想が有った。ここに尊星王供の験徳《げんとく》を知った。巳剋の頃、尊星王供の巻数《かんず》を持って来た。使者に禄〈手作布。〉を下給した。何日来、役仕《やくし》している右衛門府《えもんふ》の仕丁《しちょう》および家の仕丁に禄〈信濃布。〉を下給した。宰相が云ったことには、「明日、禅室が、競馬《くらべうま》〈『殿上人たちを取り分けました。衣を脱ぐ為です』と云うことでした。〉および作文《さくもん》を行ないます」ということだ。晦日《つごもり》、三十講が結願する。この際に、競馬や作文の興を行なう。ただ目くばせするばかりである。

二十八日、己丑。　蘇芳の枕／道長邸競馬

今日は厄日である。そこで諷誦を六角堂に修した。宰相が来た。すぐに内裏と禅室に参った。右兵衛《うひょうえの》府生時重《ふしょうときしげ》が、前日、作らせた蘇芳《すおう》の枕二個を持って来た。疋絹《ひっけん》を下給した。枕は頗る小さかった。そのことを伝えた。申して云ったことには、「古い見本が有りました」ということだ。旧い枕と比べる

と、広さや長さが二分《ぶ》ほど減じている。すぐに旧い枕を見せた。「大小は、ただ仰せに随います」ということだ。又々、作るよう命じた。

夜に入って、宰相が来て云ったことには、「競馬は五番でした。先ず三十講が、形どおりに行なわれました。未剋の頃、始められました。一番は、右近将曹（秦《はたの》）正親《まさちか》と右近府生《うこんのふしよう》（下毛野）公忠《きんただ》。共に競わず、日没に臨みました。そこで止められました。二番は、左近将曹《さこんのしようそう》（榎本《えのもとの》）季理《すえまさ》と左近府生《さこんのふしよう》（雀部《ささきべの》）惟《これ》国《くに》。夜に入って、勝負は明らかではありませんでした。季理を勝ちとしました。方人《かたうど》は、数多くの物を被《かず》けました。惟国は、負けていないということを申しました。また方人は、衣を脱いで被けました。三・四番は、暗夜であって見えませんでした。五番は、落馬したということを申しました。『御馬は放たれて失した』ということでした。そこで競いませんでした。事は極めて興醒めでした」と云うことだ。「関白および内府や諸卿が参会しました。僧侶は座に列しました。饗饌《きようせん》は豊贍《ほうせん》でした」と。「前筑後守《さきのちくごのかみ》（源）忠理《ただまさ》は、絹を納めた皮籠《かわご》を、斎院庁町《さいいんちようちよう》の倉代《くらしろ》に置いていた。昨夜、盗人が開け穿《うが》って、皮籠十八合《ごう》を捜し取った」と云うことだ。

二十九日、庚寅。　資頼の書状

今日と明日は、物忌である。覆推に云ったことには、「軽い」ということだ。そこで北門を開いた。諷誦を三箇寺〈東寺・祇園社・北野社。〉に修した。伯耆の書が到来した。「負傷されたことを聞いて、馳せ送ったところです。指示に随って、馳せ上ります」ということだ。

三十日、辛卯。　法華経講釈

三箇所〈東寺・六角堂・賀茂下神宮寺《かものしもじんぐうじ》。〉で誦経を行なった。宰相が来た。伯州《はくしゅう》〈資頼〉に返事を給わった。参上することはないということを云い遣わした。負傷した所は頗る宜しいからであるばかりである。

夜に入って、宰相が来た。

嘱累品《ぞくるいほん》を釈し奉った〈慶範《けいはん》。〉。

○閏九月

一日、壬辰。　故藤原懐平の夢告

丑時、夢を見たところ、皇太后宮大夫《こうたいごうぐうだいぶ》〈藤原懐平《かねひら》〉が来て云ったことには、「面の疵《きず》は、〈但波《たんばの》〉忠明《ただあきら》に問うたところ、『平癒《へいゆ》しました』と。また云ったことには、『柘榴《ざくろ》の皮を焼いて、付けるように。次いで桃の種核《しゅかく》の汁を付けるように』ということであった」と。今、思ったところは、薬師如来《やくしにょらい》に帰依《きえ》し奉っているので、告げられたものである。随喜《ずいき》の心は、喩《たと》えようもない。今、本来ならば明朝、忠明宿禰《すくね》を召して、この両種の功能《こうのう》を問わなければならない。また、虚実を占わせなければならない。必ずしも占わなければならないわけではないとはいっても、魔障《ましょう》の怖れによって、神の告げを得る為である。

二日、癸巳。　但波忠明に夢告の薬を問う／中原恒盛に占わせる／任大臣を祈禱する大納言

早朝、忠明宿禰を召し遣わして、夢告《むこく》の二種の薬について問うた。云ったことには、「桃の種核の汁を付けることは、極めて優れた事です。肉を満たして、皮をゆるめ、元のように還復《かんぷく》するでしょう。また、柘榴の治療は、未だ知りません。必ず良いのではないでしょうか。文書《もんじょ》を引いて、注進《ちゅうしん》することを致します」ということだ。夢想《むそう》を信じるかどうかを、（中原）恒盛《つねもり》に占わせた。占って云ったことには、「今月[illegible]、壬辰。時は丑剋〈夢を見た日時。〉に加える。伝送《でんそう》は午に臨んで、用とする。将は青竜《せいりゅう》。中伝《ちゅうでん》は河魁《かかい》と白虎《びゃっこ》。終伝は神后《しんこう》と玄武《げんぶ》。御行年《ぎょうねん》は申の上にあり、河魁と白虎。卦遇《けぐう》は聯茹《れんじょ》である。これを推すに、信じられるべきである。何を以て言うのかというと、『天医《てんい》の神徳《しんとく》は青竜で、これは医師の本主《ほんしゅ》である。また、大神孟《だいしんもう》は、中伝は加臨《りん》である。告げたところは、信じなければならない。加《か》季《き》は信じてはならない』と云うことだ。これを以て、これを考えると、大神の加孟《かもう》は、これは信じられるべきでしょう」と。

忠明宿禰が勘申《かんじん》して云ったことには、「桃の種核〈味は苦くて甘い。平らかで毒はありません。瘀血《おけつ》を司ります。また、早く暴暫《ぼうざん》の血を除きます。また、痛みを止めます。また、人を好色《こうしょく》にさせます。また、人の顔を悦《えつ》沢《たく》します。〉。この物は、付けられるべきでしょう。皮肉《ひにく》を炒め去り、鉄臼《うす》で能く舂《つ》き、泥にして付けなされよ」ということだ。「柘榴は、もしかしたら仏法《ぶっぽう》に見えるところがあるでしょうか。この御疵については、これを用いてはなりません」と。桃の種核は、勘文《かんもん》のとおりであれば、面の疵に用いることは、最も勝る。夢想の告げは、仰いで信じることができる。仏神もまた、敬慎《けいしん》の誠を致せば、必ず感応《かんのう》の効験《こうげん》を得る。
法性寺座《ほっしょうじざ》主《す》(慶命《きょうみょう》)が来て、談って云ったことには、「或る大納言《だいなごん》(藤原斉信《ただのぶ》)が、大臣の祈禱《きとう》を行なっている事を、関白《かんぱく》(藤原頼通《よりみち》)が聞かれました」と。事が多く、記さない。「奇怪な様子を示すことが有りました」ということだ。(藤原)兼成朝臣《かねなりあそん》が云ったことには、「和泉守《いずみのかみ》(藤原)章信《あきのぶ》は、初め霍乱《かくらん》を煩いました。その後、煩った所は軽くはないということについて、その告げが有りました。そこで暁方に、馳せ下ることにします。播磨守《はりまのかみ》(藤原惟憲《これのり》)が、(橘)経国《つねくに》朝臣に命じて、同じく馳せ遣わします。経国が来て云ったことには、『明朝、下向することにします』と」と。兼成が云ったことには、「家の中に犬の死が有りましたが、そのことを告げずに、赴任や神拝《じんぱい》を行ないました」と。

三日、甲午。　藤原資頼女、夭亡

去る夕方、桃の種核の汁に効験が有った。今朝、見てみると、漸く満合《まんごう》した。(和気《わけの》)相成《すけなり》朝臣が参って来て云ったことには、「昨日と一昨日は、固い身の慎しみによって、参入しませんでした」と。二種の夢の薬について語った。感嘆は限り無かった。「桃の種核の汁は、極めて良い事です」ということだ。「あれを常に付けなされよ」ということだ。そこで相成に柘榴の皮を焼いて磨《す》らせた。「白昼に面に付けると、黒くなるでしょう。夜に臨んで付けるのが宜しいでしょう」ということだ。夜に入って、柘榴の皮を付けた〈焼いて磨ったことは、炭のようであった。〉。(宮道《みやじの》)式光《しきみつ》が云ったことには、「昨日、伯耆守《ほうきのかみ》(藤原)資頼《すけより》の妻が産んだ児は夭亡《ようぼう》しました。日《ひ》次《なみ》が宜しくなかったので、事情を申させませんでした」ということだ。明日、見舞わなければならない。先日、病が有るということについて〈赤草《あかくさ》。〉、書状が有った。宰相が二度、来た〈早朝と黄昏。〉。

四日、乙未。　資頼妻を見舞う

面の疵は、漸く減じた。夢の薬の効験であろうか。桃の種核の療治《りょうじ》は、日を逐って効験を得る。三宝《さんぼう》の冥助《みょうじょ》は、感涙《かんるい》が禁じ難い。宰相が来た。式光を介して、伯耆《ほうき》（資頼）の妻（源国挙《くにたかの》女《むすめ》）を見舞った。

六日、丁酉。　藤原隆家の夢想

早朝、前帥納言《さきのそちなごん》（藤原隆家《たかいえ》）が、記し送ってきた。今朝、自ら夢想を見た。善悪は知り難い。そこで運《うん》好《こう》・忠高《ちゅうこう》・得命《とくみょう》の三僧を招請して、百寺で金鼓《こんぐ》を打たせた。宰相が来た。夢想が二種の事を告げたところを、皇基《こうき》師を選んで、入道侍従《にゅうどうじじゅう》（藤原相任《すけとう》）に問い遣わした。報じて云ったことには、「この事は、詳細を知りません。但し柘榴の皮は、古い血を散らすでしょうか。古伝《こでん》に少し聞いたものです。但し処方を知りません。また、桃の種核は、同じく悪血《おけつ》を散らします。顔の皮を和《なご》まし、肉を満たすのでしょう。二薬を共に用いるのが、最も良いでしょう。特に夢想の告げたところは、疑慮《ぎりょ》の無いところでしょう。両種の薬で療治されたのですから、平癒するでしょう。今、伝承のように、きっと疵は無くなるのではないでしょうか」と。この間、事が多く、詳しく記すことができない。

七日、戊戌。

夢想が静かではなかった。諷誦《ふじゅ》を六角堂《ろっかくどう》に修した。

八日、己亥。
夜に臨んで、柘榴の皮を付けた〈焼いて粉を作り、付けた。〉。医家《いか》が申したのではない。夢告によって、治療したものである。前記に見える。

九日、庚子。 仁王経転読／脩子内親王法華八講始／面の疵、平癒／千古、当季仁王経読経
今日と明日は、堅固《けんご》の物忌《ものいみ》である。諷誦を五箇寺〈東寺《とうじ》・広隆寺《こうりゅうじ》・祇園社《ぎおん》・清水寺《きよみずでら》・北野社《きたの》。〉に修した。内供《ないぐ》(良円《りょうえん》)の天台房《てんだいぼう》に於いて、今日と明日の両日、三口《く》の僧を招請して、仁王経《にんのうきょう》を転読《てんどく》させる。「今日、一品宮《いっぽんのみや》(脩子《ながこ》内親王)の御八講始《みはっこうはじめ》が行なわれた」と云うことだ。面の疵は、今となっては、ただ少しくらい、様子が有った。見苦しくはない。昨日、あれこれが申したところである。また、鏡でこれを見たところ、人々が申したところのとおりであった。両種の薬は、極めて効験が有る。神異《しんい》と称すべきである。
兼成朝臣が門外に来て云ったことには、「去る夕方、和泉《いずみ》から罷り帰りました。守章信の病悩は、減《げん》平《へい》しました」と。書状が有った。物忌であったので、(中原)師重《もろしげ》に開いて見させた。「この一、二日は、頗る宜しいものです。ところが未だ、尋常に復しません。神拝は、未だ終えていません。その事を終えて、参上することにします」ということだ。小女(藤原千古《ちふる》)は、当季《とうき》の祇園社の仁王経読経《どきょう》を行なった。御幣《ごへい》は五帖《じょう》。四帖は当季の四箇月の分、一帖は神の分。伯州《はくしゅう》(資頼)が細布《さいふ》百端《たん》を送ってきた。

十日、辛丑。　藤原公季、五節舞姫献上を辞す

五箇寺〈東寺・広隆寺・清水寺・祇園社・賀茂下神宮寺《かものしもじんぐうじ》。〉で誦経《ずきょう》を行なった。黄昏、宰相が門外に来た。伝言させて云ったことには、「前帥納言は、故障を申して、五節《ごせち》の舞姫《まいひめ》を献上しません。太相府《だいしょうふ》（藤原公《きん》季《すえ》）に命じられました。また障りを申されました」ということだ。返事を聞かずに退去した。そこで両人（隆家・公季）の故障を問い遣わした。すぐに報じて云ったことには、「前帥は、障りを申しませんでした。ただ太相府に定められました。ところが、頭中将《とうのちゅうじょう》（藤原）公成《きんなり》は、祭使《さいし》について障りを申されました」と云うことだ。前帥は、もしかしたら、ほぼ定まったのか。夜に入って、弾正疏《だんじょうのさかん》致親《むねちか》が、馬一疋と紅花《べにばな》四折櫃《おりびつ》を進上してきた。物忌であったので、見なかった。馬を入れて、浄めさせた。口《くち》付《つき》を入れさせなかった。

十一日、壬寅。　下総の後不堪

興福寺《こうふくじ》別当《べっとう》僧都《そうず》林懐《りんかい》が、堂に来た。しばらく清談《せいだん》した。一品宮の御八講の証義者《しょうぎしゃ》である。下総《しもうさ》の後不《ごふ》堪《かん》について、（惟宗《これむねの》）博愛《ひろちか》が懇切《こんせつ》に申させた。そこで大夫史《たいふのし》（小槻《おつきの》）貞行《さだゆき》宿禰を召して、事情を問うた。申して云ったことには、「内府（藤原教通《のりみち》）が、奏に入れるよう命じられました。先ず汝《なれ》（実資）に告げるよう申しました。すでにあれこれの仰せはありません」と。また、問うて云ったことには、「何箇年、有るのか」と。申して云ったことには、「三箇年です」ということだ。私に負傷している所が有って、政事《まつりごと》に従えなかった間に、国司《こくし》（博愛）が頻りに申請させたところが有った。早く奏に入れるよう、

命じておいた。山階《やましな》(興福寺)権別当扶公《ごんのべっとうふこう》僧都が来て、談った。時剋が推移して、退出した。

十二日、癸卯。　藤原教通、負傷／或る人の祈禱による

貞行宿禰が申させて云ったことには、「下総の後不堪について、内府に申しました。おっしゃって云ったことには、『もしかしたら格別な御書状か』と。申して云ったことには、『格別な書状ではありません。もし官奏《かんそう》が行なわれたならば、定めるよう、事情を伝えておきます。国司が急いで申請しているからです。負傷していて、奏に伺候する時が無いからです』と。おっしゃって云ったことには、『明日、季御読経《きのみどきょう》について定め申さなければならない。官奏を行なうことは難しいであろうか。後日、行なうことにする』ということでした」と。按察大納言《あぜちだいなごん》(藤原公任《きんとう》)が訪ねられた。長い時間、清談した。連れだって堂に向かった。再三、感心された。また、私の面の疵は、すでに癒えて塞がった。「政務に従事しても、難は無いであろう。まったく見苦しくはない。外見を恥じることは無い」ということだ。また、云ったことには、「今日、途中に於いて内府に謁見《えっけん》した。談って云ったことには、『車から下りる際、榻《しじ》を踏み外して顚倒した。ほとんど面を突き損じようとした。腕と足を突き磨った。はなはだ痛い』ということであった。或る人(斉信)が祈願したかの様子が有った」ということだ。

十三日、甲辰。　脩子内親王法華八講、結願

宰相が来た。今日、一品宮の八講が終わった。東大寺《とうだいじ》別当観真律師《べっとうかんしんりつし》が来た。逢わなかった。

十四日、乙巳。　季御読経定文

右少史《うしょうし》（丹生《にう》）挙光《たかみつ》が、昨日の御読経《みどきょう》の定文《さだめぶみ》を進上した。発願《ほつがん》は今月十八日己酉、時は巳・午剋。結願《けちがん》は二十一日壬子、時は□剋。左少弁《さしょうべん》（藤原）義忠《よしただ》が伝宣《でんせん》した。内大臣（教通）が宣したことには、「勅を奉った」と。大威儀師《だいいぎし》安奝《あんちょう》が来た。堂に於いて逢った。夜に入って、宰相が来た。

十六日、丁未。　**参内の日を勘申**

（安倍）吉平《よしひら》朝臣に、内裏に参る日を勘申させた。「来月四日甲子。その以前に吉日《きちにち》はありません」ということだ。負傷した所は、その間だけである。尋常に復した。法橋《ほっきょう》元命《げんみょう》が堂に来た。長い時間、清談した。宰相が来た。

十七日、戊申。　**宇佐八幡宮講師元命に宣旨を下す**

今朝は物忌である。覆推《ふくすい》に厶ったことには、「重い」ということだ。全て門戸を閉じた。諷誦を広隆寺・清水寺・祇園社に修した。

元命が門外に来た。「申請した宣旨《せんじ》を下されました。ところが左頭中将《さとうのちゅうじょう》（源朝任《あさとう》）は、物忌であることを聞いて、来ませんでした。これを如何しましょう」ということだ。書状を送るよう、伝えておいた。しばらくして、致輔《むねすけ》朝臣を遣わして、書状を加えて宣旨を送った。他の書は見なかったので、師重を介して、開き見させた。請書《しょうしょ》と報状は、致輔朝臣に賜わらせた。

十八日、己酉。　**仁王経講演／金剛般若経転読／薬師如来、観音・毘沙門天を造顕／秋季御読経始**

今日、賀茂大明神《かものだいみょうじん》の御為に、五口の僧〈念賢《ねんけん》・慶範《けいはん》・皇基・運好・忠高。〉を招請して、仁王経を講演《こうえん》した。

これは秋季のものである。二季、修して来たものである。今日から七箇日を限り、念賢と忠高を招請して、金剛般若経《こんごうはんにゃきょう》を転読し奉る。また、内供の天台房に於いて、同じく三箇日、二口の僧を招請して仁王経を転読させ奉る。皆、これは重厄《じゅうやく》の災難を攘《はら》う為である。今日、一万体の薬師如来像を造顕《ぞうけん》し奉った〈料は三十石。〉。負傷した所を除愈《じょゆ》する為に、前日、大願を立て申したものである。また、等身《とうしん》の観音《かんのん》・毘《び》沙門天《しゃもんてん》を、同じく造顕し奉ることにした。これは心願《しんがん》である。昨日の宣旨〈大宰府解《だざいふげ》。〉を、左中弁《さちゅうべん》（藤原）重尹《しげただ》に遣わした。今日、秋季御読経始《みどきょうはじめ》が行なわれた。負傷している所が有って、参入しなかった。都督《ととく》（源経房《つねふさ》）が、蘇芳《すおう》二十斤《きん》を志してきた。物忌であったので、見なかった。

十九日、庚戌。　大安寺に宣旨を下す／飲酒の是非／藤原隆家室、出家

法橋元命が来た。宣旨について言った。昨日、左中弁に下したということを答えた。また、云ったことには、「官符《かんぷ》を召給《しょうきゅう》する」ということだ。

左中弁重尹が、宣旨を持って来た。皆、これは大安寺《だいあんじ》に関わる事である。或いは栄爵《えいしゃく》を申請した者の事、或いは荘園《しょうえん》および寺人《じにん》の男女の事。また、定め申した事が有った。また宣旨を下したことが有った。覆奏《ふくそう》についても有った。堂に於いて逢って、心事を談った。負傷した所が有った後、未だ衣冠《いかん》を着すことができない。宣旨については、今日、奉ることはできない。ただ逢ったが、心事を開かず、残念がっているということを、人を介して云わせた。先ず心腹《しんぷく》を談った際、宣旨を見せた。見せないわけにはいかない。そこでこれを見て、宣旨を下した。また、云ったことには、「昨日、大宰府《だざいふ》の解《げ》文《ぶみ》を、すぐに下給した。今日、官符を作成した。加署《かしょ》して下賜しておいた」と。忠明・相成朝臣を呼んで、面の疵を見せた。まったく格別な事は無かった。また、酒を禁じなければならないか否かについて問うた。「忌むことはありません」ということだ。酒を要するわけではなく、酒を用いるべきであることを、或る者が申したのである。前帥の室〈源兼資女《かねすけのむすめ》〉は、去る夕方、病によって出家した。家の尼である。

二十一日、壬子。　季御読経、結願

今日、季御読経が結願した。参入しなかった。

二十二日、癸丑。

宰相が来た。仁海《にんかい》律師が堂に来た。清談した。

二十三日、甲寅。　弥勒寺講師申請官符／大安寺申請栄爵宣旨／諸司・諸衛府未到不上の者を勘申／多政方に馬を下給／惟宗貴重妻、死去

大夫史貞行宿禰が、弥勒寺《みろくじ》講師《こうじ》法橋元命の申請した条々の官符を持って来た。左中弁重尹が、大安寺の申請した奏状〈栄爵宣旨を惟宗為時《ためとき》に下給する事。金堂《こんどう》の分の虹梁《こうりょう》六枝《し》を造って進上させたからである。〉を持って来た。綸旨《りんじ》に云ったことには、「大物《だいもつ》二枝を加えて、申請によれ」と。すぐに宣旨を下した。大物を計って加えるよう、弁に命じておいた。諸司と諸衛府《えふ》の未到《みとう》と不上《ふじょう》の者を勘申させる事を、大《だい》外記《げき》(清原)頼隆《よりたか》に命じた。□□□人は、格別な仰せが有る時に、勘申させなければならない。そのことを加えて命じた。左少将《さしょうしょう》(藤原)資房《すけふさ》を召した。舞師《まいし》右近将曹《うこんのしょうそう》(多《おおの》)政方《まさかた》に、厩《うまや》の馬を下給した。私が負傷していた間、舞を見ることができなかった。拍子《ひょうし》を合わせさせた時は、又々、このようであった。黙って止めるのは、そうであってはならない。そこで下給したものである。昨日、(惟宗)貴重《たかしげ》朝臣の妻が死去した。雑布を下給させた。

二十四日、乙卯。　群盗、大舎人頭の宅に入る／仏舎利を諸方に求む

昨夜、群盗《ぐんとう》が大舎人頭《おおとねりのかみ》(源)守隆《もりたか》の宅に入った。随身《ずいじん》(身人部《むひとべの》)信武《のぶたけ》を遣わして、虚実を問わせた。帰って来て云ったことには、「二十人ほどが入って来て、すべて捜し取りました」ということだ。すぐに弾正忠《だんじょうのちゅう》師重に命じて、掛《うちき》と指貫《さしぬき》を遣わした。「欣悦《きんえつ》の報が有りました。明日、参って来ます」ということだ。伯州の書状によって、仏舎利《ぶっしゃり》〈六粒。〉を求めさせた。文円阿闍梨《ぶんえんあじゃり》が三粒を奉請《ほうせい》した。高尾《たかのお》(神護寺《じんごじ》)別当如念《じょねん》が一粒を奉請した。もう二粒は、僧たちの許に示し遣わした。資房が政方を随身して来た。去る夕方、下給した事によるのか。薄暮に臨んで、宰相が来て談った。

二十五日、丙辰。　仏舎利を資頼に送る

尋円《じんえん》僧都が、仏舎利一粒と白芥子《しろけし》十粒を奉請した。これより先に、今朝、仏舎利四粒と空青《くうせい》十両を、脚力に託した。伯耆の仏舎利もう二粒と緑青《ろくしょう》などを奉請して、後の脚力に託すことにした。大舎人頭守隆が来た。昨日、送った物について謝した。仏舎利一粒を、大舎人頭が奉請した。すでに数は満た

した。先夜の夢は、極めて静かであった。諷誦を六角堂に修し、金鼓を打たせた。寺々の金鼓は、時々、打たせている。ところが、記していない。

二十六日、丁巳。　本命供／大安寺材木分配文／除目への参不／除目期日について道長・頼通の論／美濃守、入京

本命供《ほんみょうく》は、恒例のとおりであった。左中弁が、大安寺の材木の分配《ぶんぱい》の文書を持って来た。堂に於いて念誦《ねんじゅ》していたので、会うことができなかった。師重を介して、事情を伝えさせておいた。また、奏上するよう、また伝えておいた。大威儀師安奝が、堂に来た。大安寺を造営する事を言った。黄昏に臨んで、宰相が云ったことには、「禅室《ぜんしつ》（藤原道長《みちなが》）に参りました。関白が参られました。すぐに関白の御書状に云ったことには、『来月の朔日に、除目《じもく》を行なうこととする。大略は四日に行なうであろう。負傷している所は、如何であろう。参って執筆《しゅひつ》を勧められるだろうか』と。禅閤《ぜんこう》（道長）が云ったことには、『二日に召仰《めしおおせ》を行なうのが、最も佳《よ》いであろう。来月、もし延引《えんいん》するとしたら、十一月に及ぶ。便宜《びんぎ》がないのではないか』と。関白が云ったことには、『十一月に行なったのは、先例が有ります』と。禅閤が云ったことには、『十一月を先例にしてはならない』と。関白は、やはり延引したいという意向が有りました。尊堂《そんどう》（源倫子《ともこ》）の算賀《さんが》および修行の事によるのでしょうか」と。私が報じて云ったことには、「負傷している所がございます。なおも通例に復しません。もう二、三日の間、試みて、参るかどうかの決定を申すことにします」と。宰相が云ったことには、「面は、まったく疵はありません。参入には、難は無いでしょう」と。今日、美濃守《みののかみ》(藤原)頼任《よりとう》が堂に来て云ったことには、「一昨日、入洛しました」ということだ。私の面を見て云ったことには、「疵とすることはありません。まったく見苦しくはありません」ということだ。陣内に参入する事は、思慮が多端《たたん》である。老人(実資)は、負傷が有り、憚るところが極まり無い。重厄の年は、何事につけて懼《おそ》れが有る。油小路《あぶらこうじ》(資頼)から、仏舎利を奉請してきたのである。三粒。これは定基《じょうき》僧都の志を揃えた。そこで返請《へんせい》しなかった。また、内供から新たに一粒を奉請した。返請しておいた。多かったからである。

二十七日、戊午。

今朝は物忌である。門戸を閉じて、諷誦を三箇寺〈広隆寺・清水寺・祇園社。〉に修した。興照阿闍梨が、仏舎利二粒を奉請した。返請させておいた。多く求め出したからである。

二十八日、己未。　千古の為、諷誦を修す／夢想

諷誦を広隆寺・清水寺・祇園社に修した。小女の息災《そくさい》の為、同じくこの三箇寺で修した。また、命増《めいぞう》師を招請して、金鼓を打たせた。文円阿闍梨が、また仏舎利一粒を奉った。多く出されたので、返請しておいた。丑剋の頃、夢をみた。僧たちが懺法《せんぼう》を行なった。老少の僧五、六人が会集する中に、宿《しゅく》老《ろう》の僧がいた。その僧を召すよう、下臈《げろう》が指示することが有った。そこでその僧を呼んだ。この間の事は、確かに覚えていない。但し巻数《かんず》を出した。その文に云ったことには、「微塵《みじん》数の薬王《やくおう》と薬上《やくじょう》の結願の巻数」ということだ。但し公文《くもん》には見えない。まずは覚悟したものである。今、思うところは、負傷した所の面の疵は、薬師如来の冥助によって、平癒したのである。結願の上身《じょうしん》は、今朝、平らかになったということであろうか。この僧は、東寺僧上覚《じょうかく》であった。これは希有の事である。

二十九日、庚申。当季十斎大般若読経、結願／藤原斉信、教通を祈禱／群盗、大蔵卿家に入る／法華経講釈

十斎大般若読経《じっさいだいはんにゃどきょう》が結願した〈当季。〉。宰相が来て云ったことには、「四日に参るかどうかについて、一昨日、関白に申しました。おっしゃって云ったことには、『必ず参られるであろうか、如何か』ということでした」と。法橋元命が堂に来た。すぐに弥勒寺の申請した官符を請け取った。右近将曹（紀）正方《まさかた》が申して云ったことには、「右近衛府《うこのえふ》に拘禁《こうきん》していた近衛《このえ》（安倍）守近《もりちか》は、篤《あつ》く身病を煩っています」ということだ。詞を加えて優免《ゆうめん》するよう、仰せ下した。博奕《ばくえき》の者である。右近府生《うこんのふしょう》（長谷部《はせべ》）兼行《かねゆき》が、考文《こうぶん》を進上した。二字〈『朝臣』。〉を加えて、返給した。按察《あぜち》（公任）が告げて云ったことには、「斉信卿の百箇日の祈禱は、すでにこれは実事である。安禅寺《あんぜんじ》に於いて、これを行なっている〈『この寺は、前大臣（藤原為光《ためみつ》）が大臣を望んだ時に建立した寺である』と云うことだ。〉。七箇日を終えて、護摩《ごま》を行なった。来月朔日に結願する。内府を祈禱させている。僧が安禅寺に到って、修善《しゅぜん》を行なった。壇の辺りに書が有った。取って見ると、斉信卿の自筆の願書《がんしょ》が有った。この僧は、秘かに別の願書を立てた」と。また、親道《ちかみち》朝臣を遣わして云ったことには、「雑事を送った」と云うことだ。「昨夜、群盗が大蔵《おおくら》卿《きょう》（藤原）通任《みちとう》卿の陽明門《ようめいもん》の家に入った。この家の東廊《ひがしろう》には、何日来、中務卿《なかつかさきょう》親王（敦平《あつひら》親王）が住まれている。囚獄正《ひとやのかみ》の方の局の宿人《やどりびと》が、盗人を射殺した。そこで類盗《るいとう》は、空手《からて》であった」と云うことだ。「家主《いえあるじ》の卿（通任）は、惟憲の宅に住んでいる」と云うことだ。

薬王品《やくおうほん》を釈し奉った〈慶範。〉。

○十月

十三日、癸酉。（『御賀部類記』による）　**源倫子、六十算賀／三后、参列**

未明、諷誦《ふじゅ》を東寺《とうじ》に修した。今日、禅閤《ぜんこう》（藤原道長《みちなが》）の室家《しつか》（源倫子《ともこ》）の耳順《じじゅん》の算を賀した。前日、関白《かんぱく》（藤原頼通《よりみち》）の御書状によって、僧の食膳を奉献《ほうけん》した〈高坏《たかつき》十二本。打敷《うちしき》を加えた。机二十前《ぜん》、大破子《おおわりご》五荷《か》、手作《たづくり》布《のぬの》五十端《たん》。〉。午剋の頃、上東門宮《じょうとうもんのみや》に参った。関白及び諸卿が、饗の座に着した。三后（藤原彰子《あきこ》・藤原妍子《きよこ》・藤原威子《たけこ》）がいらっしゃった〈「太皇太后《たいこうたいごう》（彰子）は、元からいらっしゃった。皇太后《こうたいごう》（妍子）と中宮《ちゅうぐう》（威子）は、今朝、行啓《ぎょうけい》を行なった。一品宮《いっぽんのみや》（禎子《よしこ》内親王）と尚侍《ないしのかみ》（藤原嬉子《よしこ》）も、同じくいらっしゃった」と云うことだ。〉。母《も》屋《や》の御簾《みす》を垂れて、両界曼荼羅《りょうかいまんだら》を懸けた。その東西の方の二仏殿に、仏像を安置した。両界および仏殿の前に、仏供《ぶつぐ》の机を立てた。また、高座《こうざ》と礼盤《らいばん》を立てた。六十口《く》の僧の座は、廂《ひさし》および東西の渡殿《わたどの》に敷いた。散花机《さんげづくえ》二脚を庭中《ていちゅう》に立てた〈東西、各一脚。花筥《はなばこ》を置いた。〉。経机《きょうづくえ》の上に、法華経《ほけきょう》と寿命経《じゅみょうきょう》、大般若経《だいはんにゃきょう》を置いた。詳しく願文《がんもん》に見える。中門の外に於いて、音楽を発した。参入した。舞人《まいびと》の前に、右近将曹《うこんのしょうそう》（多《おおの》）政方《まさかた》が一を打って、庭中に進んだ。舞人と楽人《がくにん》が、幄《あく》の座に着した〈地上に仮屋《かりや》を造った。

大納言《だいなごん》〈藤原〉頼宗《よりむね》・中納言《ちゅうなごん》〈藤原〉兼隆《かねたか》・参議《さんぎ》〈藤原〉経通《つねみち》の子息が、舞人である。従って各々、装束《しょうぞく》を着させた。また、頼宗・経通の兄弟の卿相《けいしょう》は、同じく追従《ついしょう》した。皆、庭中を渡った。〉。僧侶が参上した。楽人は幄の前に立って楽を発した。次いで上達部《かんだちめ》が仏前《ぶつぜん》の座に着した〈簀子《すのこ》敷《じき》。左右に分かれた。〉。講師《こうじ》と読師《どくし》が、高座に登った。終わって、楽を止めた。堂童子《どうどうじ》が、分かれて座に着した〈四位、各一人。五位、各二人。〉。唄師《ばいし》が音を発した。次いで堂童子が、花筥を分けて行なった。次いで散花《さんげ》があった。楽人と衆僧《しゅそう》が上った。大行道《だいぎょうどう》が行なわれた。終わって、花筥を返し受けた。次いで蔵人頭《くろうどのとう》右近中将《うこんのちゅうじょう》〈藤原〉公成《きんなり》が、講師の高座の辺りに就いて、執杖《しつじょう》を給うということを伝えた。次いで舞人が四曲。万歳楽《まんざいらく》〈右馬《うまの》頭《かみ》〈藤原〉兼房《かねふさ》・左近少将《さこんのしょうしょう》〈藤原〉経輔《つねすけ》・右近少将《うこんのしょうしょう》〈藤原〉良頼《よしより》・右近少将〈藤原〉実康《さねやす》。皆、平胡籙《ひらやなぐい》を帯び、尻鞘《しりざや》を着した。〉・賀殿《かてん》〈右近中将〈源〉顕基《あきもと》・左近少将〈藤原〉資房《すけふさ》・右馬権助《うまのごんのすけ》〈源〉資通《すけみち》・右兵衛佐《うひょうえのすけ》〈源〉師良《もろよし》。胡籙《やなぐい》は同じであった。〉・陵王《りょうおう》の童《わらわ》〈童殿上《わらわてんじょう》。参議経通の二郎〈藤原経季《つねすえ》〉。〉・納蘇利《なそり》の童〈童殿上。大納言頼宗の息〈藤原兼《かね》頼《より》〉。〉が、舞い終わった〈舞毎に禄を下給した。入ろうとした際に、これを下給した。〉。禅閤は、簀子敷に出《で》居《い》を行なった。納蘇利の舞師《まいし》右近将曹政方を召し、衣を脱いで下給した。関白・私・内府〈藤原教通《のりみち》〉以下の卿相が、衣を脱いだ。禅閤の次に大納言〈藤原〉斉信《ただのぶ》が、衣を脱いだ。甚だ早々である。関白及び下《げ》僕《ぼく》〈実資〉・内府が衣を脱いだ後が宜しいのではないか。極めて考えの無いことである。上下の者は目を向けた。感心していないのか。次いで講師が啓白《けいびゃく》を行なった。経の題名《だいみょう》を揚げた。次いで御誦《ず》経《きょう》を行なった。先ず内蔵寮《くらりょう》〈勅使《ちょくし》は内蔵頭《くらのかみ》〈源〉経頼《つねより》。禄を下給した。〉。次いで三宮〈彰子・妍子・威子〉。いらっしゃっていたので、使は無かった。東宮（敦良《あつなが》親王）〈使は春宮亮《とうぐうのすけ》（藤原）泰通《やすみち》。禄を下給した。南階《みなみのきざはし》の前に進んで、再拝《さいはい》した。上達部が云ったことには、「前に進んではならない。南西の方に於いて、拝すべきか」と云うことだ。〉。講説《こうぜち》が終わった。行香《ぎょうこう》の後、衆僧に禄を下賜した〈三宮の大夫《だいぶ》（源俊賢《としかた》・源道方《みちかた》・斉信）が、禄を取った。上﨟《じょうろう》の大納言が数十疋の絹を執ったのは、甚だ見苦しい。包絹《つつみぎぬ》の上に、立文《たてぶみ》を挿した。米の解文《げぶみ》か。〉。楽を挙げた。衆僧が退出した。また、音楽を発した人が退出した。上達部の前に、衝重《ついがさね》を据えた。楽人の座は、階の前に給わった。禅閤は上達部の座に出居を行なった。別に肴物《さかなもの》が有った〈塗《ぬり》の高坏《たかつき》二本。〉。関白が盞《かわらけ》を転じた際は、便宜《びんぎ》が無いのではないか。更に円座《わろうだ》を敷いて、下僕を呼んで着した〈関白の座の北東に列した。〉。度々、巡行《じゅんこう》があった。また上下の管絃《かんげん》は、同音であった。更に余興が有った。禅閤が大納言（藤原）公任《きんとう》卿に伝え、盃を執らせて、出して和歌を詠ませた。権大納言《ごんだいなごん》（藤原）行成《ゆきなり》卿が、筆を執って、これを書いた。いささか序題《じょだい》が有った。後に聞いたことには、「取り捨てることを申した」と云うことだ。和歌の後、禄を纏頭《てんとう》したことは、差が有った。両宮（妍子・威子）が還御《かんぎょ》された〈太《おお》后《きさき》（彰子）はいらっしゃったのである。皇太后は還御した。中宮は内裏に還り入った。〉。亥剋の頃、退出した。舞が終わって、三宮および賀を受けた人（倫子）・一品宮・尚侍の膳物六前と打敷を、参議が取った。皆、仏前を渡り、上達部の前を経て、東方に進んだ。或いは折敷および雑具の器に盛った物などは、すべて銀を用い、或いは銀の鶴を足とした。神妙《しんみょう》であった。過差《かさ》は記し尽くすことができない。ただ、目くばせし、口で言うことは無かった。今日、見参《げんざん》した上達部は、左大臣（頼通）〈関白。〉、内大臣（教通）、

大納言斉信、民部卿《みんぶきょう》俊賢、大納言公任・行成・頼宗・(藤原)能信《よしのぶ》、中納言兼隆・(藤原)実成《さねなり》・道方・(藤原)長家《ながいえ》、参議(藤原)公信《きんのぶ》・経通・(藤原)資平《すけひら》・(藤原)朝経《あさつね》・(藤原)通任《みちとう》・(藤原)定頼《さだより》、右《う》三位中将《さんみちゅうじょう》(藤原)兼経《かねつね》、参議(藤原)広業《ひろなり》。

十四日、甲戌。　興福寺維摩会読師の布施／甲斐守罷申

前僧都心誉《さきのそうずしんよ》が来て、談った。時刻が推移した。維摩会読師《ゆいまえどくし》の布施《ふせ》を送った〈絹十疋・綿二十屯・信濃布《しなののぬの》十二端。朱塗の韓櫃《からびつ》に納めた。金銅の鐶《かん》・両面錦《りょうめんにしき》の覆い・緋《ひ》の綱・絹の折立《おりたて》が有った。〉。「今夕、□を政所《まんどころ》に下給しました。明朝、遣わすことにしました」ということだ。□知家事《ちけじ》の左兵衛府生《さひょうえのふしょう》茂信《しげのぶ》が、乗物が無いということを申した。(川瀬《かわせの》)師光《もろみつ》に命じて、馬を下給させた。尾張守《おわりのかみ》(源)則理《のりまさ》が来て云ったことには、「去る十日に参上しましたが、しばらく隠居《いんきょ》していました。昨日、両殿(道長・頼通)に参りました」ということだ。按察《あぜち》(公任)が、昨日の被物《かずけもの》の綾の褂《うちき》を乞うてきた。使に託してこれを送った〈後日、替えて、返してきた。〉。夜に臨んで、甲斐守《かいのかみ》(藤原)公業朝臣《きんなりあそん》が来た。桑糸三十疋を志してきた。逢って談話して云ったことには、「十七日、状況に随って、任国に下ることにします。国から又々、書状を送ります」ということだ。紅花《べにばな》と糸を志すという意向が有った。

十五日、乙亥。　頼通、大粮文申上を命ず

宰相が来た。関白が、大外記《だいげき》(清原)頼隆真人《よりたかまひと》を介して、伝え送られて云ったことには、「『明日、内裏に参られる』とのことである。それならば、大粮文《たいろうぶん》を申上させるように」ということだ。申上させるということを報じておいた。「公事《くじ》を究済《きゅうさい》した国の国司《こくし》たちが、催促し申したものである」と云うことだ。

十六日、丙子。　越中後不堪文／大粮申文／主税寮勘文・太政官充文／諸国擬交替使文

内裏に参った。これより先に、左大弁《さだいべん》朝経が参入した。大粮文について問うた。「□□準備して揃えてあります」ということだ。また、大弁が云ったことには、「越中《えっちゅう》の後不堪文《ごふかんぶん》は、国司が急いで申請することが有り□□□申上することは如何なものでしょうか」と。答えて云ったことには、「負傷している所が有った後、今日、初めて申文《もうしぶみ》の儀を行なう。不堪佃田文《ふかんでんでんぶん》を加えることは、如何であろう」と。「ひとえに交替使《こうたいし》を定められるよう承って、申上させたところです」と。私が答えて云ったことには、「先ず文書《もんじょ》を申上させ、次いで定めるべきである。最初の申文の儀に、宜しくない文書を加えることは、如何なものか」と。大弁が云ったことには、「もっともそうあるべきです」ということだ。二十日頃に、不堪佃田文を申上させることにする。その次いでに、宜しいということを加えて申上させることを、指示しておいた。大弁は座を起った。私は南座《なんざ》に着した。しばらくして、大弁が座に着して云ったことには、「申文」と。私は目くばせした。次いで右大史《うだいし》（中原）義光《よしみつ》が、大粮文を挿んで小庭《こにわ》に伺候した。私は目くばせした。称唯《いしょう》して、走って来た。膝突《ひざつき》に着して、これを奉った〈主税寮《しゅぜいりょう》の勘文《かんもん》と官充《かんあて》の文。〉。開いて見た。終わって、元のように巻いて、板敷《いたじき》の端に置いた。義光は、これを給わって、束ね申した。私は目くばせした。称唯し、文書を杖に取り副えて退出した。私が大弁に伝えて云ったことには、「交替使の文書は有るのか」と。申して云ったことには、「ございます」ということだ。座を起って、陣の腋《わき》に向かった。交替使に擬す文を笏《しゃく》に取り副えて〈河内《かわち》・常陸《ひたち》・越中・周防《すおう》。各二人。〉、座に着した。すぐに進んで来て、これを奉った。すぐに座に復した。私は開いて見た。終わって、大弁に目くばせした。進んで来た。交替使に擬す文を給わった。私の前に於いて、束ね申した。各々の国々の交替使を定め仰せた。終わって、大弁は称唯して、退出した。清書《せいしょ》させ、初めのようにこれを奉った。見終わって、返給した。また、束ね申した。私は目くばせした。揖礼《ゆうれい》し、称唯して座を起ち、陣の腋に向かった。私は座を起って、壁の後ろに佇立《ちょりつ》した。大弁は、交替使の主典《さかん》の文を見せた。見終わって、返給した。立って束ね申した。終わって、私は退出した。大弁が送った。留まるよう命じた。和徳《かとく》門から帰り入った。

十七日、丁丑。　道長、高野山詣／頼通に替わり教通、供奉す

「今朝、禅閤は高野《こうや》〈金剛峯寺《こんごうぶじ》〉に参られた。前日は、関白が供奉《ぐぶ》されるとのことであった」と云うことだ。「ところが、禅閤の命によって、急に留められた」と云うことだ。「内府が、急に関白の替わりに供奉した」と云うことだ。関白が数日、城外《じょうがい》に出るのは、極めて便宜の無いであろう事である。算賀《さんが》の日、禅閤は、関白が供奉されることを談られた。ところが、あれこれを申さなかった。穏便ではないからである。これを考えるに、私の様子を見られていたのか。或いは云ったことには、「民部卿俊賢卿と大納言能信が供奉した」と云うことだ。

十八日、戊寅。　尾張守罷申

尾張守則理が来て、云ったことには、「明後日、下向することにします」ということだ。大夫史《たいふのし》（小《お》槻《つきの》）貞行宿禰《さだゆきすくね》が、先日、勘申《かんじん》させた文を堂に持って来た。前に召し、雑事を命じた。和泉守《いずみのかみ》（藤原）章《あき》信《のぶ》が来て、云ったことには、「先日、上京しました。病悩している所は、やはり未だ尋常に復しません」と。

十九日、己卯。　道長の道中を問う為、勅使、三后・東宮使、発遣

夜分に臨んで、左衛門権佐《さえもんのごんのすけ》（藤原）家業《いえなり》が来た。語った次いでに云ったことには、「明日、勅使〈蔵人《くろうど》右馬助《まのすけ》資通。〉・太皇太后宮使《たいこうたいごうぐうし》〈太皇太后宮大進《たいこうたいごうぐうだいじん》家業。〉・皇太后宮使《こうたいごうぐうし》〈皇太后宮亮《こうたいごうぐうのすけ》（藤原）頼任《よりとう》。〉・中宮使《ちゅうぐうし》〈中宮《ちゅうぐう》亮《のすけ》兼房。〉・東宮使〈春宮大進《とうぐうだいじん》（源）懐信《かねのぶ》。〉を発遣します。禅閤の旅の間の詳細を問い奉られます」と云うことだ。

二十日、庚辰。　金剛般若読経結願

今日、三十箇日の金剛般若読経《こんごうはんにゃどきょう》が結願《けちがん》した。両宰相（経通・資平）が来て云ったことには、「今日、関白が上達部を督促して、太后宮《おおきさきのみや》（彰子）に於いて食事されます。そこで参入します」ということだ。夜に入って、出納《すいとう》某《なにがし》が来て云ったことには、「明日、射場始《いばはじめ》が行なわれます。参入してください」ということだ。また、云ったことには、「蔵人所衆《くろうどどころのしゅ》を召し遣わしましたが、今になっても参りません。そこで行事《ぎょうじ》の蔵人が、参入するよう命じました」ということだ。申させて云ったことには、「明日に至るまで、犬の死穢《しえ》が有る。参ることはできないのである」と。

二十一日、辛巳。　射場始、延引／高田牧、雑物を貢進

牛を四位侍従《しいじじゅう》（藤原）経任《つねとう》に与えた。今日の射場始は、雨によって延引《えんいん》したとのことだ。「明後日は関白は堅固《けんご》の物忌《ものいみ》です。二十五日に行なわれることになりました」と云うことだ。高田牧《たかだのまき》が、臨時□□雑物を進上してきた〈絹百疋と蘇芳《すおう》二十斤《きん》の直は四疋。白鑞《しろめ》六斤の直は六疋。〉。牧司《まきし》（宗形《むなかたの》）妙忠《たえただ》が、年穀《ねんこく》の上分《じょうぶん》□□□三十石・蚕養《さんよう》の上分八丈・絹十疋・白綿百両・縑《かとり》十疋・綾三疋・屏風《びょうぶ》一双《そう》〈四尺。〉・菓子・魚貝・堅塩《かたしお》を進上してきた。

二十二日、壬午。　諸司・諸衛府未到不上勘文／当季修法始／千古の千部法華経読経

諸司と諸衛府《えふ》の未到《みとう》と不上《ふじょう》の勘文を、大外記頼隆が進上した。在京・城外・不仕《ふし》の者を記してあった。宣旨《せんじ》の趣旨に相違していた。そこで返給した。ひとえに未到と不上の者を注進《ちゅうしん》させるよう命じた。当季《とうき》の修法《しゅほう》を始めた〈不動調伏法《ふどうちょうぶくほう》。阿闍梨《あじゃり》神護寺《じんごじ》別当《べっとう》如念《じょねん》、伴僧《ばんそう》四口。〉。小女（藤原千古《ちふる》）の千部法華経が結願した。また、千部法華経を始めた〈不断《ふだん》、三箇日。〉。請僧《しょうそう》は六口〈念賢《ねんけん》・皇基《こうき》・明宴《みょうえん》・慶範《けいはん》・尹覚《いんかく》・運好《うんこう》。〉。

二十三日、癸未。　当年不堪佃田申文

内裏に参った〈宰相は車後《くるまじり》に乗った。〉。これより先に、左大弁朝経が参入していた。私は仗座《じょうのざ》に着した。大弁は床子《しょうじ》から来て、座に着した。不堪佃田申文《ふかんでんでんもうしぶみ》について問うたところ、云ったことには、「揃えなければならない文書は、控えさせております」ということだ。また問うて云ったことには、「もしかしたら加え申させなければならない文書は有るのか」と。また云ったことには、「越中の後不堪文を用意してあります」ということだ。私が答えて云ったことには、「不堪佃田申文の時に、他の文書を加える例は有る。ところが、奏が有る日に、先ず奏に入れることを申させても、何事が有るであろう。今日は、ただ不堪佃田文だけを申上させるのが宜しいであろう」と。大弁は承諾した。座を起った。私は南座に着した。長い時間が経って、右大史義光が、不堪佃田文を挿んで北に渡った。大弁は仗座に着した。敬屈《きょうくつ》して云ったことには、「申文」と。私は揖礼した。大弁は深揖《しんゆう》し、称唯した。史《し》の方を見遣わした。義光は書杖《ふづえ》を捧げて、小庭に伺候した。私は目くばせした。称唯して膝突に着し、これを奉った〈目録は横挿《よこざし》にした。〉。私はこれを取った〈目録は、故意に取り落とした。〉。先ず文書を置いた。不堪佃田文を結んだ緒を解いた〈二十六箇国。〉。先ず目録を見た。次いで国々の解文を見た。尾張《おわり》の解文は、受領《ずりょう》の官が署していなかった。「新司《しんじ》〈則理。〉は、未だ着任していません」ということだ。前司《ぜんじ》〈(藤原)惟貞《これさだ》。〉は、本来ならば新司を待って参上しなければならない。今となっては、やはり受領の官の署を加えさせる事を、大略、大弁に伝えた。安房《あわ》の新開《しんかい》の解文は、「その郡、若干分」と記している。合わせて四箇郡の「分」の字は、意味がわからない。もしかしたら「歩《ぶ》」の字か。大弁に問うたところ、云ったことには、「『歩』の字を『分』と称したのでしょうか」ということだ。はなはだ誤謬《ごびゅう》である。但馬《たじま》の坪付《つぼつけ》帳《ちょう》と開発《かいほつ》の解文の使の名は、相異している。「坪付帳使は、健児《こんでい》池田利光《としみつ》」ということだ。「開発解文使は、健児□□□□」ということだ。この解文を見終わった。元のように結び、表紙《おもてがみ》を表巻紙《うわまきがみ》の内に巻いて、史に下給した〈板敷の端に置いた。〉。義光は、これを給わって、目録を開き、束ね申した。私が大弁に伝えて云ったことには、「尾張の解文は、受領の官の署を加えさせるように。安房の解文は、『分』の字を直させるように。但馬の解文二通は、使の名が相異している。何によればよいであろうか。返給して、改め直させるように」と。大弁は称唯した。その後、命じたことには、「申し給え」と。義光は称唯し、書を巻き、杖に取り副えて退出した。次いで大弁が座を起った。私は座を起って、退出した。宰相・大弁・右中弁《うちゆうべん》章信が、従って退出した。宰相は初めのように、私の車に乗った。

二十四日、甲申。　京中の水路を巡検／新水路を掘削

宰相と同車して、密々に水を引いた処に到って、これを見た。富《とみ》小路を南行した水は、中御門《なかみかど》大路から西行する。また高倉《たかくら》小路から南に折れる〈今、新たに引いた。〉。春日《かすが》小路から西に折れて西行する〈古い水流。〉。東洞院《ひがしのとういん》大路から南行する。大炊御門《おおいみかど》大路から西行する〈これは皆、古い跡。〉。古い水流は、富小路から春日小路を折れる。春日小路と富小路との辻の間は、はなはだ高く、西行することが難しい。そこで昨日から、改めて引いただけである。河を掘る功は、幾《いくば》くもなかった。人夫はただ、五、六人で、昨日から掘った。功の力は、幾くもなかった。夜に入って、蔵人所《くろうどどころ》の（藤原）通経《みちつね》が来て云ったことには、「明日、射場始が行なわれます。参入してください」と。病悩が有るということを申させておいた。

二十五日、乙酉。　石見中津原牧から貢物／諸所に牛を贈与／射場始／火事

石見の中津原牧《なかつはらのまき》が、牛三頭・綾・長筵《ながむしろ》二枚・出雲筵《いずもむしろ》十枚・贄《にえ》を貢進してきた。牛一頭を宰相に与えた。宰相が来て、見た。一頭は皇基師に与えた。一頭は飼わせて、乗用に充てることとする。今回の牛は、はなはだ好い。□□智真《ちしん》が来て、言談していたが、何事も無いとのことであった。「□□殿の周忌仏事《しゅうきぶつじ》を、明日、行ないます」と云うことだ。先日、僧供料《そうぐりょう》の小米を下給させた。今日は雑布二十端を下給した。先日、伯州《はくしゅう》(藤原資頼《すけより》)が志してきた牛を、興昭《こうしょう》に与えた。すぐに来て、悦んだ。最円《さいえん》阿闍梨が堂に来た。清談《せいだん》し、深夜に及んだ。この頃、内供《ないぐ》(良円《りょうえん》)が山(延暦寺《えんりゃくじ》)から来て、雑事を談った。「明朝、山に帰ることになっています」ということだ。「今日、射場始が行なわれた」と云うことだ。

暁方、阿波守《あわのかみ》(藤原)頼成《よりしげ》の堀河《ほりかわ》辺りの倉二宇が焼亡した。

二十七日、丁亥。

内供は山に登った。宰相が来た。備前守《びぜんのかみ》(源)経相《つねすけ》が来た。五節《ごせち》の舞姫《まいひめ》の装束を貸し与えた。

二十八日、戊子。　**少将命婦の子の狼藉／これを宥免**

四位侍従経任が云ったことには、「一昨日の夕方、少将命婦《しょうしょうのみょうぶ》〈(藤原)宗相《むねすけ》朝臣の妻。〉の子二人が、母を迎える為に、来ました。一人は釼《たち》を帯びていました。一緒に御湯殿《おゆどの》の板敷に昇り立ち、御前の方に歩行しました。蔵人(藤原)永職《ながもと》が、到り会って、これを問いましたが、名を称さずに、放言《ほうごん》しました。怖畏《ふい》は□□。そこで退帰して、滝口《たきぐち》に告げました。滝口が走り向かって、追捕《ついぶ》したところ、一人は逃げ去りました。ただ□釼を帯びた者を、殿上《てんじょう》の口に於いて縄を掛けたところ、初めに逃げ脱した者が、帰って来ました。抜いた刀を奪い、釼を帯びた者を捕えることができました。滝口の内舎人《うどねり》藤原友良《ともよし》が、初めの男の髪を執り、打ち臥せて縛ろうとしたところ、刀を抜いて、走り寄ってきました。片手でまたこの男の髪を執って、打ち臥せました。刀を抜いて腹に差し充てました。他の滝口たちも、一緒に縛りました。母の命婦が走って来て、子の男を奪い、抱えて□ました。この間の濫吹《らんすい》は、敢えて言うことができません。すぐに勅命《ちょくめい》が有り、この二人の者を免《ゆる》されました。後にまた、更に刀を抜いて、永職の許に走り寄った際、蔵人検非違使《けびいし》左衛門尉《さえもんのじょう》平孝成《たかなり》が、殿上間《てんじょうのま》の弓で胸を突きました。顛れ臥した際に、永職は脱れ去りました。事の非常は、未だこれに比べるものは有りません。蔵人がすぐに関白に参って申しました。おっしゃって云ったことには、『仰せによって、免されたのである。何としようか』ということでした。殿上人《てんじょうびと》たちは、口を集めて弾指《だんし》しました」と云うことだ。御所の辺りに於いて、非常の事が有った。どうしてましてや、陣の外景《がいけい》の内はなおさらである。末代《まつだい》の事は、嘆いても益が無いばかりである。後日、右頭中将《うとうのちゅうじょう》公成が云ったことには、「少将命婦を迎えた男三人は、殿に昇っていませんでした。ただ御湯殿の辺りに立っていただけです。釼を帯びた者は従者です。来て奪った者は、これは少将の子です。縄を求めた際、□□未だ縛られていない頃、母の少将命婦が走って来て、奪い抱えました。仰せによって、すぐに免されました。その後、また永職の許に走り寄りました。孝成が弓で突き返しました」と云うことだ。あれこれの説が多いばかりである。

二十九日、己丑。　不堪佃田荒奏の日

不堪佃田奏《ふかんでんでんそう》を行なう日については、或いは天皇の御物忌、或いは関白の物忌である。また、便宜の無い時に当たって、事に臨むのは、煩いが有る。よく事情を取って告げ伝えるよう、権左中弁《ごんのさちゅうべん》経頼を呼んで伝えておいた。飯室《いいむろ》の僧都〈尋円《じんえん》。〉が来て、語った。堂を見るという意向が有った。そこで伴って、堂に向かった。感嘆は極まり無かった。すぐに造第の阿闍梨縁円《えんえん》を呼んで、見せた。縁円は、画《え》工《だくみ》や装飾の人である。数剋を移して、退いた。

三十日、庚寅。　紀伊国司の申文／資頼の贈物／法華経講釈

宰相が来た。右頭中将公成が、堂に来た。宣旨〈紀伊国司《きいこくし》の申文。〉を下した。黄昏に臨んで、伯州の脚力が来て、綿二包を託した。脚力が云ったことには、「荷が多く来ます。明後日ごろ、入京するでしょう」ということだ。清朝《せいちょう》が妙音菩薩品《みょうおんぼさつぼん》を釈し奉った。

○十一月

一日、辛卯。　石塔造立供養／道長、高野山詣から帰京／信濃守、馬を貢進

石塔供養《せきとうくよう》は、通例のとおりであった。早朝、右兵衛督《うひょうえのかみ》〈藤原経通《つねみち》〉が云ったことには、「暁方、禅閤《ぜんこう》〈藤原道長《みちなが》〉が、還られました。南京《なんきょう》の寺々・高野《こうや》〈金剛峯寺《こんごうぶじ》〉〈紀伊《きい》国。〉・智識寺《ちしきじ》〈河内《かわち》国。〉・天王寺《てんのうじ》〈摂津《せっつ》国。〉を拝しました」と云うことだ。宰相〈藤原資平《すけひら》〉が来て云ったことには、「禅門《ぜんもん》〈道長〉に参りました。湯治《とうじ》されている間でしたので、拝謁しませんでした」と。夜に入って、信濃守《しなののかみ》〈藤原〉惟任朝臣《これとうあそん》が、馬一疋〈黒毛。〉を志してきた。先ず大監物《だいけんもつ》（平）惟忠《これただ》朝臣が、（石作《いしづくりの》）忠時宿禰《ただときすくね》を門外に招き出して云ったことには、「信濃《しなの》から密々に申し送って云ったことには、『馬一疋を貢進します。人に知られないようにしてください。外聞を思う為です』ということでした」と。

二日、壬辰。　般若寺三昧僧の愁訴／源経房、薨去／春日祭使改替

般若寺《はんにゃじ》の三昧僧《さんまいそう》五人が来た。供米《くまい》について愁えた〈国司《こくし》が下し行なわない事。〉。「手作布《たづくりのぬの》各一端《たん》を施したので、悦気《えつき》が有りました」と云うことだ。右馬允《うまのじょう》（槻本《つきのもとの》）為正《ためまさ》が云ったことには、「帥《そち》（源経房《つねふさ》）が薨じたということを、伊予守《いよのかみ》（源）定良《さだよし》の許に報じて来ました」と云うことだ。その後、宰相が来て云ったことには、「民部卿《みんぶきょう》（源俊賢《としかた》）の許から、告げが有りました〈先月十二日に逝去《せいきょ》しました。〉。右兵衛督と一緒に、禅室《ぜんしつ》（道長）に参ります。妻子を迎えるという事を申させることにします」ということだ。すぐに退去した。深夜、前帥《さきのそら》（藤原隆家《たかいえ》）の書状に云ったことには、「春日祭使《かすがさいし》右少将《うしょうしょう》（藤原）良頼《よしより》の妻は、故帥の女《むすめ》です。その穢《え》に触れて来ました。そこで左府（藤原頼通《よりみち》）に移るでしょう」と。すぐに左少将《さしょうしょう》（藤原）経輔《つねすけ》を出立《しゅったつ》させるよう、関白《かんぱく》（頼通）の御書状に有った。右頭中将《うとうのちゅうじょう》（藤原）公成《きんなり》が伝えた事である。

三日、癸巳。　不堪佃田荒奏の日／道長、藤原資頼に宇佐使を奉仕させんとす／道長邸に資頼についての落書

権左中弁《ごんのさちゅうべん》（源）経頼《つねより》が来て云ったことには、「官奏《かんそう》の日に奉仕する事を、関白に申しました。おっしゃって云ったことには、『御物忌《ものいみ》ではない日に、ただ伺候されるように。あらかじめ事情を承って、内裏に伺候するように。私的な物忌の日については、まったく何事が有るであろう』ということでした」と。十日は、内(後一条《ごいちじょう》天皇)および関白の御物忌ではない。ほぼ奉仕するということを、弁に伝えておいた。紀伊国が申請した文書《もんじょ》を同じ弁に下して、前例を継がせた。禅閤が宰相を介して、伝えられて云ったことには、「宇佐使《うさし》を奉仕することのできる人がいない。伯耆守《ほうきのかみ》(藤原資頼《すけより》)を召し遣わして、勤仕《ごんし》させるように。所の方から仰せ遣わそうか。しかしながら、汝《なれ》(実資)が確かに示し遣わすのが、もっとも佳《よ》いであろう」ということだ。すぐに報答して云ったことには、「発遣の日を承って、明朝、仰せ遣わすことにします。但し、妻(源国挙《くにたか》女)の重喪《じゅうも》の者です。宇佐宮《うさぐう》については、他に異なります。如何なものでしょう」と。また、おっしゃられて云ったことには、「伯耆《ほうき》に仰せ遣わすには、往還の道程が遠い。もしも故障が有るのなら、他の人を改めて定められるのも、便宜《びんぎ》が無いであろう。そこで然るべき者を昇殿《しょうでん》させて、発遣することとする」ということだ。「妻の重服《じゅうぶく》については、感心した様子が有りました」ということだ。伯耆守について、禅室に落書《らくしょ》があった。左衛門権佐《さえもんのごんのすけ》(藤原)家業《いえなり》が、密々に取って送った。まったく無実《むじつ》である。某《なにがし》姓奉視《ともみ》と云う者が、度々、百姓《ひゃくせい》の愁えを致していた。そこで放逐《ほうちく》した。その行なったところのようである。

四日、甲午。　宇佐使／不上諸司勘文・未到勘文／宮道式光の腫物に薬種を贈る

「備後守《びんごのかみ》(橘)義通《よしみち》を宇佐使に定められた」と云うことだ〈先ず昇殿を聴《ゆる》された。〉。未到《みとう》と不上《ふじょう》の諸司の勘《かん》文《もん》十六枚〈諸衛府《えふ》は無かった。〉を、大外記《だいげき》(清原)頼隆真人《よりたかまひと》が進上した。すぐに左頭中将《さとうのちゅうじょう》朝臣(源朝任《あさとう》)の所に遣わした。奏聞《そうもん》するとの報が有った。晩方、頼隆が玄蕃寮《げんばりよう》の未到勘文を、追って進上した。また頭の許に遣わした。「今夜、□□□□裏」と云うことだ。左少弁《さしようべん》（藤原）義忠《よしただ》が、封戸《ふこ》を勧学院《かんがくいん》に寄進《きしん》する文書〈義忠が作成したもの。〉を持って来た。百戸を勧学院、百戸を施薬院《せやくいん》。皆、これは恒典《こうてん》であるばかりである。左衛門尉《さえもんのじよう》（宮道《みやじの》）式光《しきみつ》の左頰《ほお》が腫れた。（和気《わけの》）相成《すけなり》朝臣が云ったことには、「大したことはありません」と。（但波《たんばの》）忠明《ただあきら》宿禰が云ったことには、「もっとも慎しまなければなりません」ということだ。去る朔日から、この負傷が有った。二人の医者が、二日、見た。忠明が申したことによって、重い治療を加えた。連日、申したことに随って、雄黄《ゆうおう》・巴豆《はず》・麝香《じやこう》・沈香《じんこう》を遣わした。日々、相成を遣わした。今夜、式光の宅に宿させた。今夕、忠明が云ったことには、「一昨日、これを見ました。その後は見ていません」ということだ。明朝、見るよう命じた。

五日、乙未。　春日祭使、改替

早朝、春日《かすが》社に奉幣《ほうべい》した。宰相が来て、同じく奉幣した。春日祭使左少将経輔が、病であることを申してきた。そこで左近将監《さこんのしようげん》（茨田《まんだの》）重方《しげかた》〈五位。〉を代官《だいかん》として、左近衛府《さこのえふ》から出立した。摺袴《すりばかま》を前帥の許に送った。相成が云ったことには、「去る夕方、すぐに式光の許に罷り向かいました。夜、治療を加えました。只今、帰り参りました。今のようでしたら、巨害《きよがい》に及ばないのではないでしょうか」と。その後、忠明が来て云ったことには、「やはり慎しまなければならないようです。ただ、瘡気《くさけ》は頗る伏しました」ということだ。定基僧都《じようきそうず》を招いて、落書について問うた。答えて云ったことには、「すぐに落書が有ったということを承りました。油小路《あぶらこうじ》(資頼)に遣わす為に、探し求めさせました。その実物はありませんでした。また、常にこのような事が有ります。人は敢えて見咎《みとが》めません。通例の事と思っているからです。驚いてはなりません」ということだ。一緒に堂に向かって、廻り見た。感嘆したことは、最も甚しかった。

六日、丙申。

宰相が来た。忠明が云ったことには、「式光は、やはり慎しむべきでしょう」と。相成が云ったことには、「まったく事の恐れはありません」ということだ。二人の医者が言ったところは、同じではない。

七日、丁酉。　後涼殿女房曹局に火あり／道長、経房室を筑紫から迎えさせる／月蝕により豊明節会を早める／小宅、焼亡

早朝、大陣吉上《だいじんのきちじょう》(海《あまの》)守留《もりとめ》が申させて云ったことには、「□のようならば、後涼殿《こうりょうでん》の女房曹局《にょうぼうそうきょく》〈主人は退出して、人はいませんでした。〉の簾《すだれ》を巻き揚げました。内に反古《ほご》を取り集め、その中に火を包んで置いてありました。その煙は蔵人所《くろうどどころ》に遍満《へんまん》しました。仕人《つかえびと》が見付けて、撲滅《ぼくめつ》しました」ということだ。はなはだ奇怪である。あの曹局にいた女は二人であった。一人は検非違使《けびいし》に引き渡し、一人は右近衛《うこのえの》陣《じん》に引き渡した。宰相が来て云ったことには、「禅閤は、明日、(平)維衡《これひら》朝臣を鎮西《ちんぜい》に遣わします。故帥の室を迎えさせる為です。筑前守《ちくぜんのかみ》(平)理義《まさよし》が、帥の納所《なつしょ》を検封《けんぷう》し、および頻りに印鎰《いんやく》を出すことを責めました。事情を禅室に申しました。その事によって、大いに勘当《かんどう》されました。その詞は、敢えて云うことができません。そこですぐに馳せ遣わされたところです。『先日、右少将（源）実基《さねもと》と伊予守定良が下向した』と云うことです。禅閤が云ったことには、『印を執らせてはならない。また、在京の子を召し搦め、戸屋《とや》に籠めて拘禁《こうきん》させよ。但し、維衡が申上したことに随って、行なうようにということでした」と。両宰相（経通・資平）は、下人を付けて遣わした。夜に入って、宰相が来た。関白の御書状を伝えて云ったことには、「十四日の節会《せちえ》は、早く参って行なうように。月蝕によって、亥剋以前に節会を終えなければならないからである」ということだ。子剋、中御門《なかみかど》大路以南、町尻小路《まちじり》の東西の小宅が焼亡した。両宰相及び人々が、多く来た。式光は今日、平減《へいげん》の様子が有った。これは相成および男たちが申したものである。

八日、戊戌。　式光、平癒／道長、藤原家業が落書を見せずに実資に送ったことを咎む

宰相が来た。相成朝臣が云ったことには、「式光は、すでに平復《へいふく》したようです。言語や進退《しんたい》は、通例と同じです。馬を志し与えました」ということだ。今朝、問い遣わしたところ、申して云ったことには、「昨日と同じです」ということだ。夜に臨んで、左衛門権佐家業が来て、云ったことには、「伯耆の落書について、今日、禅室が尋ね問われました。我（道長）に見せず、汝（実資）に送ったことについて、意向が有りました。憚るところが有ったとはいっても、諍《いさか》い申しました。用心をしておいてください」ということだ。外に漏らしてはならないということを答えておいた。

九日、己亥。

宰相が来た。豊明節会《とよのあかりのせちえ》では、天皇は早く出御《しゅつぎょ》しなければならない。所司《しょし》を戒め仰す事を、大外記頼隆真人に命じた。先日、関白の御書状が有ったので、月蝕以前に還御《かんぎょ》しなければならないからである。

十日、庚子。　道長、高野山詣の様子を語る／後涼殿女房曹局の火事は前居の女の放火

早朝、宰相が来て云ったことには、「昨日、禅閤が云ったことには、『今朝、逢うことにする』ということでした」と。意向を取らせたのである。予州宰相《よしゅうさいしょう》〈(藤原)広業《ひろなり》。〉が来て、語った〈西鎮《せいちん》の事である。「意向を取らなければなりません」ということだ。〉。すぐに退去した。諷誦《ふじゅ》を六角堂《ろっかくどう》に修した。未剋の頃、禅室に参った〈宰相は車後《くるまじり》に乗った。〉。長い時間、清談《せいだん》した。多くはこれは、高野の事である。「また、路次《ろじ》の寺々を拝した。更に河内智識寺を拝した。高野に於いて、諷誦を修した。法華経《ほけきょう》一部と理趣経《りしゅきょう》三十巻を供養した〈講師《こうじ》は前僧都心誉《さきのそうずしんよ》。〉。次いで理趣三昧《りしゅざんまい》を行なった。あの寺の僧三十人を請用《しょうよう》した〈布《ほ》衣《い》の袴《はかま》・袈裟《けさ》・綿衣《わたぎぬ》を施与《せよ》した。終わって、三昧を行なった。〉。この頃、大師《だいし》(空海《くうかい》)の廟堂《びょうどう》の戸の桙立《ほこだち》は、漸く放たれていた。仏供《ぶつぐ》の机と理趣三昧阿闍梨《あじゃり》の礼盤《らいばん》の中間に顚れ臥していた。希有の事である。二釘は柱に遺り、その他の一釘は桙立の本に打ち挟まっていた。大僧正《だいそうじょう》〈済信《さいしん》。〉が云ったことには、『進み寄って、拝し奉られよ。これはそうあるべきものです』ということだ。そこで無理に礼盤を舁き立てて、その上に登り、堂内を見奉った。墳《ふん》のような物が有った。白土を塗っていた。高さ二尺余りほどであった。今、思うと、また三尺余りほどは土を掘っていたのか。合わせて六尺ほどか。初めはこの廟の上に塔を造立していた。ところが野火《のび》の為に焼かれ、堂を造営させた。その年紀は癸亥である。干支《かんし》は今年に当たる。あの政所《まんどころ》から、歩行して参入した。退帰して、理趣三昧を行ない、絵図を供養した。天気は朗明であった。退下の途中、急に黄昏から、雨脚は沃《そそ》ぐようであった。そこで山底に留まり、樹下にいた。亥剋の頃、雨が止んだ。退下した。鶏鳴《けいめい》の頃、政所に帰り到った。大僧正は手輿《たごし》に乗り、前に立って退下した。他の上達部《かんだちめ》は、馬に騎って、同じく先ず退下した」ということだ。また、談って云ったことには、「先夜の内裏の火事は、曹局の女〈前にいた。〉に問うたところ、弁解し申すところは無かった。頼りの無い身で、綿衣の必要が有った。火事の間に、綿衣を盗もうとして、付けたものである。また、夫の某〈『織手《おりて》』と云うことだ。〉は、意を得て、左衛門陣《さえもんのじん》の辺りに於いて、待っているということを、約束していたものである。蔵人《くろうど》たちが見付けて撲滅していた頃、夫の某丸《なにがしまる》は、罷り去ってしまった」ということだ。事の非常は、この事のようなものはない。宰相の兼官《けんかん》について、事情を申した。放埒《ほうらつ》の意向は無かった。関白に伝えるという答が有った。また、筑前守理義が勘当を蒙《こうむ》る詞が有った。日没に臨んで、帰り出た。

十一日、辛丑。　主計寮勘文

宰相が来た。伊賀守《いがのかみ》〈藤原〉頼祐《よりすけ》が、主計寮《しゅけいりょう》の勘文を持って来た。返給した。大外記頼隆が云ったことには、「昨日、関白がおっしゃられて云ったことには、『月蝕によって、天皇は早く節会に御出《ぎょしゅつ》して、還御しなければならない。所司を督促するように』ということでした」と。

十二日、壬寅。

今朝、夢想《むそう》が紛紜《ふんうん》としていた。諷誦を修した〈清水寺《きよみずでら》・祇園《ぎおん》社・北野《きたの》社。〉。金鼓《こんぐ》を打った。堂の壇を造築し始めさせた。晩に向かって、宰相が来て談った。忠明宿禰が云ったことには、「昨日、式光の許に罷り向かって、これを見ました。今となっては、危い事は無いでしょう。但し、いささか面の疵《きず》が有るでしょうか」ということだ。

十三日、癸卯。　亡母忌日法事／府生に薬種を賜与／左京進、馬を貢上

先妣《せんぴ》〈実資母、藤原尹文女《まさふみのむすめ》〉の忌日《きにち》である。諷誦《ふじゅ》を道澄寺《どうちょうじ》に修した。念賢《ねんけん》師を身代わりとして、斎食《さいじき》させた。僧供料《そうぐりょう》を読経僧《どきょうそう》たちに頒《わか》たせた。念賢師に法華経や般若心経《はんにゃしんぎょう》を申し揚げさせた。これは通例の事である。宰相が来た。右近府生《うこんのふしょう》（下毛野《しもつけのの》）公忠《きんただ》が、巴豆と雄黄を申し請わせた。使に託して遣わした〈「腫物《しゅもつ》の分」ということだ。〉。夜に入って、左京進《さきょうのじん》（藤原）致孝《むねたか》が、武蔵《むさし》国から参上した。馬一疋〈鹿毛《かげ》の上馬。〉を貢上してきた。

十四日、甲辰。　月蝕／豊明節会

月蝕は皆既《かいき》であった。虧《か》け初め、丑一剋一分。加える時、寅二剋二分。末に復した時、卯三剋三分。時雨《しぐれ》があった。夜に臨んで、天が晴れて、月は明るかった。月蝕は暦に合った。五節の人々は、殿《てん》上人《じょうびと》〈備前守《びぜんのかみ》（源）経相《つねすけ》と備中守《びっちゅうのかみ》（源）行任《ゆきとう》。〉、太政大臣（藤原公季《きんすえ》）と権中納言《ごんちゅうなごん》（藤原）長家《ながいえ》。備前守の五節の禄と膳物を調備して送った〈高坏《たかつき》十二本。打敷《うちしき》を加えた。〉。今朝の夢想は、善悪が交じっていた。そこで諷誦を東寺《とうじ》・清水寺・祇園感神院《ぎおんかんじんいん》に修した。また、金鼓を打たせた。大外記頼隆が来た。早く参るということを伝えた。午剋の頃、参入した。

節会の儀式は、別の部にある。

陣座《じんのざ》に於いて、時剋を見させた。午二剋、関白が権左中弁経頼を介して、早く参るということを伝えられた。内弁《ないべん》について、仰せに随って行なうということを、同じ弁に伝えた。しばらくして、右頭中将公成が、内弁を奉仕するよう、仰せを伝えた。南座《なんざ》に着し、大外記頼隆を召した。標《しめ》を庭に立てる事、および小忌《おみ》の上卿《しょうけい》・宰相・少納言《しょうなごん》を督促する事を命じた。「小忌の中納言《ちゅうなごん》長家は、五節所《ごせちどころ》にいて、未だ装束《しょうぞく》を着していません」と云うことだ。「関白が督促された」と云うことだ。外任《げにん》の奏を右頭中将に託して奏上させた。すぐに下給された。列に伺候させることを命じた。外記《げき》(菅原)惟経《これつね》に返給した。諸卿は未二剋に参入した。左頭中将朝任が来た。事が揃っているか否かを問うた。ただ小忌が未だ参っていないということを奏上させた。申剋、小忌の少納言(藤原)基房《もとふさ》が参入した。雨脚は時々、降った。日脚は時々、明るかった。ところが、庭中《ていちゅう》は水が多かった。拝礼《はいらい》には便宜が無い。そこで左頭中将を介して、状況を奏上させた。おっしゃって云ったことには、「雨儀《うぎ》に改めるように」ということだ。宣命《せんみょう》の版位《へんい》と標を雨儀に改める事を、外記惟経に命じた。すぐに所司が、改めて立てた。装《しょう》束司《ぞくし》の左中弁《さちゅうべん》(藤原)重尹《しげただ》を召し、幄《あく》の座を改めて雨儀に移し立てる事を命じた。左近府生《さこんのふしょう》(大石)久遠《ひさとお》に命じて五節所に遣わし、長家卿の遅参《ちさん》を問わせた。帰って来て云ったことには、「只今、参入します」ということだ。時剋は推移し、黄昏に参入した。内大臣(藤原教通《のりみち》)、大納言《だいなごん》(藤原)能信《よしのぶ》、中納言(藤原)兼隆《かねたか》・(藤原)実成《さねなり》・長家〈小忌。〉、参議《さんぎ》広業は、外弁《げべん》に向かった。左右近衛府《このえふ》の陣は、階下《かいか》にあった。宸儀《しんぎ》(後一条天皇)の座が定まった。警蹕《けいひつ》を称した。私は宜陽殿《ぎようでん》の兀子《ごつし》に着した。内侍《ないし》が檻《かん》に臨んだ。座を起って、称唯《いしょう》した。南に一、二歩して、謝座《しゃざ》を行なった〈雨儀。〉。参上して、座に着した。次いで門を開いた〈この頃、主殿寮《とのもりょう》が燈を供した。次いで男官《なんがん》が庭燎《にわび》を執った。〉。闈司《いし》二人が、門の腋《わき》の座に分かれて坐った。次いで舎人《とねり》を召したことは二声。同音に称唯した。小忌の少納言基房は、承明《しょうめい》門の壇上に進み立った。宣したことには、「刀禰《とね》を召せ」と。称唯して、帰り出た。次いで群臣が、廊を経て、参り進み、宜陽・春興殿《しゅんこうでん》の標に就いた。立ち定まった〈小忌を上座《じょうざ》とした。〉。宣したことには、「座に侍れ」と。謝座と謝酒《しゃしゅ》を行なった。終わって、諸卿が参上した。諸大夫《しょたいふ》が座に着した。内府と左大弁《さだいべん》(藤原)朝経《あさつね》は、座に留まった。他は五節所に向かった。内膳司《ないぜんし》が、庭中から御膳を供そうとした。警蹕を称した。月華《げつか》門の東に進み立った。左大弁を介して、西階《にしのきざはし》から供するよう、伝え仰させた。これは雨儀である。所司は、ひとえに天が晴れて月が明るいので、晴儀《せいぎ》を用いたのか。ところが、初めに雨儀を用いた。更に庭中を経てはならないばかりである。すぐに腋から供した。群臣の饌宴の順番は、恒例のとおりであった。白酒《しろき》・黒酒《くろき》を供した。次いで臣下の一献《こん》が終わった。国栖《くず》は、歌笛《かてき》を奏さなかった。参議を介して、外記に問わせたところ、申して云ったことには、「伺候しています」ということだ。長い時間、これを奏さなかった。大歌別当《おおうたのべっとう》大納言(藤原)斉信《ただのぶ》は、五節所にいて〈聟納言《むこなごん》

（長家）の五節所であるだけである。〉、参上しなかった。大歌別当であったので、事情を尋ね問う為に、東 階《ひがしのきざはし》の下に退下した。外記を召し、国栖について問うた。伺候しているということを申した。歌笛を奏すよう命じた。すぐにこれを奏した。右大弁《うだいべん》（藤原）定頼《さだより》が小忌の座から起って、来て云ったことには、「中宮大夫《ちゅうぐうだいぶ》〈斉信。〉が云ったことには、『遅参した。そこで参上せずに退出するということを申すように』ということでした」と。この事は、はなはだ奇怪である。五節所にいて盃酒《はいしゅ》に預り、直ちに退出した。聟の事を世話する為に、参入したものか。特に大歌別当として、その事を勤めなければならない。たとえ遅参したとはいっても、事情を奏上して、参上しなければならない。事は意に任せたようである。公事《くじ》を等閑《なおざり》にするのは、宜しくない事である。左衛門督《さえもんのかみ》藤原朝臣〈兼隆。〉を大歌別当とするよう、左頭中将を介して奏聞させた。おっしゃって云ったことには、「わかった」ということだ。すぐに参上して、座に復した。三献の後、大歌別当代左《おおうたのべっとうだいさ》金吾《きんご》（兼隆）が退下し、承明門に向かった。次いで御酒勅使《みきのちょくし》〈広業。〉を奏し行なった。召し仰せた所は、多く西に進んだ〈もう一間、進み立つのが吉いのである。〉。大歌は一節を奏さなければならない。ところが、長い時間、奏した。そこで参議に命じて使を遣わし、止めさせた。私は座を起ち、大歌別当を召すことを奏上した〈奏詞《そうし》に云ったことには、「左 靫負司《ひだりのゆげいのつかさ》の藤原朝臣を召そう」と。〉。天皇の意向に随って称唯し、座に復した。参議資平を召し、これを伝えた〈召詞《めしことば》に云ったことには、「きさいの宮の権《かり》の藤原朝臣」と。辞を伝えて云ったことには、「奏詞のとおり、ただ召せ」と。〉。欄の下に進み立って、これを召した〈「左の靫負司の藤原朝臣」と。〉。左衛門督が参上した〈人を介して告げさせた。〉。次いで大歌の座を宜陽殿に移させた〈雨儀。〉。長い時間、移さなかった。参議に行なわせた。移し立て終わって、内豎《ないじゅ》を召し、大歌を召させた。すぐに参入し、座に着した。小忌の卿相《けいしょう》を座に起たせた。次いで内豎を召した。その座を東□□に下させた。小忌は座に復した。大歌を発させた。舞姫が進んで、舞い終わった。大歌は退出した。所司は座を撤去した。この頃、天皇は還御した。私は座を起って、警蹕を称した。諸卿は座の前に立った。内侍は、神璽《しんじ》と宝剱《ほうけん》を執った〈今夜、月蝕の時剋以前に還御するということについて、あらかじめ申し行なったものである。そこで早く還御した。〉。その後、諸卿は座に復した。小忌と大忌は、宜陽殿に於いて拝舞《はいぶ》した。終わって、座に復した。私は仗座《じょうのざ》に着し、外記を召した。見参簿《げんざんぼ》と宣命を奉らせるよう命じた。外記惟経が見参簿を奉った。見終わって、返給した。次いで大内記《だいないき》〈菅原〉忠貞《ただざだ》が宣命を奉った。すぐに返給した。私は紫宸殿《ししんでん》を経て〈雨儀。〉、射場《いば》に進んだ。左頭中将に託して奏聞させた。すぐに返給された。東階の下に於いて、宣命・見参簿・禄の目録を取って、参上した。外記は、宣命・見参簿・禄の目録を合わせて挿んで伺候した。この見参簿には、近江《おうみ》の俘囚《ふしゅう》の見参が有った。これは通例である。先ず右兵衛督経通を召して、宣命を給わった〈召詞に云ったことには、「右の武《つわもの》の舎人司《とねりのつかさ》の藤原朝臣」と。〉。次いで左大弁朝経朝臣を召し、見参簿と禄の目録を賜わった〈召詞に云ったことには、「左のおほ鞆《とも》ひ藤原朝臣」と。〉。小忌は退下した。次いで私及び諸卿は、宜陽殿に列立《れつりつ》した。宣命使《せんみょうし》が版位に就いた。宣制《せんせい》したことは両段。諸卿が拝舞したことは、恒例のとおりであった。私は参上せずに、退出した〈時は亥の終剋、子の初刻か。時奏内豎《ときもうしのないじゅ》に問わせたところ、申して云ったことには、「只今、子一剋」ということだ。〉。

十五日、乙巳。　大蔵省、手禄絹を進上

大蔵省《おおくらしょう》が、昨日の手禄の絹を進上した。備前守経相が、前日、貸した五節の舞姫の装束を持って来た。

十六日、丙午。　呵梨勒丸を服し、瀉す／新嘗会節禄／月蝕奏案／惟宗貴重、麝香・沈香を申請

暁方、呵梨勒丸《かりろくがん》二十丸を服用した。何日か、腹中が擁結《ようけつ》していた。頗る瀉《しゃ》した後、夜に臨んで、腹中が解散《かいさん》した気分が有った。大蔵省が新嘗会《しんじょうえ》の節禄《せちろく》〈絹五疋は、調《ちょう》の絁《あしぎぬ》五十疋の代わり。大革四枚は、調の綿二百屯の代わり。〉を進上した。宰相が雑事を談った。(安倍)吉平《よしひら》朝臣が、月蝕の奏の草案《そうあん》を送ってきた。今朝、(惟宗《これむね》)貴重《たかしげ》朝臣が、麝香と沈香を申し請うてきた。「右方の頬に腫物が有ります。忠明は、慎しまなければならないことを申しています。そこで申し請います」ということだ。(中原)師重《もろしげ》が馳せ向かって、これを見舞った。忠明が云ったことには、「慎しまなければなりません」ということだ。

十七日、丁未。　紀伊国司申請文／賀茂臨時祭試楽／落書についての道長の意見

暁方、呵梨勒丸三十丸を服用した。昨日、快瀉《かいしゃ》しなかった。そこでもう十丸を加えて服用した。ところが、特に瀉さなかった。もしかしたら風気《ふうき》が相克《そうこく》したのか。(中原)恒盛《つねもり》が云ったことには、「丑剋、夢が静かではありませんでした。その夢を語ると、吉夢《きちむ》のようです。但し、あの日の占いは、頗る宜しくありません」ということだ。そこで諷誦を東寺に修し、百寺の金鼓を打たせた。権左中弁経頼が、前日、下し勘じさせた紀伊国司の申請文を持って来た。瀉薬《しゃやく》を服用していたので、逢わなかった。宰

相を介して、伝えさせておいた。風病《ふうびょう》が宜しければ、二十・二十一日の間に処置しようと思う。不堪《ふかん》佃田奏《でんでんそう》は、詳細を取るよう、同じ弁に伝えさせた。今日、臨時祭試楽《りんじさいしがく》が行なわれる。心神《しんしん》が宜しくなく、瀉薬を服用している。そこで参入することができない。宰相を介して披露《ひろう》させた。(橘)経国《つねくに》朝臣が云ったことには、「播磨守《はりまのかみ》(藤原)惟憲《これのり》を大宰大弐《だざいのだいに》に任じるという事は、すでに決定されました。早く参上するようにと仰せが有ります」と。そこで日次《ひなみ》は宜しくないとはいっても、夜半に使を馳せ遣わした。また、云ったことには、「二十六日に除目《じもく》を行なうことになりました」ということだ。仏説《ぶっせつ》が凡人《ぼんにん》の口から出た。ああ。定基僧都が、密々に皇基《こうき》を介して、伯耆の落書を取り送った。その書状に云ったことには、「この文書は、書杖《ふづえ》に挿して、禅室に立ててありました。禅閤は自ら取って、見られました。おっしゃって云ったことには、『焼失するように。もしくは右府(実資)に送るように。状況に随って、あれこれ処置するように』ということでしたので、密々に奉るものです」ということだ。「すでにこれは、前日と同じ文書です。披露してはならないとの禅命《ぜんめい》が有りました」ということだ。御準備が有るのであろうか。

十八日、戊申。　藤原惟憲、大宰大弐任官を所望／吉田祭

暁方、呵梨勒丸二十丸を服用した。特に瀉さなかった。忠明が云ったことには、「又々、服用されますように」ということだ。伊予守宰相《いよのかみさいしょう》(朝経)が来て、談った。「大宰大弐について、すでに禅閤の意向を得ましたので、惟憲の縁辺の人は、昨日、召しを蒙って参上しました」ということだ。この間、あれこれしている。何を実とするのか。また、伊予相公《いよしようこう》(朝経)が云ったことには、「昨日、惟憲は解《げ》文《ぶみ》を進上しました〈朝廷に千石、禅室に一万石、関白に三千石。宮々(藤原彰子《あきこ》・藤原妍子《きよこ》・藤原威子《たけこ》)・北方《きたのかた》(源倫子《ともこ》)・尚侍《ないしのかみ》(藤原嬉子《よしこ》)、一家の大臣(教通)・大中納言《だいちゅうなごん》(藤原頼宗《よりむね》・能信)に、皆、献上しました。〉」と。望んだところについて、天下は何と称すであろう。世の形勢を見るのであろうか。弾指《だんし》すべきである、弾指すべきである。権左中弁経頼が関白の御書状を伝えて云ったことには、「二十一日は物忌ではない。官奏を行なうのが、もっとも佳いであろう」ということだ。二十一日に、申文《もうしぶみ》の儀と不堪佃田奏を行なうという事を、同じ弁に伝えておいた。大弁に伝え告げるよう、同じく伝えた。今日、吉田《よしだの》祭《まつり》が行なわれる。宰相が行事《ぎょうじ》を勤める。「右兵衛督が分配《ぶんぱい》に充てられていました。ところが譲って、行なわせたものです」と云うことだ。祭使の右近将監《うこんのしょうげん》(石作《いしづくりの》)忠節《ただとき》が、供物《くもつ》の申文を進上した。今回は二度、前例を勘えて充て給うよう、右近将曹《うこんのしょうそう》(紀)正方《まさかた》に仰せ遣わした。本来ならば、召し遣わして、伝えさせなければならない。「ところが、右近衛府《うこのえふ》から出立させる」と云うことだ。その事を急いだので、仰せ遣わしたものである。

十九日、己酉。　春日社仁王経読経／孔雀経転読／賀茂臨時祭／大臣の勧学院寄進文書／暦博士、暦を進上

今日、春日御社に於いて、仁王経読経《にんのうきょうどきょう》を行なった。祭日に十列《とおつら》を奉献《ほうけん》しない代わりの修善《しゅぜん》である〈請《しょう》僧《そう》は五十口。供米は口別に五斗。〉。今日から始めて七箇日、阿闍梨盛算《じょうさん》に孔雀経《くじゃくきょう》を転読《てんどく》させ奉る。大原《おおはら》野祭《ののまつり》以前であるので、あの住房《じゆうぼう》に於いて転読する。天変や悪夢を攘《はら》う為である。今日から二十箇日を限り、諷誦を東寺に修する〈布施《ふせ》は信濃布《しなののぬの》。日毎に一段。〉。息災《そくさい》・延寿《えんじゆ》の為である。暁方、呵梨勒丸二十丸を服用した。今日の臨時祭は、風病が重く発《おこ》ったので、参入しなかった。そのことを、左頭中将朝任の許に示し遣わした。宰相が来た。今日、参ることができないという事、また直物《なおしもの》の日の事を、重ねて頭中将《とうのちゆうじよう》に伝えるよう、命じておいた。左中弁重尹が、代々の丞相《じようしよう》が封物《ほうぶつ》を勧学院に寄進した文書を持って来た。皆、軸と紐が有った。現在の関白の寄進文には、軸や紐が無い。また、位階を記している。前例は、位階を記さず、ただ官を記す。小一条《こいちじよう》(藤原)師尹《もろまさ》・堀河《ほりかわ》(藤原)兼通《かねみち》・三条《さんじよう》(藤原)頼忠《よりただ》・現在の関白頼通の寄進文である。師尹・頼忠丞相の寄進文は檀紙《だんし》に書いている。兼通は紙屋紙《かみやがみ》に書いている。太政大臣の時に寄進された。関白はこの紙に書いたからであろうか。古伝《こでん》に云ったことには、「表は、或いは紙屋紙に書く」ということだ。これによって、頼通は白色の紙に書いた。拠るところは無い。私は次席の人であるので、檀紙に書くべきであろうか。また、寄進した国の色目《しきもく》の文書に捺印《なついん》していた。暦博士《れきはかせ》(賀茂《かもの》)守道《もりみち》朝臣が、暦〈上・下。〉を進上した。絹一疋と手作布七端を、禅林寺僧正《りんじそうじよう》(深覚《しんがく》)の御許に奉献した。御書状が有ったからである。「汝(実資)の封物で、東寺の舎一宇を造立します。その工部《たくみべ》たちに下給することにします」ということだ。

二十日、庚戌。　除目の情報／資平、負傷

両宰相が来て、語って云ったことには、「納言には、左兵衛督《さひようえのかみ》(藤原)公信《きんのぶ》と左大弁朝経を、共に任じ

られるようです」と。又の説に云ったことには、「ただ公信を任じるようです。播磨守惟憲は、大宰大弐に任じられることになりました」と云うことだ。「宰相は、あれこれしています」と云うことだ。

深夜、左頭中将朝任が来た。関白の御書状を伝えて云ったことには、「直物は、故師中納言の薨奏《こうそう》が行なわれた後に行なわれるべきであろうか。二十六日に薨奏を行なうのが宜しいであろうか。二十八日に直物を行なわれるのは如何であろう」ということだ。薨奏は、今日、忌みが無い。ところが、外記が申し行なわないのは、如何なものか。頭が云ったことには、「直物以前に薨奏を催促されます。直物の日に大宰大弐を任じられることになるのでしょうか」ということだ。私が云ったことには、「薨奏については、上卿は知らないところである。外記の職掌《しょくしょう》である。この御書状の趣旨を大外記頼隆に申させるように。但し二十六日は辰《たつ》の日である。辰の日は重く凶事《きょうじ》を忌む。薨奏については如何であろう。外記が自ら前例を調べて、申し行なうであろうか」と。夜に入って、宰相が来て云ったことには、「両殿(道長・頼通)に参りました。昨日、(藤原)資房《すけふさ》が借り申した帯と釼《たち》を返し奉る為です。右《う》三位中将《さんみちゅうじょう》(藤原兼経《かねつね》)と左頭中将を宰相に任じるということを、中宮権大夫《ちゅうぐうごんのだいぶ》能信卿が密かに談りました。今朝、右兵衛督経通が云ったことには、『左大弁については、難しいようです。検非違使は必ず定めます』ということでした。中宮権大夫も、同じくこのことを述べていました。太后《おおきさき》(彰子)が禅閤に申されました。禅閤が申されたところを、ほのかに聞いたものです」ということだ。これは宰相が談ったところである。宰相は今朝、内裏から退出し、宿所《しゅくしょ》に於いて□□□榻《しじ》を踏み外して顚れ臥し、釵を折った。暁方、呵梨勒丸三十を服用した。宜しく……

二十一日、辛亥。　当年不堪佃田荒奏

諷誦を六角堂に修した。内裏に参った〈未一剋。〉。宰相は車後に乗った。しばらくして、左大弁朝経が参入した。中文と官奏について問うた。文書は備わっているということを答えた。諸国が急いだ中文、および必ず入れなければならない奏文《そうぶん》を、少々撰んで、文書を申上させた。官奏に不堪佃田奏の数巻の文書を入れなければならないのである。多く他の文書を加えてはならない。ところが、公事を究済《きゅうさい》した国の国司が、愁い申すことが有るであろう。そこで加え入れさせることとした。大弁が云ったことには、「伊賀《いが》・甲斐《かい》・長門《ながと》の減省《げんせい》と後不堪奏《ごふかんそう》を揃えさせてあります」ということだ。申上させるよう命じた。大弁は座を起って、□□□。しばらくして、大弁が座に復して云ったことには、「中文」と。私は揖礼《ゆうれい》を行なった。次いで右大史《うだいし》基信《もとのぶ》が、中文の書杖を捧げて、小庭《こにわ》に伺候した。その儀は、通例のとおりであった。私は申文を見た。終わって、元のように巻いて、返給した。一々、束ね申した。終わって、退出した。大弁は座を起った。長い時間の後、座に復した。云ったことには、「奏せ」と。私は揖礼を行なった。右大史〈中原〉義光《よしみつ》が官奏の書杖を捧げて小庭に伺候したことは、通常のとおりであった。私は文書を見た。終わって、巻き結んだ〈片結び。〉。下給した。義光が文を開いて云ったことには、「揃えるべき文、若干」と。元のように巻き結び、杖に加えて出た。これより先に、大弁が云ったことには、「積善寺《しゃくぜんじ》が備中《びっちゅう》の講師の文書を申し、申上しました。今となっては、奏に入れるべ

きでしょう。これは禅閤が文書を督促されたのです。相模《さがみ》の後不堪奏は、先日、申上しました。奏に入れてください」ということだ。入れるよう命じた。権左中弁経頼を介して、内覧《ないらん》させた。時剋が推移し、帰って来て云ったことには、「内覧が終わりました」と。次いで関白の御書状を伝えて云ったことには、「臨時の御神楽《かぐら》に伺候して、暁方に退出した。風病が発動《はつどう》して、内裏に伺候することができない」ということだ。そこで同じ弁を遣わして、奏し申した。日没に臨んで、召した。参上した。この頃、燭《しょく》を秉《と》った〈御前の儀は、恒例のとおりであった。〉。御殿油《おんとのあぶら》は、極めて暗かった。そこで蔵人を召して、掲げさせた。その後、文書を開いて、束ね申した〈先ず不堪佃田の国々の目録。次いで他の文書。〉。終わって、元のように巻き結び、杖に加えて退下した。元の門に於いて〈射場の軒廊《こんろう》。〉、文書および杖を返給し、陣座に復した。次いで大弁が座に着した。次いで史《し》が文書を奉った。先ず表巻紙《うわまきがみ》を給わった。次いで一々、文書を給わった〈先ず他の文書を給わった。次いで不堪佃田文《ふかんでんでんぶん》。〉。終わった〈史は枚毎に文書を開いて見せた。仰せを載せたことは、このようであった。〉。次いで成文《なりぶみ》若干を申上した。次いで定め申さなければならない文書十四枚を申上した。定め申さなければならない文書は、十五枚であった。あと一枚を減じることを申した〈失儀《しつぎ》である。〉。未だ結緒《ゆいお》を給わっていないのに、早く起った。そこで私は咳《がい》した。大弁も同じく咳した。覚悟して、更に坐った。その後、結緒を給わった□□。史が退出した後、大弁が座を起った。次いで私が退出した。今日、左頭中将朝任が、相模国解《さがみこくげ》を下給した。「追《つい》捕《ぶ》官符《かんぷ》を下給しなければなりません。勧めの無い国司を譴責《けんせき》するよう、官符に載せなければなりません」ということだ。左少弁義忠が、前日、下給して勘申《かんじん》させた、尾張国司《おわりこくし》の申請した解文を進上した。今朝、大外記頼隆を召して、甍奏について問うた。申して云ったことには、「大宰府解《だざいふげ》がありませんので、未だ申し行なっておりません。但し、(橘)公頼《きんより》や(平)惟仲《これなか》は、未だ甍奏を行なわない前に、替わりの人を任じられました」と。私が云ったことには、「二十六日は辰の日であって、甍奏を忌むべきであろうか。『その日に行なうよう、関白がおっしゃられた』と云うことだ。甍奏の例を勘申して、申し行なうべきであろうか」と。頼隆が云ったことには、「先ず頭中将に参り逢って、事情を聞くことにします。次いで関白の亭に参ります。もしおっしゃられる事が有れば、一々、申すことにします」ということだ。内裏に於いて、申して云ったことには、「関白の亭に参りました。この事を問われましたので、一々、申しました。『辰の日の例を勘申するように』ということでした。外記局《げききょく》に参って、引見《いんけん》しましたが、甍奏の日は、辰の日はありませんでした。明後日は、凶会日《くえにち》とはいっても、格別な忌みはありません。また、先例を調べて勘申しましたが、堀河太相国《ほりかわだいしょうこく》(兼通)の甍奏は凶会日でした。今、これらの例を、関白に申しましたところ、『その定を□ように』ということでした」と。今となっては、直物の日は、定め下されるに随うべきものである。除目が行なわれることになっているからであるだけである。

二十二日、壬子。　大原野祭／奏報

呵梨勒丸を服用した〈二十。特に瀉さなかった。〉。大原野祭が行なわれた。そこで奉幣を行なった。昨日の奏報《そうほう》を進上した〈右大史義光。〉。宰相が云ったことには、「暁方、大原野社《おおはらのしゃ》に参りました。午剋の頃に帰りました。社頭《しゃとう》に於いて、三疋の鹿に逢いました」ということだ。これは吉想《きっそう》である。

二十三日、癸丑。　夢想／常陸交替使、障りを申す／行成の回答

呵梨勒丸三十丸を服用した。諷誦を修した〈六角堂。〉。金鼓を打たせた。夢想によるものである。物忌が、また静かではないばかりである。常陸交替使《ひたちこうたいし》の大学允《だいがくのじょう》（惟宗）行明《ゆきあき》は、病であることを申して、罷り向かわない。この国は、明年、得替《とくたい》である。今日と明日に、もし下向せず、新司《しんじ》の着任の期に及んだならば、事の煩いが有るということを、昨日、常陸介維衡の息男の（平）正輔《まさすけ》朝臣が、切々と申させた。私は左大弁に告げるよう命じた。今朝、申させて云ったことには、「左大弁が云ったことには、『官符は未だ請印《しょういん》していません。仰せに随って、使を替えることとします』ということでした。内々に修理進《しゅりのじょう》藤原実国《さねくに》を申請しました」と。右大史基信を介して、左大弁に問い遣わした。その報に随って、あれこれ処置することにする。未だ先例を知らないからである。詔使《しょうし》を定め遣わすのは、私（実資）が処置するのである。ところが、改め遣わしていた際に、事は頗る不審が有ったからである。基信が申させて云ったことには、「左大弁が報じて云ったことには、『事情を知りません。前例を調べて、自ら率いて参って、申します』ということでした」と。権大納言《ごんだいなごん》（藤原）行成《ゆきなり》卿は、数年、大弁であった。そこで書状で前例を問うた。その報に云ったことには、「交替使に障りがある事は、右、分《ぶん》明《めい》に覚えておりません。他の人を選び定めるのは、また定を行なうべきでしょうか。但し、都合のよい大弁が、そのことを申すのに随って仰せ下されても、何事がございますでしょう。大弁に書き下させる事は、まったく覚えておりません。先例を命じて調べ、参って啓上《けいじょう》します。行成が再拝《さいはい》して、謹言します」と。

夜に入って、宰相が来て云ったことには、「兼官について、詳しく関白に申しました。響応《きょうおう》する意向が有りました。難しいということを伝えられたとはいっても、また恩言《おんげん》が有りました」ということだ。

二十四日、甲寅。

早朝、基信が左大弁の書状を伝え申させて云ったことには、「交替使を改め定める事は、前例を勘申するよう、大夫史《たいふのし》(小槻《おつきの》)貞行《さだゆき》宿禰に命じておきました。彼の申すに随って、自ら参入して申させることにします」ということだ。宰相が来て、望むところの事を談って云ったことには、「今日、禅室に参ります。もし謁見《えっけん》することが有れば、洩らし申すことになりました」ということだ。左頭中将が来て云ったことには、「直物は二十八日に行なうことになりました」ということだ。夜に入って、宰相が来て、談った。

二十五日、乙卯。　施薬・勧学院に封戸を寄進／寄進文／常陸国交替使改替／清原為成、窃盗に遭う／厩居飼、馬を盗む／宇佐使発遣

今日、封戸二百烟《えん》を、施薬院と勧学院に寄進した〈一百戸を施薬院、一百戸を勧学院。〉。少外記《しょうげき》(安倍)祐《すけ》頼《より》に、寄進文一通と封国《ほうこく》の文二通〈一通は施薬院、一通は勧学院。〉を書かせた。寄進文は、私が署した。

封国の文は、家司《けいし》三人が著し、捺印した〈寄進文には、印《お》さなかった。〉。寄進文の奥に、勧学院の封国の文を継いだ。この文書は、軸と紐が有った。檀紙である。古跡《こせき》を調べて、書いたものである。施薬院の封戸の国々の文は、軸と紐が有った。勧学院に寄進する文は、家司民部丞《みんぶのじょう》高階為善《たかしなのためよし》を介して送った。従木工允《じゅうもくのじょう》（伴《ともの》）興忠《おきただ》を介して、施薬院に送った。「故殿《ことの》（藤原実頼《さねより》）は、家司（源）元忠《もとただ》を介して、勧学院と施薬院に遣わした。返抄《へんしょう》は、その院使が用い請うた」ということだ〈両院に封戸を分けて入れるのに、両院の返抄を用いるよう、二寮に牒《ちょう》した。□□印し、各々、これを分け遣わした。鹿島《かしま》・香取《かとり》御社に封戸を寄進し奉った。□日、二寮に牒した。〉。

割いて納める封二百戸。

　百戸は施薬院に納める。

　百戸は勧学院に納める。

右、宗族《そうぞく》の先祖である贈太相国《ぞうだいしょうこく》（藤原冬嗣《ふゆつぐ》）以来、大臣位に登り、公卿に列する者は、各々百戸の封戸を割いて、両院の資用《しよう》に充てている。事は深い意図に出て、すでに恒典となっている。今、一門の余《よ》慶《けい》を承け、忝《かたじけな》くも大臣の地位に到っている。歴代の英声《えいせい》は、たとえ賢哲《けんてつ》の徳に及ぶことは無くても、伝家《でんか》の旧貫《きゅうかん》は、ただ祖先の先蹤《せんしょう》を継ごうと思う。但し本封は二千戸であって、半分を辞譲《じじょう》している。納める戸数は、随ってまた、寡少《かしょう》である。耕作の春の業は、寸□の煙を以て増し、薬園《やくえん》の秋の欄は、一滴の露を以て添える。この微情《びじょう》に適《かな》い、あの遠慮《えんりょ》に答える。凡《およ》その封国の細録《さいろく》は、別にある。時に治安《じあん》三年仲冬《ちゅうとう》、十一月の……

右大臣藤原朝臣(実資)

為善が、夜に乗じて帰って来て云ったことには、「勧学院が酒肴《しゅこう》を準備しています。有官別当《うかんのべっとう》勘解由《かげゆの》判官《じょう》致孝と無官別当《むかんのべっとう》(藤原)惟国《これくに》が、座にいます」ということだ。「学生《がくしょう》たちが云ったことには、『近代は、下家司《しもけいし》を介して送られます。ところが上古《じょうこ》の例によって、上家司《かみけいし》を介して送られました。もっとも感動しました』ということでした」と。興忠が、施薬院使《せやくいんし》左衛門権佐(大江)保資《やすすけ》の請文《うけぶみ》を持って来た。両宰相が来て、談った。剋限《こくげん》が推移した。夜に入って、退去した。公卿給《くぎょうきゅう》と停任《ちょうにん》の宣旨《せんじ》を、大外記頼隆に下給した。今回の除目は、□□が無かった。左大弁が、交替使を改める例文を持って来た。ところがその作法は、見えるところは無かった。大弁が云ったことには、「源中納言《げんちゅうなごん》〈(源)道方《みちかた》。〉に問うたところ、『まったく覚えていない』ということでした」と。そこで大弁に伝えて、改め申させた。「常陸国の詔使は、修理進藤原実国に改め替えることになりました」ということだ。改めるよう命じておいた。「雅楽頭《うたのかみ》(清原)為成《ためなり》が、窃盗《せっとう》の為に、着していた衣を取られたということについて申させた。刀を抜いて衣を引き取った際、為成の手はすでに切れて、血が出た」と云うことだ。厩《うまや》の居飼《いかい》某丸が、御炊女《みかしきめ》の馬を盗んで逃げ去った。厩舎人《うまやのとねり》(伴)友成《ともなり》が、紀伊守《きいのかみ》(藤原)貞光《さだみつ》朝臣の宅に於いて捕えることができて、連行して来た。馬について問わせたところ、「□粉河寺《こかわでら》の辺りの法師某に□」ということだ。すでに弁解するところは無かった。貞光朝臣が、申させたところが有った。本来ならば検非違使の官人に引き渡さなければならない。ところが思うところが有って、貞光に請け取らせて、牽進《けんしん》させるよう、命じておいた。盗品はすでに分明である。着鈦《ちゃくだ》は疑いが無い。その時期は近くにあって、特に慎しまなければならないので、優免《ゆうめん》しておいた。「今日、宇佐宮使を発遣した」と云うことだ〈備後守義通。〉。

二十六日、丙辰。　孔雀経読経、延行

昨日、あれこれが云ったことには、「薨奏の後、除目が行なわれることになった」と云うことだ。そこで今朝、左頭中将に問い遣わした。もし除目が無ければ、明後日の直物は、行なうわけにはいかない。物忌であるからである。除目を必ず行なわれるのであれば、物忌を破って参入するということを、同じく示し遣わした。報じて云ったことには、「『薨奏の後、除目が行なわれるということを定められた』と云うことです。事情を取って、申させることとします」ということだ。按察納言《あぜちなごん》〈藤原公任《きんとう》〉が云ったことには、「二十三日に、禅閤が云ったことには、『薨奏以後に、除目を行なうこととする』ということであった」と。宣旨一枚を権左中弁に□。夜に向かい、大威儀師《だいいぎし》安奝《あんちょう》が来て、大安寺《だいあんじ》の雑事を申した。孔雀経読経は、もう七箇日、延行《えんこう》する。天変を慎しまなければならないことによるものである。備前守が来て、帰国するということを申した。逢って、清談した。

二十七日、丁巳。　本命供

辰剋、地震があった。本命供《ほんみょうく》を行なった。早朝、除目の詳細を左頭中将の許に問い遣わした。報じて云ったことには、「薨奏の後に行なわれることになりました」ということだ。そこで明日の直物は、行なうわけにはいかない。「特に左右大弁は、結政所《かたなしどころ》の物忌に当たって、参入することができません」と云うことだ。

二十八日、戊午。　**仁王経講説／当季仁王講／当季聖天供始／道長・頼通、不和／東対中戸を建立／千古の為の修善**

今日、大原野大明神《おおはらののだいみょうじん》の御為に、五口の僧を屈請《くっしょう》して、仁王経〈新写の四部。〉を講説《こうぜち》した。祭日に十列を奉献しなかった代わり。二季、修するところである〈尹覚《いんかく》・盛算・念賢・皇基・運好《うんこう》。〉。今日から三箇日、当季《とうき》仁王講《にんのうこう》を修する〈三部を書写《しょしゃ》するのが通例である。〉。請僧〈清朝《せいちょう》・慶範《けいはん》・忠高《ちゅうこう》。〉。当季聖天供始《しょうでんぐはじめ》を行なった。権左中弁が来て云ったことには、「先日、相模国の解文を下給しました。□□関白に伝え申しました。『勤めの無い国については、重科《じゅうか》に処すということを、官符に載せるように』ということでした」と。すぐに同じ弁に命じておいた。また云ったことには、「除目は、今のようでしたら、時期はありません。関白の意向は、このようです」と。或いは云ったことには、「禅閤と関白は、近日、不和です」と。来月二日に、定め申さなければならない事が有る。諸卿を督促するよう、大外記頼隆に命じた。これは不堪佃田定《ふかんでんでんさだめ》である。権大納言行成と源中納言道方は、必ず参入するように、特に伝えなければならない。大弁を歴任《れきにん》した人は、この議定《ぎじょう》に備えるからである。東対《ひがしのたい》の中戸を立てた。工部たちに小禄を下給した。昨秋と当季の薬師経《やくしきょう》と請観音経《しょうかんのんきょう》を供養し奉った。これは小女〈藤原千古《ちふる》〉の恒例の修善である。

二十九日、己未。　彰子行啓により、不堪佃田定、延引／東寺御読経の進物／法華経講説

宰相が云ったことには、「明後日、太后が御出することになりました」ということだ。その日は不堪佃田定で、便宜が無いであろう。そこで諸卿に告げてはならないということを、大外記頼隆に伝えさせておいた。大夫史貞行が、先日、命じておいた任符《にんぷ》を持って来た。前に召し、雑事および不堪佃田定の日について伝えた。大略、来月五日に定めることとする。改め定めた日について、左大弁に示し遣わした。「その日は、文書を準備して揃えておくよう、貞行宿禰に命じておきました」ということだ。二日は大弁の物忌であるということについて、今朝、示し送ったところである。夜に入って、宰相が来て云ったことには、「行啓の時期《ぎょうりい》は三日です。昨日、聞き誤って、行啓の時期を二日と申しました。二日は皇太后宮《こうたいごうぐう》（妍子）の御読経《みどきょう》です。卿相が参入するでしょう。大夫道方卿が云ったことには、『あの日、役所に参り、宮（妍子）の御読経に参る。また不堪佃田定に帰り参るのは、堪えられそうもない』ということでした。五日に改め定めたことは、極めて佳いことでしょう」ということだ。関白がおっしゃって云ったことには、「五日は宜しい事である。除目は、十四、五日の間か」と云うことだ。朝《ちょう》源《げん》内供が来て云ったことには、「禅林寺僧正が云ったことには、『東寺の御読経は、二十僧を招請して、五箇日、転読されるのが宜しいであろう。請僧《しょうそう》十口を撰んだら、もう十口は愁えることが有るであろうか』ということでした」と。私が答えて云ったことには、「最も吉い事である。二十僧を招請され

るように。初め定めたのは、十口の僧を招請して、十箇日、修すことであった」と。また云ったことには、「その間、僧正がいらっしゃるべきです。囲繞《いにょう》する為です」ということだ。また云ったことには、「二十僧に火桶《ひおけ》を給うべきでしょうか」と。私が思ったところは、白い火桶と炭二十籠《かご》を揃えて、送るべきである。また僧正の為には、白米十折櫃《おりびつ》・雑菜十折櫃・菓子十折櫃・画火桶一・炭を、その日の早朝に送って奉献しようと思う。観音品《かんのんぼん》を講説した〈慶範。〉。

○十二月

一日、庚申。　石塔造立供養／武蔵守、後不堪解文を官奏に入れる事を愁訴

石塔供養《せきとうくよう》は、通常のとおりであった。仁王講《にんのうこう》が結願《けちがん》した。手作布《たづくりのぬの》二十端《たん》を朝季阿闍梨《ちょうきあじゃり》に与えた。明年正月の慈慧大僧正《じえだいそうじょう》（良源《りょうげん》）の忌日《きにち》の事を準備している。その意□によって、施与《せよ》したものである。五日に定め申さなければならない事が有って、諸卿を催促するよう、大外記《だいげき》（清原）頼隆真人《よりたかまひと》に命じた。晩方、宰相（藤原資平《すけひら》）が来て云ったことには、「晩方、大原野《おおはらの》社に参りました。午剋の頃、帰って来ました」と。夜に臨んで、武蔵守《むさしのかみ》（惟宗《これむね》）光平《みつひら》が申させて云ったことには、「病悩が有って、上京した後、今まで参りませんでした。明後日、下向することになっています。後不堪解文《ごふかんげぶみ》が未だ官奏《かんそう》に入っていないということについて、もっとも嘆き申すところです」ということだ。伝えさせて云ったことには、「先日、国々の後不堪解文の数を（小槻《おつきの》）貞行宿禰《さだゆきすくね》に問うたところ、申して云ったことには、『七、八箇

国、有ります』ということであった。本来ならば公事《くじ》を究済《きゅうさい》した国を、先ず撰ばせて、官奏に入れなければならないのである」と。

二日、辛酉。　当季鬼気祭

当季《とうき》の鬼気祭《ききさい》を行なった〈北門。〉。(惟宗)文高《ふみたか》宿禰。黄昏に臨んで、宰相が来た。

三日、壬戌。　天智天皇国忌／藤原彰子土御門第行啓、延引／孔雀経読経、延行

今日は国忌《こき》である。ところが太后《おおきさき》(藤原彰子《あきこ》)が行啓《ぎょうけい》する〈上東門第《じょうとうもんてい》に御出《ぎょしゅつ》する。〉。廃務《はいむ》の日に行啓するのは、如何なものか。晩方、宰相が(藤原)資房《すけふさ》に告げて云ったことには、「行啓は延引《えんいん》となった」ということだ〈愚案《ぐあん》に合ったのか。〉。孔雀経読経《くじゃくきょうどきょう》は、もう七箇日、延行《えんこう》する。特に慎しまなければならないからである。今日と明日は、夢想物忌《むそうものいみ》である。諷誦《ふじゅ》を六角堂《ろっかくどう》に修した。

四日、癸亥。　紀成任の申請

祇園《ぎおん》社で誦経《ずきょう》を行なった。慎しまなければならないことによるのである。宰相が来た。随身《ずいじん》(葛井《ふじいの》)秋堪《あきとう》が、伯耆《ほうき》から帰って来た。書状を託されていた。「臨時祭《りんじさい》は、本意《ほい》のとおり遂げ行なった」ということだ。前日、内府(藤原教通《のりみち》)が伝えられた、(紀)成任《なりとう》の申上した事が有った。そこで陸奥守《むつのかみ》(平)孝義《たかよし》を呼んで、事情を伝えた。大外記頼隆を召し、明日、諸卿が参るかどうかを問うた。「召使《めしつかい》を分けて、事情を申させています」ということだ。

五日、甲子。　細布を深覚に奉献／造大安寺料米進献を辞す国解・造大安寺料材の追加進献を辞す

申文／造大安寺行事所に史生を寄す／案主を補す／当年不堪佃田定／備前・周防両国に譴責宣旨／検非違使を遣わし、泉木津の材木を注進

細布《さいふ》を禅林寺僧正《ぜんりんじそうじょう》(深覚《しんがく》)の御許に奉献《ほうけん》した。催促されたので、送った。また、これは例事であるだけである。阿闍梨文円《ぶんえん》が来た。逢った。来たる十四日から、住房《じゅうぼう》〈普門寺《ふもんじ》。〉に於いて、八字文殊法《はちじもんじゅほう》を修するという事を伝えてきた。約諾《やくだく》した。左中弁《さちゅうべん》(藤原)重尹《しげただ》が、大安寺造営《だいあんじぞうえい》の料米《りょうまい》を備前《びぜん》・周防《すおう》が申し返した国解《こくげ》、および惟宗為時《ためとき》が柱二本を採って進上することに堪えられないという申文《もうしぶみ》〈平虹梁《ひらこうりょう》六枚を採って進上し、栄爵《えいしゃく》に預かることを申請した。ところが、柱二本を加えられた。〉を持って来た。奏上するよう伝えた。また、弁が云ったことには、「寺家司《じけし》が、泉木津《いずみきづ》に曳いて置いてある材木を曳かれる事を申請しています」と。先ず記して遣わすよう命じた。また、云ったことには、「造大安寺行事所《ぞうだいあんじぎょうじしょ》に史生《しょう》を寄せてください」ということだ。撰んで寄せるよう、命じておいた。右近将曹《うこんのしょうそう》(紀)正方《まさかた》を介して、案主代玉手信頼《あんじゅだいたまてののぶより》を番長《ばんちょう》に補す事を仰せ遣わした。春日宿院《かすがのしゅくいん》の舎を造立した功である。右中将《うちゅうじょう》(源)顕基《あきもと》が、すぐに申させて云ったことには、「謹んで承ります。近衛上毛野重基《このえかみつけののしげもと》は、政所《まんどころ》に詰めています。案主《あんじゅ》に本来ならば射場《いば》舎《しゃ》および馬留舎《うまどめしゃ》を修造しなければなりませんが、すでにその勤功が有ります。補しては如何でしょう」ということだ。申請によるよう、伝えさせた。また、馬場《ばば》の所掌《しょしょう》を申請させた事は、同じく申請によった。未剋の頃、内裏に参った。伊予宰相《いよさいしょう》(藤原)広業《ひろなり》が、陽明《ようめい》門に参会した。一緒に敷政《ふせい》門から参入した。これより先に、中納言《ちゅうなごん》(源)道方《みちかた》と左大弁《さだいべん》(藤原)朝経《あさつね》が、仗座《じょうのざ》にいた。私は座に着した。不堪佃田文《ふかんでんでんぶん》を大弁に問うた。大弁が云ったことには、「揃えてあります」ということだ。その後、中納言（藤原）兼隆《かねたか》、参議《さんぎ》（藤原）公信《きんのぶ》・（藤原）経通《つねみち》・資平・（藤原）定頼《さだより》〈右大弁《うだいべん》。〉が参入した。権大納《ごんだいな》言《ごん》（藤原）行成《ゆきなり》は遅参《ちさん》した。そこで外記《げき》（菅原）惟経《これつね》に命じて、催し遣わせたのである。時剋が移って、参入した。私は南座《なんざ》に着した。左大弁に命じて、不堪佃田文を召させた。すぐに右大史《うだいし》基信《もとのぶ》が、文書《もんじょ》を進上した〈筥《はこ》に納めた。〉。右少史《うしょうし》行高《ゆきたか》が、硯を執って、左大弁の前に置いた。初め左兵衛督《さひょうえのかみ》公信の前に置いた。あれこれが伝えて、大弁の前に置かせた。私は目録と黄勘文《きかんもん》だけを開いて見た。筥を下し、大納《だいな》言《ごん》の許に推し遣わした。受け取って、大略、目録と黄勘文を見た。順番に見下した。また更に、順番に上げて、行成卿の前に留めた。左大弁が筆を執って、これを書いた。行成卿が、これを伝えた。但し、大弁は草子《そうし》を置き、これを見て、これを書いた。近代の例である。書き終わって、順番に見上げた。行成卿は、元の筥に文書を加え入れ、すぐにこれを進上した。私は取って、これを見た。終わって、史《し》を召した。基信が参入した。筥を撤去させた。重ねて硯を取り、退出した。左中弁が、備前と周防が申し返した国解、および柱を申し返した申文を下賜した。仰せを伝えて云ったことには、「譴責宣旨《けんせきせんじ》を両国に下給するように。柱を申し返したのは、一本を免じられ、もう一本を進上させるように。もし曳いて進上しなければ、たとえ他の方から栄爵を申請するといっても、一切、裁《さい》許《きょ》してはならない」ということだ。「大安寺《だいあんじ》が焼亡した後、寺家《じけ》の用途帳《ようどちょう》を進上させるように」ということだ。これらの宣旨は、すぐに同じ弁に伝えておいた。弁が云ったことには、「木津《きづ》の材木の数を記し遣わす事は、その所に検非違使《けびいし》を遣わしては如何でしょう」ということだ。おっしゃったことには、「申請によれ」と。九日は不堪佃田奏《ふかんでんでんそう》を奉仕しなければならない。同日、荷前使《のさきのつかい》を定めて奏上しようと思う。もしかしたら後一条《ごいちじょう》天皇の御物忌であろうか、関白《かんぱく》(藤原頼通《よりみち》)の御物忌であろうか。事情を取るよう、権左中弁《ごんのさちゅうべん》(源)経頼《つねより》に伝えた。すぐに来て云ったことには、「九・十日は御物忌です」ということだ。それならば、八日に奏を奉仕することとする。この日は大神祭《おおみわのまつり》の日である。荷前使を定めるわけにはいかない。九日に定めて奏上することにする。御物忌とはいっても、内紙《うちがみ》に書いて奏上すべきである。そもそも、関白の御物忌なのか。この日の他は、次々の日々は皆、事の障りが有る。神今食《じんごんじき》の散斎《あらいみ》の内は、定めることができない。また、立春は、はなはだ早い。荷前もまた、早いのであろうか。子細を伝えておいた。関白の報に随って、処置することとした。未だ日没に入らない頃に、家に帰った〈宰相は車後《くるまじり》に乗った。〉。

六日、乙丑。　神鏡の物忌

官奏の日について、今朝、重ねて権弁朝臣《あそん》に問い遣わした。報じて云ったことには、「『賢所《かしこどころ》が鳴って、御物忌が出来した。明日と明々日である。外宿《がいしゅく》の人は参るように』と云うことです。確かに詳細を取って、明日、申させることにします」ということだ。事は不審であったので、左頭中将《さとうのちゅうじょう》(源朝任《あさとう》)の許に問い遣わした。記し送って云ったことには、「七・八、十三・十四日が御物忌です」ということだ。伝え送ったとおりであれば、九日は、すでに御物忌ではない。そこでこの趣旨を権弁の許に示し遣わした。使者は途中で逢った。申させて云ったことには、「九日の御物忌は、殿上《てんじょう》の暦に記し付けてあります。頭中将《とうのちゅうじょう》が申させたものです。如何でしょう。但し、明日、参入して、申させることにします」ということだ。権弁が伝えた趣旨を、重ねて頭中将の許に云い遣わした。報書に云ったことには、「権弁は弁解する方策はありません。明日と明後日は、火事の御物忌です。前々、外宿の人は、参入しました。九日に官奏を奉仕されるのが宜しいのではないでしょうか」ということだ。今夜、(賀茂《かもの》)守道《もりみち》朝臣を招請して、泰山府君祭《たいざんぶくんさい》を行なわせた。僕(実資)は、祭場《さいじょう》〈南庭《なんてい》。〉に出居《でい》して、共に拝《はい》礼《らい》を行なった。

七日、丙寅。　勧学院学生、封戸寄進を謝す

早朝、宰相が来た。今日、勧学院《かんがくいん》の学生《がくしょう》が、封戸《ふこ》を寄進《きしん》した悦びを申す為に、参入することになっている。そこで西対《にしのたい》の東廂《ひがしびさし》に座席を設備した〈紫端《むらさきべり》の畳。対座《たいざ》。北を上座《じょうざ》として敷いた。〉。母屋《もや》の簾《すだれ》に副えて四尺屏風《びょうぶ》を立てた。また、北隔《きたへだて》の障子にも、同じ屏風を立てることとした。秉燭《へいしょく》の後、有官別当《うかんのべっとう》勘解由判官《かげゆのじょう》(藤原)致孝《むねたか》・無官別当《むかんのべっとう》(藤原)惟国《これくに》・学生八人、及び知院事《ちいんじ》・案主・雑色《ぞうしき》が、見参簿《げんざんぼ》〈二枚。〉を進上した。別当《べっとう》以下学生たちは、庭中《ていちゅう》に進んで、拝礼を行なった。随身たちが燎《ひ》を執った。別当以下は、座に着した。一献《こん》は右兵衛督《うひょうえのかみ》経通〈参議。〉と右大弁定頼〈参議。〉。二献は皇太后宮権大夫《こうたいごうぐうごんのだいぶ》資平〈参議。〉と権左中弁経頼。二献が終わって、汁を据えた。次いで三献は四位侍従《しいじじゅう》(藤原)経任《つねとう》と右中弁《うちゅうべん》(藤原)章信《あきのぶ》。次いで箸を下した。次いで四献は右少将《うしょうしょう》(藤原)実康《さねやす》と左少将《さしょうしょう》資房。次いで復飯《ふくはん》を据えた。そ

の後、朗詠《ろうえい》したことは度々であった。万歳千秋《ばんぜいせんしゅう》を詠じた。次いで飯を撤去し、別当以下、学生・従者に下給させた。有官衆《うかんのしゅ》がこれを行なって、下給させた。今回は禄を下賜しなかった。これは前例である。四品《しほん》たちが来た。ところが盃を執らなかった。両亜将《あしょう》(実康・資房)に譲ったのか。そうあるべきである。権左中弁が関白の御書状を伝えて云ったことには、「今日と明日は、天皇の御物忌である。ところが、火事の御物忌によって、外宿の人は参るであろう。明日、官奏を奉仕したとしても、何事が有るであろうか。また、明後日、荷前使を定めることになっているので、御物忌とはいっても、内紙に書いて、奏上するように。もし内裏に伺候しないのならば、定文《さだめぶみ》を奏上した後に、見るように」ということだ。

八日、丁卯。　減省申文・後不堪申文／当年不堪佃田和奏

内裏に参った〈午三剋。〉。これより先に、左大弁朝経が参入していた。申文について問うた。国々の司《つかさ》が申請した減省《げんせい》申文や後不堪申文が有れば、本来ならば先ず継ぐということを申させ、官奏が行なわれなければならないことを、示し仰せておいた。大弁が座を起った。定剋、膝突《ひざつき》に於いて、これを奉った。一々、見終わった中に、長門《ながと》の海藻の減省申文が有った。貞元《じょうげん》三年の例を継いでいた。その後事《こうじ》の者は、多治雅輔《たじひのまさすけ》である。ところが、その例を継いでいなかった。そこで大弁に問うたところ、申して云ったことには、「文殿《ふどの》を調べましたが、符案《ふあん》はありませんでした。但し、主税寮《しゅぜいりょう》の勘文に云ったことには、『その料を立用《りゅうよう》するのは、見えるところは無い』ということでした。ここに減省であることがわかります」ということだ。またまた雅輔の時の符案を調べて継がせるよう、指示しておいた。他の中文は裁許した。史が退出した。次いで大弁が座を起った。長い時間が経って、また座に復した。笏《しゃく》を置いて云ったことには、「奏せ」と。私は目くばせした。称唯《いしょう》した。次いで左少史《さしょうし》(大宅《おおやけの》)恒則《つねのり》が、奏書を捧げて、小庭《こにわ》に跪《ひざまず》いた。私は目くばせした。称唯して進んで来て、これを奉った。私は取って、これを見た。次いで片結びにして給わった〈これを板敷《いたじき》の端に置いた。〉。恒則が文を開いて云ったことには、「揃えるべき文、若干」と。次いで権左中弁を介して、関白に奉った。時刻が移り、来て報を伝えて云ったことには、「見給え」と。そこで権弁を介して、奏上し申させた。しばらくして、これを召した。座を起ち、射場《いば》に進んだ。奏を執って参上した。その儀は、通常のとおりであった。但し、男たちを召して、御殿油《おんとのあぶら》を供させた。その後、文書を開いて、叡覧《えいらん》した。終わって、元のように結ばせられて〈片結び。〉、推し出された。私は書杖《ふづえ》を置き、進み寄って膝行《しっこう》した。文書を給わって、座に復した。一々、束ね申した〈先ず他の文書を束ね申した。次いで不堪佃田定文《ふかんでんでんさだめぶみ》を束ね申した。通例に背いたばかりである。〉。終わって、元のように巻き結んで、退下した。射場に於いて、書杖を恒則に返給し、座に復した。権大納言行成と(藤原)能信《よしのぶ》卿が、陣座《じんのざ》にいた。大弁は座に着した。恒則が走って来て、奏を奉った。近く主殿寮《とのもりょう》の燎の者を召して、伺候させた。当年の不堪佃田奏の他、文書十枚を加えた。歳末であるので、特に撰び加えたのである。私は結緒《ゆいお》を解いた。先ず表巻紙《うわまきがみ》を給わった。次いで一々、他の文書を給わった。恒則は給わる毎に文書を開いて、見せた。命じて云ったことには、「後不堪申文〈前年の例により、使を遣わすことを停め、三分の二を免じた。〉・減省申文・賑給《しんごう》申文〈申したままに。〉」と。次いで不堪佃田文を給わった。結んだまま、給わった。目録を開き、見せた。命じて云ったことには、「諸卿の定によれ」と。称唯した。終わって、申して云ったことには、「成文《なりぶみ》、若干」と。次いで文を巻いた。終わった後、結緒を加えて、退出した。次いで大弁が座を起った。次いで私が退出した。両大納言(行成・能信)は、座に留まった。

九日、戊辰。　元日擬侍従・荷前使定／道長、能信が実資退出後に申文を行なうに立腹し、勘当す

左少史恒則が、昨日の奏報《そうほう》を進上した。内裏に参った〈宰相は車後に乗った。〉。これより先に、右大弁定頼が参入していた。外記を召して、元日の擬侍従《ぎじじゅう》、および荷前使の文書を問うた。準備して揃えてあるということを申した〈天皇の御物忌であったので、去る夕方、陣中に揃えさせた。〉。私は南座に着した。文書を進上させた。また、硯を大弁の前に置いた。先ず擬侍従を定めた。次いで荷前使〈あらかじめ大外記頼隆に命じて、役の遠い上達部《かんだちめ》を筥に納めさせた。旧い者を引くのは、事の煩いが有ったからである。〉。書き終わって、大弁がこれを奉った。擬侍従の定文・荷前使の定文・中務省解《なかつかさしょうげ》を納め〈荷前は十七日丙子。〉、蔵人左衛門尉《くろうどさえもんのじょう》(平)教成《のりしげ》に託して、奏聞《そうもん》した〈本来ならば、先ず関白の御許に奉らなければならない。ところが、天皇の御物忌であったので、去る夕方、籠った。大間《おおま》書《がき》を、権弁朝臣を介して洩らし伝えた。その命によって、先ず奏聞を経て、その後、奉るだけである。〉。すぐに下賜された。権左中弁を介して、関白に奉った。次いで十三日以前に奏について定めたものを伝えさせた。立春は十余日であって、二十一、二日の時は、承平《じょうへい》六年、天暦《てんりゃく》元・四・九年、天徳《てんとく》二年、寛弘《かんこう》九年の例では、七、八日に定められた。寛弘九年は、擬侍従と荷前使を共に定めた。承平や天暦の例は、或いは先ず七、八日に荷前使を定め、その後、十三日に擬侍従を定めた。寛弘九年の例によって、擬侍従と荷前使を共に定めて奏上した。これは近例によったものである。特に厳寒の候、連日、参るのは、堪えられそうもないからである。権弁が帰って来て、関白の御書状を伝えて云ったことには、「今日と明日は、慎しむところがありまして、参入しないのである。定文を見られよ」ということだ。外記を召し、筥〈定文と中務省解を加え納めた。〉および硯を撤去させた。伊予権守《いよのごんのかみ》広業が参入した。談じて云ったことには、「今日、禅室《ぜんしつ》（藤原道長《みちなが》）に参りました。上達部たちが伺候していました。昨日の申文について、左大弁に問われました。また、長門の海藻の減省について下問が有りました。汝《なれ》（実資）が非難した道理は、すでに当たっています。『雅輔の時の符案を探し出さなかったのは、極めて怪しい事である。官中《かんちゅう》の文書の狼藉《ろうぜき》は、極めて驚き怪しまなければならない。一上《いちのかみ》が文書を申上した後、次席の人が陣座に留まって、文書を申上させる事は、奇異な事である。大弁は、一切、聞き入れてはならない。大臣が退出したならば、大弁は従って退出しなければならない。どうして更にいて、文書を申上させるのか。弁も更に伺候していてはならない。また、申上させなければならない文書が有るのならば、大臣が文書を申上する時に、申上させなければならないのである。ところが、各々、密々に申上させている。何の秘事であるのか。一切、物を知らないからである。また大弁は、言うに足りない』と。左大弁朝経は弁解するところは無く、舌を巻いて伺候していました。能信卿を勘当《かんどう》されました。禅室の腹立《ふくりゅう》の御声は、甚だ高いものでした」ということだ。酉剋、私は退出した。右大弁定頼と伊予権守広業が従った。秉燭の後、宰相が禅室から来て〈内裏から参入した。禅室の御読経《みどきょう》によるものである。〉、云ったことには、「去る夕方、両卿が文書を申上させた事を大いに怒ったことは、極まりありませんでした。大略は塗説《とせつ》のようなものでした。能信卿を勘当されて云ったことには、『知らない事は問え。また、熟者《じゅくしゃ》(実資)の先は自ら云い避けるところが有るのか。その真似は行なってはならない。一物《いちぶつ》・白物《しれもの》・熟者と置く詞は、権大納言(能信)のことか』と。また云ったことには、『世間の事は、賢《さか》しらな者が有っても、憎まない』ということでした。左大弁を譴責された詞は、『はなはだ次第に、いと頼りない』と、再三、おっしゃられました。『どうして大臣(実資)が退出した後に、陣座に伺候していたのか。故(源)雅信丞相《まさのぶじょうしょう》が宜陽殿《ぎようでん》に伺候していた際、故(藤原)済時《なりとき》卿は、陣座に於いて文書を申上させた。大弁(平)惟仲《これなか》は、咎《とが》められることが有った』などと、数度、おっしゃいました」ということだ。「この他にも、事は多かったです」と云うことだ。

荷前は十七日〈丙子。〉である。この日は往亡日《おうもうにち》である。退帝《たいてい》(醍醐《だいご》天皇)の御代、復日《ふくにち》と往亡日について陰陽頭《おんみょうのかみ》(文)房満《ふさみつ》に問うたところ、申して云ったことには、「往亡日は祠《し》さない。大凶《だいきょう》である」と云うことだ。ところがやはり、復日を避けて、往亡日に行なわれたということが、故殿《ことの》(藤原実頼《さねより》)の御記《ぎょき》に見える。そこで事情を奏上せず、内々に云々した。「十四日に薨奏《こうそう》、十五日に除目《じもく》。十四日と、初め荷前の日を勘申《かんじん》した。ところが、弁官や外記たちの間で議して、返却した」ということだ。「解は十七日に改めた」と云うことだ。この解を見ると、十七日に摺《す》り改めたものである。初めは十四日を勘申していたのか。延喜《えんぎ》十七年は、往亡日に荷前使を定めたので、あの例を思われて、奏聞させなかったのである。教成が、内蔵寮《くらりょう》が申請した荷前の雑物の宣旨〈十五種。〉を下した。すぐに権弁朝臣に下した。

十一日、庚午。　神今食

宰相が来て云ったことには、「天皇は中和院《ちゅうかいん》に御出することになっています。召使が申して云ったことには、『□忌に当たる』ということでした」と。雨脚は晴れない。考えるに、御出されないであろう。その時に臨んで、たとえ雨が止んだとしても、湿泥《しつでい》の途は、浅履《あさぐつ》の人は供奉《ぐぶ》することは難しいであろう。

十二日、辛未。　頼通、大垣修復を命ず／大路・小路の辻の橋の造営を命ず

左中弁が関白の御書状を伝えて云ったことには、「四面の大垣《おおがき》は、頽壊《たいかい》・破損している。諸国を定めて充てるように」ということだ。報じて云ったことには、「土用《どよう》の間に定めて充てるのは、如何なものでしょう。また、損色《そんしょく》を取り、国の強弱を量って、定めて充てなければなりません。また、御忌方《いみかた》を勘申させ、それ以外の方角の垣を配して、充てなければなりません」と。弁が云ったことには、「もっともそうあるべき事です。このことを申し、土用を過ぎて、損色を取らせます。また、御忌方を勘申させます」ということだ。左頭中将が関白の御書状を伝え、堂に来て云ったことには、「直物《なおしもの》は十五日に行なうように」と。あの日は除目が行なわれることになっている。議定《ぎじょう》を行なうことになるのならば、諸卿を催促させるのは如何なものか。頭が云ったことには、「『受領《ずりょう》を任じられることが有る』と云うことです。諸卿を催促されても、何事が有るでしょう」ということだ。また、状況に随って、国々の司が申請した事を定め申さなければならない。そこで諸卿を催促すべきである。左大弁が来て、昇進について談った。「未だ通っていません」ということだ。また、先日、禅室が、両卿が文書を申上したことを咎められた。弁解し申すことは難しいことを談説した。また、云ったことには、「明後日は参入することができません」ということだ。大炊御門《おおいみかど》大路と町尻《まちじり》小路の辻の橋々や、東洛《とうらく》の室町《むろまち》小路と春日《かすが》小路の辻の路を造営すべき事について京職《きょうしき》を召し仰すよう、大弁に伝えておいた。夜に入って、宰相が来て云ったことには、「小女(藤原千古《ちふる》)の事を関白に伝えました。悦ばれているという報が有りました。また、大饗《だいきょう》の有無を問い申しました。おっしゃって云ったことには、『行なってはならない』ということでした」と。

十三日、壬申。

明後日の直物について、大外記頼隆真人に命じた。また、二省を戒める事、上達部に参るよう廻らし告げる事を、同じく頼隆真人に命じた。国々の司が申請した事などを定める為である。夜に臨んで、宰相が来て云ったことには、「兼官《けんかん》については、すでに放埒《ほうらつ》です」ということだ。

十四日、癸酉。　**普門寺八字文殊法／東寺孔雀経読経／私荷前／源経房薨奏／東宮御読経始**

今日から七箇日、普門寺に於いて、阿闍梨文円を招請して、八字文殊法〈伴僧《ばんそう》二口《く》。〉を行なわせる。天変を攘《はら》う為である。蘇蜜《そみつ》・名香《みょうごう》・浄衣《じょうえ》を送った。また、今日から五箇日を限り、東寺《とうじ》に於いて、二十僧を招請して、孔雀経読経を行なう。火桶《ひおけ》二十一口・畳二十枚・炭四百五十籠《かご》・供米《くまい》二十石を送った〈火桶二十口は読経僧《どきょうそう》の分。一口は僧正の分。画火桶。他は読経僧の分。五十籠は僧正の分。米二十石は読経僧の供料《くりょう》。〉。早朝、先ず（身人部《むひとべの》）信武《のぶたけ》を遣わして、これを送った。この頃、禅林寺僧正が、あの寺に住して、行事《ぎょうじ》を行なわれた。粥料を奉献した〈白米十折櫃《おりびつ》・菓子十折櫃・雑菜十折櫃。〉。弾正忠《だんじょうのちゅう》（中原）師重《もろしげ》を遣わして、これを送り奉った。帰って来て云ったことには、「阿闍梨の房に於いて、読経を行なわれました。孔雀明王曼荼羅《くじゃくみょうおうまんだら》を懸けられました。請僧《しょうそう》の食膳に、二十口の火桶を据えました。僧正が啓白《けいびゃく》を行なわれました。終わって、阿闍梨の房の北面に於いて、食されました」と。御返事の書状が有った。随喜《ずいき》されている詞は、最も甚しかった。涕泣《ていきゅう》したことは、雨のようであった。宰相が来た。すぐに関白の読経に参った。また、夜に入って、帰って来た。除目の云々の説を談った。また、云ったことには、「正月の行幸《ぎょうこう》は停止《ちょうじ》となりました。四月、高陽院《かやのいん》に行幸することになりました。先ず太后が、あの院に渡御《とぎょ》され、行幸が行なわれることになりました。その事は、今日、禅室に於いて、関白と民部《みんぶ》卿《きょう》（源俊賢《としかた》）が、一緒に僉議《せんぎ》しました」と。修理権大夫《しゅりごんのだいぶ》（源）長経《ながつね》が、同じく述べたところである。宰相が云ったことには、「今日、故帥（源）経房《つねふさ》の薨奏が行なわれました。大納言能信が奏上しました」と云うことだ。荷前を奉献した。使は（石作《いしづくりの》）忠時《ただとき》宿禰。今日、東宮（敦良《あつなが》親王）の御読経始《みどきょうはじめ》が行なわれる。

ところが、宮司《みやづかさ》が来て告げなかった。如何なものか。

十五日、甲戌。　直物／受領功過定、延引／京官除目

晩に向かい、雨雪は特に甚しかった。今日と明日は、物忌である。朝の間、門を閉じた。諷誦を六角堂に修した。昨日の東寺の読経について、僧正が心を入れて行なわれたという御報があった。大外記頼隆真人が門外に来て、今日、諸卿が参るかどうかを申させた。「両大弁〈朝経・定頼〉が、障りを申しました」ということだ。参入するよう、重ねて伝えさせたのである。直物によるものである。両宰相〈経通・資平。〉が来た。すぐに禅室の読経結願に参った。私は申剋の頃、内裏に参った。中納言道方卿と陽明門で参会した。一緒に参入した。温明殿《うんめいでん》の壇上を経て、敷政門から入った。「これより先に、上達部四、五人は、関白の直廬《じきろ》にいた」と云うことだ。右大弁定頼一人が、陣頭にいた。右頭中将《うとうのちゅうじょう》〈藤原〉公成《きんなり》を介して、直物について申させた。わかったということをおっしゃられた。左頭中将朝任が、陸奥守孝義が申請した条々の文書、および前備中守《さきのびっちゅうのかみ》〈藤原〉済家《なりいえ》の申文を下給した。すぐに権左中弁経頼に給わった〈孝義の申文は前例を継がせた。済家の申文は所司の勘文を継がせた。〉。私は南座に着した。この頃、諸卿は座にいた。外記を召した。外記惟経が参入した。直物を奉るよう命じた。すぐに勘文〈筥に納めた。〉を進上した。宜陽殿の壇で、開いて見た〈雨儀《うぎ》。降雨。〉。私は紫宸殿《ししんでん》の北廂《きたびさし》を経て、射場に進んだ。蔵人右少将〈藤原〉良頼《よしより》を介して、奏上させた。先ず内覧《ないらん》するよう伝えた〈「関白は御前に伺候した」と云うことだ。〉。すぐに返給した。陣座に復した。惟経は、返して進上した。私は右大弁に目くばせした。大弁が進んで来た。直物を下給した〈筥のまま、これを授けた。〉。笏を挿し、筥を取って座に復した。意向を示した。そこで当年の召名《めしな》を召した。先ず夾算《きょうさん》を差し、一々、直した〈当年の誤りは三人、去年の春の誤りは三人。〉。右頭中将が、内給《ないきゅう》と公卿給《くぎょうきゅう》の申文を下給した。大弁に目くばせした。大弁が来て、この申文を下給した。旧い召名を召して、夾算を差し、□改めた。左頭中将が、前肥後《さきのひご》守《かみ》（藤原）公則《きんのり》の申文を下給した。仰せを伝えて云ったことには、「上達部が多く参っていれば、受領の功過《こうか》を定め申すように。先ず済家と公則の功過を定めるように」ということだ。次いで召しが有るということを伝えた。公則の申文を権弁朝臣に下給した。所司の勘文を継がせるよう命じた。次いで御前に参った。これより先に、関白は殿上間《てんじょうのま》にいた。「今日、受領の功過を定め申さなければならないという事について、仰せ事を蒙《こうむ》りました。ところが、陣座は風が吹いて、燭《しょく》を秉《と》ることができません。また、今日と明日は、慎しんでおりますところです。格別な仰せによって、物忌を破って参入しました。除目が終われば、早く退出します。これを如何しましょう」と。関白が云ったことには、「直物は、もしかしたら終わるのであろうか」ということだ。私が答えて云ったことには、「直物はすでに終わりました」と。関白が云ったことには、「それならば、□定められるわけにはいかない」ということだ。この頃、御殿油を供した。次いで関白が、御前の円座《わろうだ》に着した〈簀子《すのこ》敷《じき》を経て、参り着した。〉。次いで私が参り進み〈同じく簀子敷を経た。〉、円座に着した。関白の意向に随って、男たちを召し、硯と続紙《つぎがみ》について命じた。良頼朝臣が、硯と続紙を持って来た。関白が、天皇の意向を伺って、伝えた。そこで墨を磨《す》り、続紙を取って、意向を示した。関白が伝え示した。私が云ったことには、「次いで権中納言《ごんちゅうなごん》を正に転じ、任じられるべきでしょうか」と。関白は承諾した。兼隆と（藤原）実成《さねなり》を中納言に任じた。公信と朝経を権中納言に任じた。次いで右近中将（藤原）兼経《かねつね》〈三位。〉と左近中将朝任〈蔵人頭《くろうどのとう》。〉を参議に任じた。右大弁定頼は左大弁に転じた。左中弁重尹は右大弁に転じた。権左中弁経頼は左中弁に転じた。左近少将《さこんのしょうしょう》（藤原）経輔《つねすけ》〈四位。〉を権右中弁《ごんのうちゅうべん》に任じた〈「父（藤原）隆家《たかいえ》卿が、中納言を辞退し、任じられることを申請した」ということだ。ところが、辞状は無かった。事情を経たところ、関白が云ったことには、「□□□□□□□□□□□。おっしゃって云ったことには、『辞状が無いとはいっても、仰せ事が有った』と」と。私が云ったことには、「もしかしたら停任《ちょうにん》が有るべきでしょう。それは分明《ぶんめい》ではありません」と。未だその意味がわからない。内々の僉議は、他の人は知り難い。〉。次いで播磨守《はりまのかみ》（藤原）惟憲《これのり》を大宰大弐《だざいのだいに》に任じた。春宮亮《とうぐうのすけ》（藤原）泰通《やすみち》を播磨守に任じた。右近中将公成を左近中将に遷任《せんにん》した〈蔵人頭。〉。侍従《じじゅう》（源）師房《もろふさ》を右近中将に任じた。右兵衛佐《うひょうえのすけ》（源）師良《もろよし》を左近少将に任じた。右馬助《うまのすけ》（源）資通《すけみち》を右兵衛佐に任じた。書き終わって、硯を撤去した。柳筥《やないばこ》に納めて、奏を進上した。笏を把って、座に復した。御覧が終わって、返給したことは、元のとおりであった。次いで硯を柳筥に盛った。除目を笏に取り副えて、退下した。先ず陣座の後ろに於いて、道方卿を招き出した。詳しく除目と直物を下給するという事を語った。終わって、座に復した。大弁に目くばせした。大弁が進んで来た。除目を下給し、三通を書かせた〈一紙は黄紙《おうし》で、大弁以上。一紙は左中弁以上、一紙は武官《ぶかん》である。〉。大弁は、除目および直物の勘文・召名〈夾算を差した。〉・成文を一筥に合わせ納めて、これを進上した。私は直物の勘文と成文を取って、座に置いた。外記を召し、筥を給わった。惟経は、持って宜陽殿の壇の間に立った。左頭中将公成は、左近府生《さこんのふしょう》大石久遠《ひさとお》が将曹《しょうそう》を申請した文と右衛門府生《えもんのふしょう》美努行利《みぬのゆきとし》が志《さかん》を申請した文を下給した。「各々、任じるように」ということだ。惟経に給わった筥を召し返した。終わって、大弁に目くばせした。大弁が来て、兵部省《ひょうぶしょう》の清書《せいしょ》を取り出した。この両人の中文を加えて、これを給わった。大弁は笏に取り副えて、座に復した。書き入れ終わって、返給した。筥に納め、惟経に給わった。元のように、持って宜陽殿の壇上に立った。風雪は特に甚しかった。寒気は刀のようであった。私は射場に参った。公成朝臣を介して、奏上させた。長い時間が経って、これを返給した。すぐに外記に給い、陣に帰った。惟経が返して進上した。大弁に目くばせした。大弁は進んで、当年の召名を給わって〈筥のまま、給わった。〉、私の前に据えた。旧い召名を枚毎に出した。当年の召名の上を巻き、これを進上した〈当年の召名は、籤《せん》を出さなかった。〉。私は除目の成文と直物の勘文を一箱に加え納め、道方卿に委ね託した。これより先に、大外記頼隆を召して、二省の事を命じた。参って伺候していることを申した。私は座を起って、退出した〈戌剋。〉。この頃、風雪は止まなかった。権大納言〈行成〉と宰相が、共に退出した。宰相は私の車後に乗った。今夜の除目の後、権中納言公信は、宣仁《せんにん》門から入り、階下《かいか》を経て、慶賀《けいが》を奏上した。今日、参入した上達部は、大納言四人〈(藤原)斉信《ただのぶ》・行成・(藤原)頼宗《よりむね》・能信。〉・中納言三人〈実成・道方・(藤原)長家《ながいえ》。〉・参議三人〈経通・資平・定頼。〉。右近中将顕基は蔵人頭に補された。「伯父の醍醐《だいご》入道《にゅうどう》（源忠賢《ただかた》）は、先日、入滅《にゅうめつ》した。今日、未だ頭に補されない前に、假《か》を申請した」と云うことだ。事の始まりは、頗る宜しくないことであろうか。昨日、故帥中納言経房卿の薨奏が行なわれた〈「大納言能信卿が奏上した」と云うことだ。〉。

十六日、乙亥。　新任者の慶賀／藤原彰子土御門第行啓／大僧正済信、上表

門を閉じた。外人《がいじん》を禁じた。少外記《しょうげき》（安倍）祐頼《すけより》が、門外に於いて申させて云ったことには、「山階《やましな》（天《てん》智《じ》天皇）使《し》の権大納言が、障りを申させてきました。また、左大弁は班幣《はんぺい》を勤めることになっています。ところが転任《てんにん》したので、勤めないのでしょうか。未だ障りを申してきません」ということだ。伝えさせて云ったことには、「上達部の障りは、早く関白に申すように」と。新中納言《しんちゅうなごん》朝経が、故（源）奉職《ともともと》の妻〈姑《おば》。〉を介して、下襲《したがさね》を乞うてきた。使に託して、これを遣わした。中納言二人・参議二人・右大弁・権弁・中将《ちゅうじょう》・少将《しょうしょう》・大宰大弐・播磨守が、門外に来た。堅固《けんご》の物忌であったので、門を開くことができなかった。ただ書状を進上した。右兵衛佐資通が、昨夜、来た。「今夜、太后は、内裏から上東門院《じょうとうもんいん》（土御《つちみ》門院《かどいん》）に御出しました」と云うことだ。「昨日、大僧正済信《さいしん》が、上表《じょうひょう》を行ないました。少将に命じ、遣わされました」と云うことだ。調べて見なければならない。但し、故殿の承平五年十二月二十七日の御記に云ったことには、「右大将（藤原保忠《やすただ》）と中納言が、陣座に参った。比叡《ひえ》（延暦《えんりゃく》寺《じ》）の尊意《そんい》僧都《そうず》が、僧都を辞退する表を奉呈した。右大将は、仰せを奉って、これを返給しようとした。旧例によって、侍従を使とした。上表を写させる為、内記《ないき》を召した。ところがすべて、障りを申して

参らなかった。そこで今日、返給しなかった」と云うことだ。

十七日、丙子。　荷前／尾張不堪佃田解・長門海藻減省続文の不備／大弁を造大安寺司長官とした例を勘申／停任文を下す

早朝、少外記祐頼を召し遣わして、今日の荷前使について問うた。「権大納言行成・中納言兼隆・参議資平が、障りを申してきました。新中納言朝経は昇進しました。そこで勤めることができないのです。班幣所《はんぺいしょ》の参議定頼は、障りを申しました。左大弁に転じたのです。昨日、左大弁の故障について、関白に申しました。参議広業に命じることを定められました。すぐに事情を仰せ遣わしました。□□障りを申しました。関白がおっしゃって云ったことには、『重ねて命じるように』ということでした。そこで仰せ遣わしました。参仕するということを申しました」ということだ。また、故障の人々について関白に申すよう、命じておいた。私は病悩が有って、今日の事を行なわなかった。当日の上卿《しょうけい》に伝えるよう、命じておいた。大夫史《たいふのし》貞行宿禰を召して、尾張《おわり》の不堪佃田解文が、もう千町を記し落としていた事を伝えた。解文を直させて、申上させなければならないのである。解文の失錯《しっさく》によるものである。また、長門国〈幸敏《ゆきとし》。〉が申請した海藻の減省について、雅輔の時に申請した減省や、重ねての減省を、すでに符案に継いだ。どうして海藻の減省の符案が無いのか。もしかしたら塡進《てんしん》したのか。官底《かんてい》に、もし見えるところが無ければ、所司に問うよう、同じく命じておいた。また、他の事を命じた。大外記頼隆真人を召して、大弁を造大安寺《ぞうだいあんじ》司長官《しのかみ》とした例を問うた。勘申するということを申し

た。右大弁重尹は、左中弁であった時に造大安寺司長官に任じられ、右大弁に昇進された。そこで勘申させたものである。頼隆が進上した。私は御前に於いて、除目の□文を書いた。除目の清書の宰相は、外記にこれを進上させるべきであろうか。左大弁定頼が思失《ししつ》したのか。前例を調べなければならない。大威儀師《だいいぎし》安奝《あんちょう》が来て云ったことには、「大安寺の用途帳を史に託してください」ということだ。昨日、大略、見終わった。今朝、返し遣わしておいた。蔵人式部丞《しきぶのじょう》(源)経長《つねなが》を呼んで、停任《ちょうにん》の文書を下給した。除目の後、早く下さなければならなかった。ところが自然と延引しただけである。昨日、門外に来た卿相《けいしょう》たちに、縁人《えんじん》を介して、逢わなかった事を謝させた。

十八日、丁丑。　東寺孔雀経読経結願／明年、甲子革令に当たるか否かを勘申／検非違使別当、旧のごとしとの宣旨

今日、東寺の孔雀経読経が結願した。早朝、少将資房を遣わして、東寺に奉った。事情を僧正(深覚)の使に申し伝えたのである。馬一疋を奉献した。読経を執行される事、および発願《ほつがん》の日の開白《かいびゃく》の恐縮を謝す為である。また、師重を介して、仏供《ぶつぐ》の御□と請僧の布施《ふせ》〈手作布六十端。伯耆国の細布である。国号《こくごう》を付けただけである。〉を送らせた。宰相が来て語ったことには、「資房が帰って来て云ったことには、『僧正がおっしゃって云ったことには、「結願の後に、帰り参ることとする」ということでした。すぐに僧正は、結願の導師《どうし》を勤められました』と云うことでした。『私(深覚)は、もっぱら他に立派な人が無く、まったく任じられなかった。ところが、相府(実資)の御志に従って、無理に導師の役を勧めるのは、堪え難い事である』ということでした」と。馬について、再三、感動された。師重に託して、巻数《かんず》を送られた。師重が云ったことには、「僧正は、読経の座に於いて、孔雀経を転読《てんどく》されました。また、火桶や畳を分けられました。僧正の分だけを留められたのです。二十口の中でしょうか」ということだ。「布施の送文《おくりぶみ》を請僧に開いて見せました」ということだ。「資房と私(師重)に、食事を供されました」と云うことだ。左頭中将公成が、仰せを伝えて云ったことには、「明年は革令《かくれい》の年に当たるかどうかを、明経道《みょうぎょうどう》と暦道《れきどう》に命じて勘申させるように」ということだ。大外記頼隆を召し、先ず事情を伝えた。申して云ったことには、「私(頼隆)は、つまり明経博士《みょうぎょうはかせ》です。宣旨を書き下すのは、如何なものでしょう」ということだ。明日、(中原)師任《もろとう》に伝えさせることを、頼隆に命じておいた。まずは傍らの儒者《じゅしゃ》、および暦博士《れきはかせ》に告げ知らせる事を、同じく命じたのである。検非違使別当《けびいしべっとう》(公信)は元のとおりであるとの宣旨を、昨日、下しておいた。

十九日、戊寅。　明年、甲子革令に当たるか否かの説

明年は革令に当たるかどうかを明経道と暦道に命じて勘申する事を、外記師任に伝えた。宰相と右中弁章信が、堂に来た。菓子を供した。暦博士守道が来た。塔を迎え奉る日を問うたところ、「二十三日の巳・午剋が吉い」ということだ。内々に、明年は革令に当たるかどうかについて伝えた。申して云ったことには、「甲子は必ずしも革令に当たりません。延喜の甲子年は革令に当たりませんでした。そうとはいっても、甲子ということで、改元されるべきでしょう」と。昨日、頼隆が申したところも、同じであった。但し、「革令に当たるかどうかは、甚だ勘得《かんとく》し難いものです。口伝《くでん》が有るようです。また、その術を知りません」ということだ。「すべて甲子の年については、干支《かんし》が初めて建てられる時です。国家《こっか》(後一条天皇)は特に重く慎しまれなければなりません」ということだ。

二十日、己卯。　御仏名会／大僧正済信、第二度上表・勅答

深夜、蔵人所衆《くろうどどころのしゅ》〈某《なにがし》。〉が来た。告げて云ったことには、「今日、御仏名会始《ぶつみょうえはじめ》が行なわれます」と。少将資房が云ったことには、「只今、内裏から召しが有りました。大僧正の辞表《じひょう》を返給するからです」と。今朝、内供《ないぐ》朝源《ちょうげん》が云ったことには、「昨日、大僧正は重ねて上表しました」ということだ。また云ったことには、「東寺の孔雀経読経について、僧正の随喜は、極まりありませんでした。発願の間、感涙《かんるい》が数行、ありました。諸僧は涙を拭いました。二十口の僧が五箇日でした。私(朝源)は朝夕の時を欠かさず、孔雀経を読経しました。往古《おうこ》から聞いたことのない事です。必ず験徳《げんとく》が有るでしょう。僧正および諸僧が談説したところです」ということだ。八字文殊法は、明日、結願する。今朝、布施の文を送らせた。今夜、内裏の御仏名会が行なわれた。そこで参入した。宰相は車後に乗った。殿上間に参上した。すぐに奏上した。亥三剋の終わり、鐘を打った。僧たちが参入し、殿上間の口を徘徊《はいかい》した。この頃、出居が座に着した。私は御前に進んだ。先ず出居の座の前に坐った。出居の将は、私を問うた。名を称して参上し、御前の座に着した。次いで同じく初夜《そや》の御導師〈智晋《ちしん》。〉。終わって、私は退出した〈子二剋。〉。参入した諸卿は、大納言四人〈斉信・行成・頼宗・能信。〉・中納言二人〈実成・長家。〉・参議四人〈経通・資平・(藤原)通任《みちとう》・定頼。〉。「今夜、大僧正の上表に勅答《ちょくとう》があった。権大納言行成が、その上卿を勤め、勅答を作成させた。関白の命によって、奏上しなかった。明後日、奏上することになった。今夜、内覧を経るならば、往還の間、深夜に及ぶであろう。勅使《ちょくし》を仁和寺《にんなじ》に発遣するのは、暁方に至るであろう。そこで奏上しなかった」と云うことだ。

二十一日、庚辰。　道長の新鋳丈六像

宰相が来て、語ったことには、「人々が云ったことには、『二十三日、数体の丈六尊像《じょうろくそんぞう》を、禅室が新造の堂に渡し奉る。九体の阿弥陀仏《あみだぶつ》と菩薩《ぼさつ》像のようである』と。諸人にこれを見せようとしています。参入するのが、もっとも佳《よ》いでしょう」ということだ。近頃、按察納言《あぜちなごん》(藤原公任《きんとう》)も、同じくこのことを伝えてきた。そこで今夕、(藤原)能通《よしみち》朝臣を呼んで、意向を伺うよう伝えた。「明朝、来て伝えることとします」ということだ。「この朝臣は、この事を執行している」と云うことだ。暇が無いので、書簡で告げるよう、同じく伝えておいた。

二十二日、辛巳。　道長の謝意／泥塔造立／千古を西隣に送り帰す

能通朝臣が云ったことには、「明日、御堂《みどう》に参る事は、禅閤《ぜんこう》(道長)が深く感悦されました。『宰相がもしも見に来たら、彼を介して事情を伝えようと思っていたのに、すでにこの書状が有った。歓念《かんねん》は極まり無い』ということでした」と。これは愚案である。両宰相が来て云ったことには、「今日、慈徳寺《じとくじ》に参りました。禅閤も同じく参入されました」と云うことだ。大威儀師安奝が来た。大安寺の材木について云った。また云ったことには、「明日から汝（実資）の息災《そくさい》の為、田原観音寺《たはらかんのんじ》に住している平《へい》恒聖《こうひじり》に委託して、毎月、泥塔《でいとう》百基《き》を造立させ奉ります」と。先日、用紙三十帖《じょう》と墨十挺《ちょう》を送って、安裔の書状を待っていた。早朝、小女を西隣に送って帰した。一昨日から、拾遺《しゅうい》（経任）の風病《ふうびょう》が重く、不覚であった。そこで小女は、日々、渡ってきて見舞った。私は晩方、迎えた。

二十三日、壬午。　**当季尊星王供／小塔を念誦堂に安置／法成寺大仏を安置／藤原隆家に停任宣旨を下す／光仁天皇国忌／鷺の怪異／藤原資業宅、州民の放火により焼亡／千古の為の如意輪供／鬼気祭／随身に衣服を下給**

今日から三箇日、阿闍梨叡義《えいぎ》に当季尊星王《そんしょうおう》を供養させ奉った。巳剋、小塔〈高さ六尺余り。〉を念誦堂《ねんじゅどう》に安置し奉った。未だ造立し終わっていないとはいっても、今日は吉日《きちにち》である。そこで先ず安置し奉った。その後、装飾を加え奉らなければならない。今日、法成寺《ほうじょうじ》の大仏を堂に安置し奉った。そこで参入した。宰相は車後に乗った。大堂《おおどう》の西廊《にしろう》に、禅閤・関白以下が群れて坐った。座席を設備しなかった。十五体の丈六金色仏《こんじきぶつ》と菩薩像を力車《ちからぐるま》に載せ奉った〈七仏薬師《やくし》、日光《にっこう》・月光菩薩《がっこうぼさつ》、六観音《かんのん》。〉。この仏像と菩薩像の力車は、仮に蓋および花弁《かべん》を構築していた。「力車の飾りは、人々が各々、準備したものである」と云うことだ。「綱を曳く者は、皆、装飾を着けていた。先ず楽人《がくにん》、次いで僧綱《そうごう》と凡僧《ぼんそう》、合わせて六十余口。皆、法成寺の供僧《ぐそう》である」と云うことだ。この像は、大寺の東西廊の内に据えて、造顕し奉った。安置する堂は、東にあった。仏経《ぶっきょう》は、池の西南に安置した。車は堂前《どうぜん》に留め奉った。

西向きにいらっしゃった。天台座主《てんだいざす》(院源《いんげん》)以下は、仏前《ぶつぜん》の地上に坐った。その後、禅閤・関白・私・内大臣(教通)以下、および諸々の朝の士大夫《したいふ》が、群れて坐った。僧たちは、高声に薬師観音品偈《やくしかんのんぼんげ》を誦した〈尽きなかった。〉。二段毎に拝礼した。諸僧・願主《がんしゅ》(道長)および大臣以下は、堂中に参上した。或いは群れて坐り、或いは佇立《ちょりつ》した。はなはだ軽々である。次いで仏像を据え奉った〈仏座《ぶつざ》は前日に同じく置いた」と云うことだ。卿相が贈ったのか。〉。千手観音像《せんじゅかんのん》一体は移し奉らなかった。禅閤が云ったことには、「千手のまま移し奉るのは、極めて重いであろう。御手を取り放つのもまた、便宜《びんぎ》が無いであろう。そこで黄昏に臨んで、移し奉ることとする。また五大尊《ごだいそん》は、夜に入って、移し奉ることとする」と云うことだ。仏像と菩薩像を安置し奉る。荘厳《そうごん》は、仏師《ぶつし》たちが奉仕した。大仏師《だいぶつし》法橋《ほっきょう》定朝《じょうちょう》を召した。山座主《やまのざす》僧正院源が、先ず衣を脱いで、これに被《かず》けた。禅閤が下給すべきであろうか。禅閤・関白以下、諸卿や僧綱が、衣を脱いで仏前に置いたことは、山のようであった。殿上人《てんじょうびと》や地下人《じげにん》も、皆、衣を脱いで、次々の仏師に下給した。下官(実資)は、痢病《りびょう》が発動《はつどう》した。衣を脱ぎ終わって、退出した。拘留《こうりゅう》された。ところが、耐え難かったので、顧みずに退出した。これより先に、斉信卿に告げて、洩らし伝えるのか。初めは、「帰るべきである」という声が有った。後に、「帰ってはならない」ということだ。今日、便宜が有って、前帥納言《さきのそちなごん》(隆家)の停任について関白に伝えた。「停任宣旨を下すように」ということだ。私が云ったことには、「除目の日の宣旨を伝えさせるのでしょうか」と。関白は承諾した。家に帰り、大外記頼隆に命じた。今日、見参《げんざん》した諸卿は、大臣三人〈左・下官・内。〉、大納言〈斉信・公任・行成・頼宗・能信。〉、中納言〈兼隆・実成・長家。〉、参議〈経通・資平・広業。〉。今日は国忌であるので、音楽が有ったのは、如何なものか。諸卿はすべて、直衣《のうし》を着していた。私は布袴《ほうこ》を着した。資平と広業は宿直装束《とのいしょうぞく》であった。今日、辰剋、鷺が寝殿《しんでん》に集った。守道朝臣が占って云ったことには、「病事《びょうじ》を慎しまなければならない。そうでなければ、近習《きんじゅう》は丑・未の日は、病によるように避けるところか。今日以後、三十日の内・明年五月・六月・十月節中《せっちゅう》の戊・己の日を期す」と云うことだ。(安倍)吉平《よしひら》が占って云ったことには、「丑・未・卯・酉は、病事を慎しまなければならないようである。三十日の内、戊・己の日を期す」ということだ。遠期《おんき》は取らない。

子剋の頃、丹後守《たんごのかみ》(藤原)資業《すけなり》の中御門宅《なかみかどのたく》が焼亡した。「騎兵《きへい》十余人が来て、放火した。宅の人が闘った。ところが、群盗《ぐんとう》は力が強く、行なったところである」と云うことだ。「国司《こくし》(資業)は任国にいる」と云うことだ。「任終《にんしゅう》の務めは、苛酷《かこく》が極まり無かった」と云うことだ。州民《しゅうみん》の愁いは多かった。凶党《きょうとう》の類を結んで、犯行を行なったのか。そもそも、洛中《らくちゅう》は坂東《ばんどう》に異ならない。朝憲《ちょうけん》は誰がこれを憑《たの》むのか。仁王経《にんのうきょう》が説くところは、わずかな相違も無いのか。両宰相は、太后の御仏名会から馳せて来た。また、人々が多く来た。近辺であるからか。北西の方の風が吹いたが、一切、怖れは無かった。後に聞いたことには、「群盗は、まったく囲み到っていない。また、宿直《とのい》の人はいなかった。いた者は、雑人《ぞうにん》が一、二人であった」と云うことだ。「秘かに火を付けた」と云うことだ。「一物も遺さず、すべて焼失した。ただ聟《むこ》の弁経輔の方の調度《ちょうど》を、少しばかり取り出した」と云うことだ。又の説に云ったことには、「国人《こくじん》が放火したということは、特に秘蔵している。聟方の雑人は、放火ではなく、自ら出で来たということを披露《ひろう》した」と云うことだ。「国政の苛酷に堪えずに、州民が放火した事が、もしも衆の口に入れば、後々、必ず吏途《りと》の妨げが有るであろう。そこで失火と称した」と云うことだ。小女の為に、今日から始めて百箇日、内供良円《りょうえん》を招請して、如意輪法《にょいりんぽう》を供養した〈山房《さんぼう》に於いて、供養し奉る。〉。また、当季観音供《かんのんく》は、恒例のとおりであった〈念賢《ねんけん》。〉。早朝、小女は西隣に移った。拾遺が悩《や》み煩ったからである。晩方、西隣に向かった。夜に入って、帰った。小女は西隣に宿している。願を立てさせた〈等身《とうしん》の七仏薬師《やくし》如来《にょらい》像・等身の六観音像を造顕《ぞうけん》し奉ることとした。孔雀経を転読し奉ることとした。今夜、文高朝臣を招請して、鬼気祭《ききさい》を行なわせた。占いによって、行なったものである。〉。随身に衣服を下給した。府生《ふしょう》に四疋、番長に三疋、近衛に二疋。狩袴《かりばかま》の料布《りょうふ》は、追って下給させることとする。

二十四日、癸未。　藤原資業、入京

法性寺《ほっしょうじ》座主《ざす》慶命《きょうみょう》僧都が来た。談った次いでに云ったことには、「資業の宅が焼亡しました。一種の物も遺すことは無かったのです。困窮《こんきゅう》しています」ということだ。また云ったことには、「明年、特に重く慎しまなければなりません。晦日《つごもり》の間、山に登って無動寺《むどうじ》に住することにします」ということだ。今朝、律師《りっし》経理《きょうり》が来た。逢わなかった。何年も来ていない者である。僧都に転任した事を言い入れてきた。宰相が来て云ったことには、「明朝、大原野社に参ります」と。黄昏に臨んで、興福寺《こうふくじ》権別当《ごんのべっとう》扶公《ふこう》が来て、清談《せいだん》した。「明日、寺に帰ります」ということだ。「丹波守《たんばのかみ》資業が入京した」と云うこと

だ。(惟宗)貴重《たかしげ》朝臣を遣わして、火事を見舞った。報が有った。「火事の際、左衛門尉(宮道《みやじの》)式光《しきみつ》を介して、後家《ごけ》を見舞った」と。拾遺は、やまり未だ平癒していない。小女は西隣に住んでいる。

二十五日、甲申。　**御仏名会中夜に不参の殿上人を召問／資平、大原野社参詣**

中納言隆家卿の停任について、二十三日に頼隆に命じた。封戸の事によって、官符《かんぷ》を民部省《みんぶしょう》に下給しなければならない。そこで右中弁章信に命じて、去る十五日の符を作成するよう、同じく命じた。永《えい》昭《しょう》僧都が来て、談った。明日、官奏が行なわれる。大夫史貞行宿禰に命じて、右少弁(藤原)頼明《よりあきら》朝臣を召し、明日の官奏について伝えた。権左中弁経頼は、未だ初参していない。「右中弁章信は、召《しょう》問《もん》されることが有った。これは御仏名会の中夜《ちゅうや》に参らなかった事である」と云うことだ。「あの夜、蔵人頭一人・五位蔵人《ごいのくろうど》二人・六位蔵人《ろくいのくろうど》たちの他は、また人はいなかった。そこで殿上人たちを召問された」と。晩方、宰相が来て云ったことには、「大原野社から、午剋の頃、帰って来ました」と。

二十六日、乙酉。　**官奏／御前に奏者の座を敷かない失儀／東宮仏名会に不参／頼通、大弁の遅参を戒める／藤原兼房、従者に藤原明知を打擲させる／随身の褐衣を調達**

鞦《しりがい》を大宰大弐惟憲朝臣に遣わした。先日の書状による。「三品《さんぽん》に叙される分です」と云うことだ。事は任意に渉っている。右中弁章信に送った。別使を遣わさなかった。内裏に参った〈未二剋。〉。宰相が従った。これより先に、左大弁定頼が参入していた。奏について問うたところ、云ったことには、「揃えてあります」ということだ。また云ったことには、「讃岐《さぬき》の麻黄《まおう》の減省文は奏に入れなければならないのですが、未だ上卿に申していません」ということだ。答えて云ったことには、「今日以後、官奏は行なわれないであろう。先ず佳いということを申させよ」と。大弁は座を起った。しばらくして、座に復した。中文の儀は、恒例のとおりであった。但し、雨儀であった〈左少史恒則。安芸《あき》の鉤匙文《からかぎのふみ》と讃岐の麻黄の文。〉。今日、殿上人は障りが有って、参らなかった。官奏が行なわれることになっている。蔵人（藤原）永職《ながもと》を呼んで、事情を伝えた。作法を知らない者である。この頃、左頭中将公成が参入した。壁の後ろに於いて、奏について伝えた。また、雅《が》楽寮《がくりょう》の奏状を託した。南座に復した。頭中将が大宰大弐の申文を下した〈近江守《おうみのかみ》であった時、大嘗会《だいじょうえ》の悠紀《ゆき》の事を勤行《ごんぎょう》した。その賞によって従三位に叙された。〉。命じて云ったことには、「給不を勘申するように」ということだ。大外記頼隆に下給して勘申させなければならない。すぐに未給《みきゅう》を勘申して進上するよう、頭亜相《とうあしょう》（公成）に託して、覆奏《ふくそう》した。大弁が座に着して云ったことには、「奏せ」と。その儀は、通例のとおりであった。但し、雨儀を用いた〈右大史（中原）義光《よしみつ》が二十余枚を持った。壇上から南行した。更に東に還って、跪いて伺候した。本来ならば右に廻らなければならない。失誤の甚しいものである。〉。自余の云々の文書は、十五枚。越前《えちぜん》の減省文・讃岐の麻黄の減省文・国々の後不堪文・寺々が講師《こうじ》を申請した文を、右少弁頼明を介して、内覧させた〈関白は直曹《じきそう》にいた。〉。すぐに帰って来て云ったことには、「奏させるように」と。官人を介して、蔵人を召させた。蔵人左衛門尉教成が来た。奏が揃っていることを申させた。時剋が推移し、来て召したのである。大弁が座を起った。次いで私が、紫宸殿を経て、参上した。その儀は恒例のとおりであった。但し、奏者の円座を敷いていなかった。違失の甚しいものである。陣座に復した。その儀は通例のとおりであった。大弁が座を起った後、頭亜相が惟憲の中文を下給した。命じて云ったことには、「位記《いき》を作成させるように」と。少内記兼行《しょうないきかねゆき》に下給した。位記を作成するよう命じておいた。右衛門督《えもんのかみ》実成が、他の位記を作成する為に、請印《しょういん》の所司を戒めた。内記を同所に伺候させておいたのである。そこでこの位記に捺印《なついん》させる事は、右金吾《うきんご》(実成)に委ねた。「中務省が参っていません」ということだ。御前の座を敷かなかった事を、頭亜相に問うた。云ったことには、「御掛《うちき》を奉りましたので、御前の御室礼《しつらい》を見ていません」と。極めて便宜のない事である。蔵人たちは、すべて木偶人《でくじん》のようなものである。指弾《しだん》しなければならない。今日、御前から退下した際、随身が燎を執った。今夜、東宮の御仏名会が行なわれる。病悩を我慢して、官奏を奉仕した。心神《しんしん》は耐え難かった。参って伺候することはできない。春宮亮公成に告げておいた。宰相が云ったことには、「関白が談って云ったことには、『右府(実資)は、常に早く参られる。大弁は遅い。文書を見る際、日はすでに暮れている。奏者の参上は、秉燭に及ぶ。今となっては、大弁が結政《かたなし》に於いて文書を見て、奏者の参入を待つよう、戒められるように。そうでないのであるから、時を経て伺候してはならない。直ちに退出されるように』ということでした」と。翌日、資房が云ったことには、「主上《しゅじょう》(後一条天皇)がおっしゃられて云ったことには、『奏者の座を敷かなかった事を左頭中将公成朝臣に問われたところ、申して云ったことには、「蔵人教成が、官奏の御室礼を奉仕しました」と。すぐに御前に召して問われたところ、まったく忘れていたということを奏上した。おっしゃって云ったことには、「とんでもない馬鹿者め」ということだ』と」と。「今朝、右馬頭《うまのかみ》（藤原）兼房《かねふさ》〈中宮亮《ちゅうぐうのすけ》。〉が、蔵人（源）成任の宿所《しゅくしょ》に於いて、中宮《ちゅうぐう》の侍の宮内少輔《くないのしょう》（藤原）明知《あきとも》朝臣を招き呼んで、従者に打擲《ちょうちゃく》させた。咲言《しょうげん》を放ち、表衣《うえのきぬ》を曳き破られた。明知は関白の宿所に到って、愁訴《しゅうそ》した。また、兼房も同じく到った。関白は兼房を追い立てられた。兼房の従者四人が、下手人である。ところが二人は、名を知らない。もう二人は名を知っている。そこでまずは、二人の追捕宣旨を下された。蔵人成任に問われたが、あれこれを申さなかった。『もし実正を申さなければ、簡《ふだ》を削るように』ということだ。その後、誹《そし》り申した。ところが、前後の首尾《しゅび》は同じではなかった。処されたのは、言うに足りない」と云うことだ。通例によって、右近府生《うこんのふしょう》（播磨《はりまの》）為雅《ためまさ》が、随身の褐衣《かちえ》八領《りょう》を交易《こうえき》した。封物《ほうぶつ》で交易したものである。

二十七日、丙戌。　藤原教通男、誕生／藤原惟憲家の井戸に厭物を入れる者有り／白馬列見に参入すべき馬寮の頭・助、障り有り

寅・辰剋の頃、内府の室（藤原公任女《むすめ》）が男子（静覚《じょうかく》）を産んだ。右大史義光が奏報を進上した。宰相が来た。日没の頃に臨んで、新三品《しんさんぼん》〈惟憲。〉が来た。束帯《そくたい》を着していた。逢って答拝《とうはい》し、座に引き入れて清談した。云ったことには、「先日の夕方、男二人が来ました。家中に有る井戸の底に、落とし入れた物が有りました。雑人が見付けて、驚きながら捜し取り、これを見ました。呪詛《じゅそ》の物のようでした。陰陽頭文高宿禰が云ったことには、『厭物《えんもつ》です』ということでした。祓《はらえ》をして、棄てました」と。

右馬属《うまのさかん》(藤原)為政《ためまさ》が申させて云ったことには、「白馬列見《あおうまれつけん》は、馬寮《めりょう》の頭《かみ》や助《すけ》が、或いは朝廷の勘事《かんじ》を蒙り、或いは身病が有って、参入することができません。このことを近衛府《このえふ》に告げました」ということだ。右近将曹正方が申して云ったことには、「寮官が参らない時は、中少将が着して行なうことはできません」ということだ。前例を調べて行なうよう、為政に命じておいた。大略は、頭や助が参入しなければ、行なうことはできないのではないか。

二十八日、丁亥。　随身の胡籙を調進／源師房、道長女尊子と結婚の風説

随身の胡籙《やなぐい》を、前右近番長《さきのうこんのばんちょう》(内蔵《くらの》)千武《ちたけ》に調進させた。疋絹《ひっけん》を下給した。大外記頼隆が云ったことには、「大宰大弐の井戸の厭物は、産湯《うぶゆ》の祟《たた》りの時に行なうところは、このようなものです。考えるに、そうであるようではないでしょうか」と。阿闍梨源泉《げんせん》が来て云ったことには、「只今、鎮西《ちんぜい》から参上しました」と。(宗形《むなかたの》)妙忠《たえただ》が病悩を加えたということを述べた。仰せによって、遣わしたのである。法性寺座主が来た。語った次いでに云ったことには、「右中将師房が、禅門《ぜんもん》(道長)の高松《たかまつ》(源明子《あきこ》)腹の女(藤原尊子《たかこ》)と婚されるということについて、□られました。大納言能信が談ったところです。関白に問い申して、一昨日、聞いたところが有りました。ところが、未だ一言もありません。禅閤がおっしゃられた事が有るのならば、あれこれを申すわけにはいきません」ということだ。師房については、度々、関白の書状が有った。この事は、心に多く猶予していた。頻りに延引を伝えていた。昨月の二十三日から、天台《てんだい》(延暦寺)に於いて、内供良円を招請して、百箇日を限り、小女の為に如意輪法を

供させ奉っていた。この師房の事は、もしも終始、吉いのならば、相違は無いであろう。もしも宜しくないのならば、下官の為に愁いが無い様に、相違するよう、祈願したところである。事の効験《こうげん》が有ったようなものである。夜に入って、宰相が来た。語った次いでに、法性寺座主が語った事を伝えた。師房については、諸人が許さない。かえってこれは、善しとすべきであろうか。

二十九日、戊子。　僧綱召／藤原資頼、伯耆から細布・調庸雑物を送る

今朝は物忌であった。門を閉じた。ただ東門を開いた。但し細目に開いた。諷誦を清水寺《きよみずでら》に修した。今日、僧綱召《そうごうめし》が行なわれるということについて、昨日、法性寺座主が談ったところである。伯耆〈藤原資頼《すけより》〉が、細布六端と調庸《ちょうよう》雑物を送ってきた。「大雪の間、山底に逗留《とうりゅう》していまして、遂に途中から来ませんでした。和暖《わだん》を待って、督促して進上させることにします」ということだ。

三十日、己丑。　当季大般若読経、結願／御魂を拝す／解除／法華経講説／追儺

早朝、宰相が伝え送って云ったことには、「昨日、僧綱召が行なわれました。権大納言行成が上卿を勤めました〈大僧正に深覚、権僧正《ごんのそうじょう》に慶命、大僧都《だいそうず》に文慶《もんけい》、少僧都《しょうそうず》に仁海《にんかい》、権律師《ごんのりつし》に融碩《ゆうせき》、法橋に教円《きょうえん》、内供に忠明《ちゅうめい》。〉」と。当季大般若読経《だいはんにゃどきょう》が結願した。諷誦を六角堂に修した〈下官および小女・拾遺の為である。各々、物忌に当たっているからである。〉。新大僧都文慶が、阿闍梨興昭《こうしょう》を遣わして、車を借りに来た。物忌であったので、西・北門を開くには憚りが有った。ところが、物惜しみとなるであろう。そこで北門を開いて、車を出させた。車副《くるまぞい》二人を加えた。あの書状によるのである。夜に入って、宰相が来た。

「僧都たちが門外に来ました。物忌であったので、門外から帰り去りました」と云うことだ。文慶僧都の車副二人と侍男《さむらいおとこ》に、各々絹五疋を与えた。甚だ過差《かさ》である。御魂《みたま》を拝した。申剋の頃、解除《げじょ》を行なった。神祇官祐《じんぎかんのじょう》(大中臣《おおなかとみの》)惟盛《これもり》が急いで申したからである。早朝、陀羅尼品《だらにぼん》を講説《こうぜち》し奉った〈慶《けい》範《はん》。〉。子剋の頃、追儺《ついな》を行なった。

付録

用語解説（五十音順）

白馬節会《あおうまのせちえ》　正月七日に天皇が紫宸殿に出御して群臣に賜宴し、左右馬寮の引く白馬を見る儀式。外任の奏、御弓奏があり、次に左右馬寮から庭上を渡る馬の毛並みを奏上する白馬奏があった。

阿闍梨《あじゃり》　単に闍梨ともいう。伝法灌頂を受けた者、また灌頂の導師その人。一種の職官となった。

位記《いき》　位階を授ける時に発給する公文。勅授の位記は中務省の内記が作成し、中務卿および太政大臣・式部卿（武官は兵部卿）等が加署した後、内印を捺して発給した。

一条院《いちじょういん》　一条朝に成立した里内裏。東町の別納と呼ぶ一町が付属。佐伯公行が東三条院詮子に献じ、詮子はこれを天皇の後院とすべく修造。一条天皇は内裏修造後にもここを皇居とした。通常の内裏とは左右を逆として使用された。

一上《いちのかみ》　筆頭の公卿の意で、通常は左大臣がこれにあたる。摂関が太政総攬の職であるのに対し、一上は公事執行の筆頭大臣である。

位禄《いろく》　官人が位階に応じて受ける禄物。官職禄と封禄の二種があったが、普通、位禄という場合は封禄をさす。封禄は五位以上に賜わる身分禄で、従三位以上は食封制、四位・五位は位禄制で年一回、十一月支給となっていた。

石清水八幡宮《いわしみずはちまんぐう》　山城国綴喜郡の男山に鎮座。豊前国宇佐八幡宮から八幡神を勧請して鎮護国家の神とし、皇室の祖神と称す。三月の午の日に臨時祭、八月十五日に放生会が行なわれた。

雨儀《うぎ》　晴天の際の晴儀に対し、雨雪の時に行なう儀礼。その次第を簡略にし、それに伴う室礼が行なわれた。

袿《うちき》　単《ひとえ》と表着《うわぎ》との間に着けた袷の衣で、「内着の衣」の意。「袿」とも。禄や被物用に大ぶりに仕立てたものを大掛と称した。

延暦寺《えんりやくじ》　比叡山にある寺院。天台宗の総本山。東塔・西塔・横川の三塔からなる。天台密教の総本山として朝廷や貴族の崇敬を集めた他、源信が浄土信仰を説いて民衆化の基礎をつくった。

大祓《おおはらえ》　毎年六月・十二月の晦日、また大嘗会や凶事に際して臨時に行なわれる祭儀。罪・穢を除き、心身を清らかにし、その更生を図る。中臣は祓麻、東西文部は祓刀を奉り、百官男女を祓所の朱雀門に集め、中臣は祓詞を宣り、卜部は解除を行なう。

大原野社《おおはらのしゃ》　長岡京遷都の時、あるいは藤原冬嗣の請により、王城守護のために春日社を山城国乙訓郡に勧請した神社。

小野宮《おののみや》　平安京の名第。大炊御門南、烏丸西の方一町。元は文徳第一皇子惟喬親王の第宅。藤原実頼、実資と伝領され、その家系は小野宮流と称された。西・北・東門があり、南に池と山を配し、寝殿を中心に、西・東・北対を持つ典型的な寝殿造で、南東の池畔に念誦堂が建てられた。実資以後は、女の千古、その女と女系で伝領された。

小野宮流《おののみやりゅう》　藤原実頼に始まる小野宮家に伝わる有職の流派。またその門流を指すこともある。藤原忠平一男の実頼は、二男師輔(その流派が九条流)とともに父の儀式についての「教命」を受け継ぎ、それぞれの儀式作法を確立した。その内、実頼に始まる儀式作法を小野宮流という。実頼自身は儀式作法についてまとめようとして果たさず、その養子実資によって完成された『小野宮年中行事』によって知られる。

女叙位《おんなじょい》　皇親の女子以下宮人等に至る女子に五位以上の位を賜わる儀式。隔年を原則とした。

女装束《おんなしょうぞく》　宮中における命婦以上の女性の朝服の総称。女房装束とも。単・袿・裳・唐衣・袴からなる。俗に「十二単衣」とも称する。

過状《かじょう》　「怠状」ともいう。犯罪や怠務・失態を犯した者が上庁に対し自分の非を認め、許しを乞うために提出する書状。

春日社《かすがしゃ》　和銅三年に藤原不比等が藤原氏の氏神である

鹿島神(武甕槌命)を春日の御蓋山に遷して祀り、春日神と称したのに始まる。初めて一条天皇によって春日行幸が行なわれた。

春日祭《かすがのまつり》　二月・十一月の上の申の日に行なわれた奈良春日社の祭。近衛府使を摂関家の中将・少将が勤めた。社頭の儀のみならず、途中の儀も重視された。

被物《かずけもの》　禄の一種で、上位者が下位者の功労等を賞して直接相手の肩にかつがせてやる衣装の類。

方忌《かたいみ》　陰陽道の禁忌のうち、方角についての禁忌。年単位の大将軍・金神・八卦、月単位の王相神、日単位の太白神・土公・天一神等がある。

結政《かたなし》　太政官の政務執行上の一過程。官結政と外記結政の二種があり、ともに官政、外記政の準備段階的なもの。聴政の前に内外諸司からの申文を類別してそれぞれ結び束ねておき、結政当日、大弁以下の弁官が一応これを一々披見し、史が再び文書をひろげて読み上げ、これを元の形に戻す儀。官結政は外記庁の南に連なる結政所のうちの弁官の結政所で、また外記結政はその西に隣接する外記の結政所で行なわれた。

賀茂社《かもしゃ》　賀茂別雷神社(上賀茂神社、略称上社)と賀茂御祖神社(下鴨神社、略称下社)の総称。平安遷都以後は皇城鎮護の神として朝廷から篤い尊崇を受けた。四月の中の酉の日を祭日とする賀茂祭、十一月の下の酉の日を祭日とする臨時祭が行なわれた。

元日節会《がんじつせちえ》　元日に天皇が群臣に紫宸殿で宴を賜う儀式。暦の献上、氷様奏、腹赤奏、吉野国栖の歌舞、御酒勅使、立楽等が行なわれた。

勘申《かんじん》　儀式等に必要な先例や典故を調べたり、行事の日時等を占い定めて報告すること。

官奏《かんそう》　太政官が諸国の国政に関する重要文書を天皇に奏上し、その勅裁をうける政務。奏上する文書は不堪佃田奏、不動倉開用奏等、諸国から申請された地方行政上重要と認められるものが多かった。摂政が置かれている時は摂政が直廬等で覧じ、関白がある時はその内覧を経て奏上された。

官符《かんぷ》　太政官から被管の諸司諸国へ発給される下達文

（ご注意）

・この用紙は、機械で処理しますので、金額を記入する際は、枠内にはっきりと記入してください。また、本票を汚したり、折り曲げたりしないでください。

・この用紙は、ゆうちょ銀行又は郵便局の払込機能付きＡＴＭでもご利用いただけます。

・この払込書を、ゆうちょ銀行又は郵便局の渉外員にお預けになるときは、引換えに預り証を必ずお受け取りください。

・ご依頼人様からご提出いただきました払込書に記載されたおところ、おなまえ等は、加入者様に通知されます。

・この受領証は、払込みの証拠となるものですから大切に保管してください。

収入印紙
課税相当額以上
貼　　付

印

この用紙で「本郷」年間購読のお申し込みができます。

◆この申込票に必要事項をご記入の上、記載金額を添えて郵便局でお払込み下さい。

◆「本郷」のご送金は、４年分までとさせて頂きます。

※お客様のご都合で解約される場合は、ご返金いたしかねます。ご了承下さい。

この用紙で書籍のご注文ができます。

◆この申込票の通信欄にご注文の書籍をご記入の上、書籍代金（本体価格＋消費税）に荷造送料を加えた金額をお払込み下さい。

◆荷造送料は、ご注文１回の配送につき500円です。

◆キャンセルやご入金が重複した際のご返金は、送料・手数料を差し引かせて頂く場合があります。

◆入金確認まで約７日かかります。ご了承下さい。

振替払込料は弊社が負担いたしますから無料です。

※領収証は改めてお送りいたしませんので、予めご了承下さい。

お問い合わせ　〒113-0033・東京都文京区本郷７−２−８
吉川弘文館　営業部
電話03-3813-9151　FAX03-3812-3544

この場所には、何も記載しないでください。

払込取扱票

02	東京

通常払込料金加入者負担

口座記号番号	金額 千 百 十 万 千 百 十 円
00100-5-244	※

加入者名	料金	備考
株式会社 吉川弘文館		

ご依頼人・通信欄

フリガナ	
※お名前	
郵便番号	電話
※ご住所	

※

〈この用紙で書籍代金ご入金のお客様へ〉
代金引換便、ネット通販ご購入後のご入金の重複が増えておりますので、ご注意ください。

◆「本郷」購読を希望します

購読開始 　　号 より

1年 1000円 (6冊)　3年 2800円 (18冊)
2年 2000円 (12冊)　4年 3600円 (24冊)
(ご希望の購読期間に○印をお付け下さい)

日附印

各票の※印欄は、ご依頼人において記載してください。

裏面の注意事項をお読みください。(ゆうちょ銀行)(承認番号東第53889号)

これより下部には何も記入しないでください。

切り取らないでお出しください。

記載事項を訂正した場合は、その箇所に訂正印を押してください。

振替払込請求書兼受領証

口座記号番号	00100-5 通常払込料金加入者負担 / 244
加入者名	株式会社 吉川弘文館
金額	千 百 十 万 千 百 十 円 ※
ご依頼人	おなまえ ※ 様
料金	日附印
備考	

この受領証は、大切に保管してください。

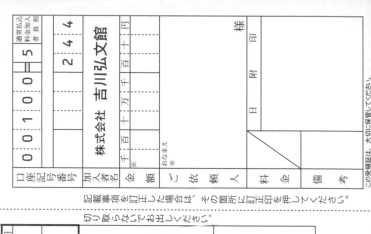

吉川弘文館

新刊ご案内　2021年2月

〒113-0033・東京都文京区本郷7丁目2番8号　振替 00100-5-244（表示価格は税別です）
電話 03-3813-9151（代表）　ＦＡＸ 03-3812-3544　http://www.yoshikawa-k.co.jp/

100年前の今日、
戦国や奈良時代の今日、
何が起きていた？

日本史「今日は何の日」事典
367日＋360日・西暦換算併記

吉川弘文館編集部編

〈2刷〉Ａ5判・四〇八頁／三五〇〇円　『内容案内』送呈

正確な日付に西暦換算年月日を併記し、「その日」におきた出来事が分かる日めくり事典。出典の明らかな記事を、旧暦二月三〇日を含む三六七日に閏月三六〇日を加えた日付ごとに掲載する。暦に関するコラムや付録も充実した、ユニークな歴史カレンダー。

災害と生きる中世
旱魃・洪水・大風・害虫

水野章二著

二五〇〇円

中世の人びとは、日常的に起こる災害にどのように立ち向かったのか。最新の科学的分析と古文書・古記録や文学作品から、自然の猛威が社会生活に与えた影響や人びとの対応を解明。災害への関心が高まる今、必読書。四六判・二四〇頁

強い内閣と近代日本
国策決定の主導権確保へ

関口哲矢著

二五〇〇円

明治憲法下の内閣や首相は自身の機能を強化し、戦争の主導権を得ようとしていく。近代はこの試みと挫折の繰り返しであった。近代内閣の行った強化策を制度や組織運営から総括し、現代政治の課題解決の糸口を探る。四六判・二六四頁

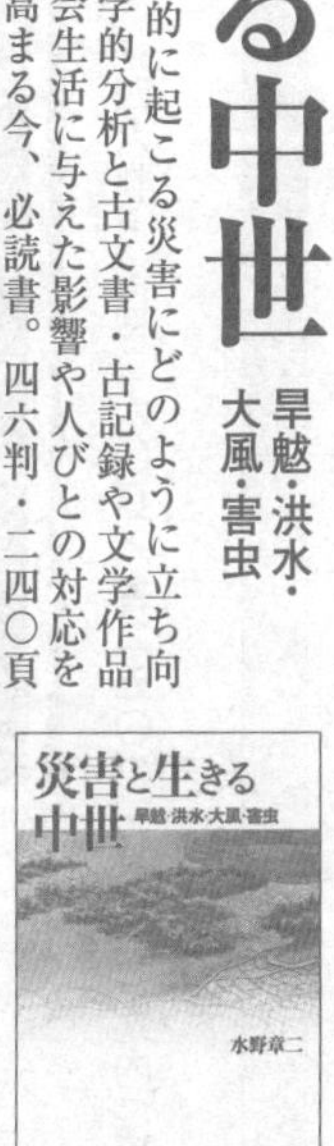

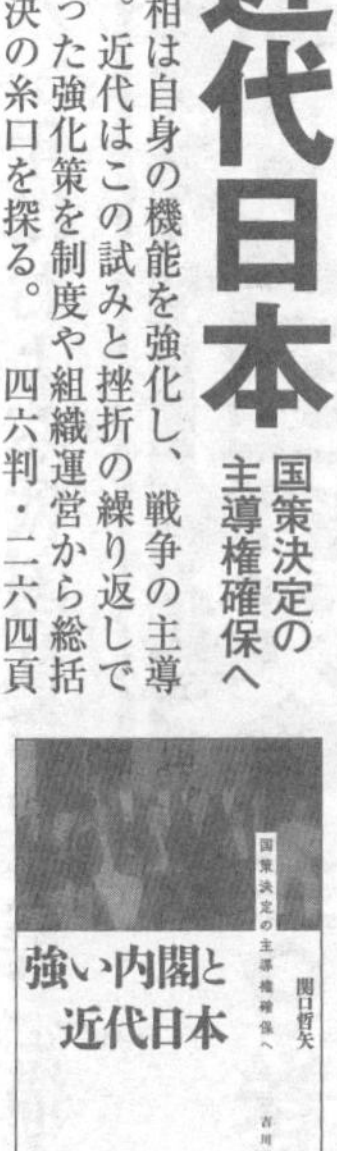

天下は戦国！

享徳の乱から大坂の陣まで、一六〇年におよぶ戦国社会の全貌を描く

列島の戦国史 全9巻

〈企画編集委員〉池 享・久保健一郎

四六判・平均二六〇頁／各二五〇〇円 『内容案内』送呈

●新刊の3冊

5 東日本の動乱と戦国大名の発展

丸島和洋著

十六世紀前半、東日本では古河公方の内紛と連動した戦乱から、戦国大名の衝突へ変化する。伊達・上杉・北条・武田・今川・織田―大名間「外交」と国衆の動静を軸に、各地の情勢を詳述。戦国大名確立の背景に迫る。

＊十六世紀前半／東日本

8 織田政権の登場と戦国社会

平井上総著

十六世紀後半、織田信長は室町幕府に代わる政権を打ち立て、全国を統合へ向かわせた。将軍義昭の追放、朝廷への対応、大名との衝突と和睦などの政局に加え、都市や流通、宗教など社会の諸相から織田政権の実像に迫る。

＊十六世紀後半／全国

9 天下人の誕生と戦国の終焉

光成準治著

十七世紀初頭、豊臣氏を滅亡させた徳川氏が権力の頂点に立つ。秀吉の天下一統から大坂の陣、徳川政権確立までの政局をたどり、兵農分離の実像や芸能・美術など、社会と文化にもふれながら「天下人」の時代を見渡す。　＊十七世紀初頭／全国

●既刊5冊

1 享徳の乱と戦国時代〈2刷〉

久保健一郎著　十五世紀後半、上杉方と古河公方《くぼう》方が抗争した享徳《きょうとく》の乱に始まり、東日本の地域社会は戦国の世へ突入する。室町幕府の東国対策、伊勢宗瑞《そうずい》の伊豆侵入、都市と村落の様相、文人の旅などを描き、戦国時代の開幕を見とおす。　＊十五世紀後半／東日本

3 大内氏の興亡と西日本社会

長谷川博史著　十六世紀前半、東アジア海域と京都を結ぶ山口を基盤に富を築き、列島に多大な影響を与えた大内氏。大友・尼子氏らとの戦い、毛利氏の台頭などを描き出し、分裂から統合へ向かう西日本を周辺海域の中に位置づける。　＊十六世紀前半／西日本

4 室町幕府分裂と畿内近国の胎動

天野忠幸著　十六世紀前半、明応の政変などを経て室町幕府は分裂。分権化が進み、新たな社会秩序の形成へと向かう。三好政権の成立、山城の発展、京都や大阪湾を取り巻く流通などを描き、畿内近国における争乱の歴史的意味を考える。　＊十六世紀前半／中央

6 毛利領国の拡大と尼子・大友氏

池　享著　十六世紀後半、西日本では大内氏を倒し台頭した毛利氏をはじめ、尼子や大友、島津などの地域勢力が熾烈な領土争いを繰り広げた。海外交易の実態、流通・経済の発展など社会状況も概観し、西国大名の覇権争いを描く。　＊十六世紀後半／西日本

7 東日本の統合と織豊政権

竹井英文著　十六世紀後半、関東では武田・上杉・北条らの領土紛争が激化、奥羽では伊達の勢力が急拡大する。戦乱の中で進化する築城技術や経済活動、領国支配の構造などを描き、織豊政権の介入で統合へ向かう東日本の姿を追う。　＊十六世紀後半／東日本

●続刊（3月発売）

2 応仁・文明の乱と明応の政変

大薮　海著　十五世紀後半、二つの争乱を契機に室町幕府は崩壊の道へ―。京都での東西両軍の対立に至る政治過程や、大乱の様子と乱後の情勢を西国にも目を向けて叙述。将軍家を二分した政変を経て、乱世へと向かう時代を通観する。　＊十五世紀後半／中央・西日本

われわれは宗教をどう理解し、いかに向き合うか？
新しい人文学のあり方を構想する画期的シリーズ！

日本宗教史 全6巻

〈企画編集委員〉伊藤 聡・上島 享・佐藤文子・吉田一彦

A5判・平均三〇〇頁
各三八〇〇円
『内容案内』送呈

世界各地で頻発する紛争や、疫病、自然災害など、不安が増大する今日、宗教の役割が問い直されている。古代から現代に至る長い時間軸の中で日本の宗教をとらえ、世界との豊かな文化交流と日本列島に生きた人々の信仰の実態に着目して分野横断的に諸相を追究する。様々な学問分野の研究蓄積を活かし、世界史の中の新たな日本の宗教史像を提示する。

●最新刊の2冊

4 宗教の受容と交流

佐藤文子・上島 享編　三三八頁

古来、中国やインド、西洋からの影響を波状的に受けて育まれてきた日本の宗教文化。仏教・儒教・道教・キリスト教や様々な民間信仰をとりあげ、伝播の衝撃や受容の実態などを明らかにし、その歴史的意義を考える。

5 日本宗教の信仰世界

伊藤 聡・佐藤文子編　二七二頁

自然災害や疫病、大切な人の死に面したとき、人々は日ごろ忘れている宗教的な体験の記憶を呼び覚まして向かい合おうとする。人が生まれてから死を迎えるまで、社会の営みの基底にいきづく多様な〈信仰〉のかたちを描く。

●既刊3冊

1 日本宗教史を問い直す

吉田一彦・上島　享編　古代から近代までの日本宗教史を、神の祭祀や仏法伝来、宗教活動の展開と宗教統制、政治との関係などを柱に概観する。さらに文化交流史、彫刻史、建築史、文学、民俗学の分野から日本の豊かな宗教史像をとらえ直す。　三四四頁

3 宗教の融合と分離・衝突

伊藤　聡・吉田一彦編　仏教・神道・キリスト教をはじめ多様な宗教が併存する日本社会。他の信仰に対する寛容さを持つ一方、排他的な志向や事件も繰り返されている。古代から現代まで、さまざまな宗教・思想・信仰の融合と葛藤の軌跡を辿る。　三〇八頁

6 日本宗教史研究の軌跡

佐藤文子・吉田一彦編　日本宗教史の諸学説はいつ、どのようにして成立したのであろうか。明治・大正以来の研究の歩みを振り返り、今後の学問の方向を探る。近代国家の展開に共振する学問史を洞察し、新たな日本宗教史研究の地平をめざす。　二九四頁

●続刊（3月発売）

2 世界のなかの日本宗教

上島　享・吉田一彦編　日本の宗教史は世界においてどのような特色を持つのか。キリスト教やイスラーム教、儒教を信仰する地域と比較。妻帯、葬送、信仰、時空意識などを考察して、アジア史、そして世界史のなかに日本宗教史を位置づける。　三三〇頁

【本シリーズの特色】

◎宗教史の視座から、現代日本の信仰、文化、社会などのあり方を再考する。

◎古代から現代に至る日本宗教の歴史を通史的に把握しつつ、各巻にその特徴を浮き彫りにするテーマを設定。

◎日本史・外国史・宗教学・文学・美術史・建築史・民俗学等の諸分野の成果を反映しつつ、垣根を越えて総合的に考察し、新たな人文学の方向性を模索する。

◎日本の宗教は世界史のなかにどのように位置づけられるのか。諸外国との交流により形成された宗教文化の実相を明確化し、国際社会と日本の関わりを描く。

◎仏教・神道・キリスト教・儒教・陰陽道など、個別の宗教や宗派研究の枠を出て、それぞれが融合・衝突・併存しつつ日本社会に定着した姿を考察する。

◎日本の思想・学問・芸術そして生活へと影響を与えた宗教文化の内実を論じ、人びとの信仰のかたちと死生観を明らかにする。

◎日本の宗教を私たちがどう自己認識してきたかを検証し、宗教の概念を問い直す。

歴史文化ライブラリー

●20年10月〜21年1月発売の9冊　四六判・平均二二〇頁

※通巻505は刊行が遅延していた新刊です。

人類誕生から現代まで／忘れられた歴史の発掘／常識への挑戦／学問の成果を誰にもわかりやすく／ハンディな造本と読みやすい活字／個性あふれる装幀

505 日本赤十字社と皇室 博愛か報国か

小菅信子著

日本における赤十字による救護活動は、皇室の全面的な保護のもと普及した。日露戦争から第二次世界大戦にいたる過程で、国際主義と国家主義のはざまに立ち、国民統合装置としてゆるやかに近代日本を支えた側面を描く。

一九二頁／一七〇〇円

510 仏都鎌倉の一五〇年

今井雅晴著

武士政権が成立した鎌倉は、新たな宗派を唱える意欲的な僧侶が集まり繁栄した。幕府の指導者たちは新しい仏教の助けを借りて政治課題にどう取り組んだのか。僧侶たちの足跡や宗派の特色、仏教思想や文化に触れ描く。

二二四頁／一七〇〇円

511 戦後文学のみた〈高度成長〉

伊藤正直著

高度成長期の小説は、同時代をどう捉えていたのか。産業構造と労働、近代家族、統治システムの三つに焦点を絞り、伊藤整、庄野潤三、石川達三らの作品を経済という観点から読み解き、現代の鏡としての高度成長に迫る。

二三二頁／一七〇〇円

512 ものがたる近世琉球 喫煙・園芸・豚飼育の考古学

石井龍太著

周辺地域の影響を受けつつ独自の発展をとげた琉球。江戸時代の頃にはどのような文化が花開いたのだろうか。喫煙・園芸・豚飼育を歴史考古学の手法で掘り下げ、思想・風習・制度・行動・価値など人々の日常に迫る。

二〇六頁／一七〇〇円

513 昭和陸軍と政治 「統帥権」というジレンマ

高杉洋平著

軍部の暴走を招いた要因とされる統帥権独立制には、政治からの軍事の独立とともに、軍部の政治介入禁止という二面性があった。軍人たちは、これらをどう認識してきたのか。政治との関わり方に苦悩する昭和陸軍に迫る。

二八二頁／一八〇〇円

514 顔の考古学 異形の精神史

設楽博己著

土偶・仮面・埴輪・土器など、〈顔〉を意匠とする造形品には、古代人のいかなるメッセージが込められていたのか。抜歯やイレズミ、笑いの誇張表現、装身具などを分析。顔への意識の変化と社会的背景を明らかにする。

二五六頁／一八〇〇円

515 伊達一族の中世 「独眼龍」以前

伊藤喜良著

「独眼龍」以前の伊達一族は、福島盆地を拠点に活動していた。鎌倉期から戦国初期までの三六〇年に及ぶ歴史を、地理的条件や諸系図、発掘調査の成果などを検討しつつ描き、戦国奥羽の覇者となる礎を築いた時代に迫る。

二五六頁／一八〇〇円

516 江戸時代の瀬戸内海交通

倉地克直著

江戸前期、瀬戸内海交通の重要性が高まった。大坂・江戸へさまざまな物が運ばれ、人びとが行き交い、海難事故に対する救助や補償の方法が定まっていく。岡山藩「御留帳御船手」から幕藩体制を支えた海上交通事情を探る。

二七二頁／一八〇〇円

517 神々と人間のエジプト神話 魔法・冒険・復讐の物語

大城道則著

旧約聖書やイソップ寓話、ハリー・ポッターなど、物語の題材の起源となったエジプト神話。神々と王・役人・庶民らが織りなす六つの神話を日本語に訳し、事物・風習・文化を解説。人々を魅了する古代エジプトへと誘う。

二三八頁／一七〇〇円

元興寺・元興寺文化財研究所編

図説 元興寺の歴史と文化財
一三〇〇年の法灯と信仰

法興寺（飛鳥寺）を前身として平城京に移建されて以来、一三〇〇年の法灯を伝える元興寺。ゆかりの文化財を豊富な写真で収載。国家的大寺院から中世以来の都市寺院へと、「二つの顔」をもつ歴史をビジュアルに紹介する。

B5判・二〇八頁／二六〇〇円

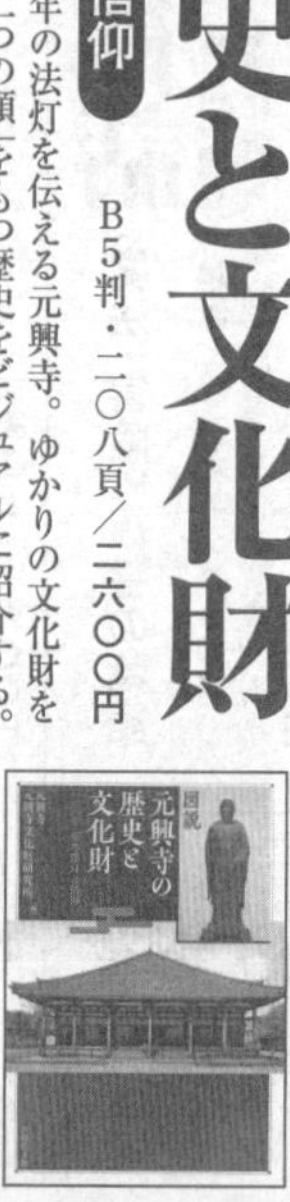

日本仏教はじまりの寺 元興寺
一三〇〇年の歴史を語る

蘇我馬子が創建した法興寺（飛鳥寺）が、平城遷都にともない奈良に移転し、元興寺と称してから一三〇〇年。古代官寺から中世的都市寺院を経て今日にいたるその歴史と文化財をわかりやすく解説。コラムも多数収録する。

A5判・二四六頁／二二〇〇円

小笠原好彦著

検証 奈良の古代仏教遺跡
飛鳥・白鳳寺院の造営と氏族

古代に都が営まれ、東アジアの文化や情報の受容拠点であった奈良。飛鳥・白鳳期の二五寺院跡などを、考古学の発掘成果と『日本書紀』などをふまえて紹介。寺院跡の所在地と瓦類から、有力氏族相互の実態に言及する。

A5判・二一六頁／二二〇〇円

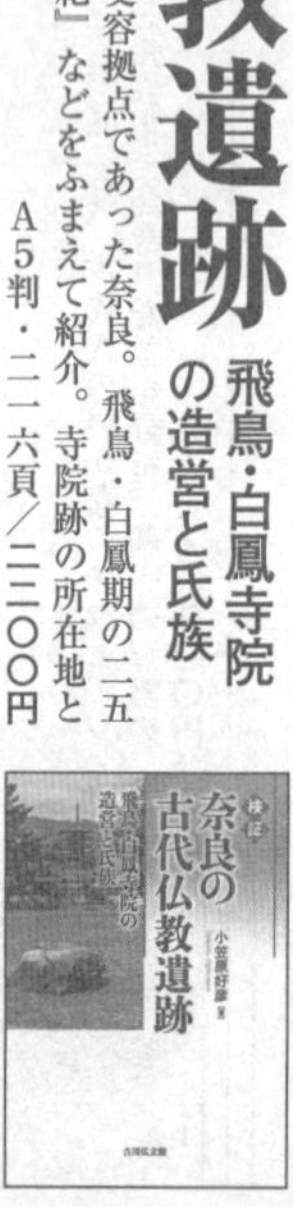

みちのく歴史講座 古文書が語る東北の江戸時代

荒武賢一朗・野本禎司・藤方博之 編

武士と村落をテーマに、江戸時代と東北の地域史を読み解く古文書講座。充実の講師陣が、政宗や諸階層の侍の姿を平易に解説。自然災害など環境との関係を軸に、村落社会に生きる人々の実態も探り、古文書の魅力を語る。

A5判・二六四頁／二二〇〇円

摂関政治最盛期の「賢人右府」
藤原実資《さねすけ》の日記を待望の現代語訳化

倉本一宏編

現代語訳 小右記 全16巻

四六判・平均二八〇頁／『内容案内』送呈

⑪右大臣就任 治安元年(一〇二一)正月～治安二年(一〇二二)十二月

道長六女の嬉子が東宮敦良親王の許に入侍し、道長が無量寿院（後の法成寺）の造営に専心しているという情勢の中、実資はついに右大臣に上る。「賢人右府」の誕生である。案外に素直に喜ぶ実資の姿が浮かび上がる。【第11回】三〇四頁／三〇〇〇円

好評既刊

①三代の蔵人頭《くろうどのとう》 二八〇〇円
②道長政権の成立 二八〇〇円
③長徳《ちょうとく》の変 二八〇〇円
④敦成《あつひら》親王誕生 二八〇〇円
⑤紫式部との交流 二八〇〇円
⑥三条天皇の信任 三〇〇〇円
⑦後一条天皇即位 三〇〇〇円
⑧摂政頼通 三〇〇〇円
⑨「この世をば」 二八〇〇円
⑩大臣闕員《けついん》騒動 三〇〇〇円

読みなおす日本史

毎月１冊ずつ刊行中　四六判

古代日本語発掘

築島　裕著　二〇〇頁／二二〇〇円

古代の日本語は、中国より伝わった漢字で表記されたが、実際はどのように読まれてきたのか。漢文を読解する際に付された訓点（返り点、読み仮名）を集成して検討し、ヲコト点や仮名なども含めて歴史的実態に迫る。（解説＝沖森卓也）

鳴動する中世 怪音と地鳴りの日本史

笹本正治著　二五六頁／二二〇〇円

山の音、石の鳴き声、城跡の鶏鳴、寺社や墓の鳴動…。中世人はこうした不思議なできごとを神仏や祖先からの啓示と考えた。古文書・記録や伝承から、彼らが体感した〝音〟を再現し、失われた日本人の心性を考える。（補論＝笹本正治）

本能寺の変の首謀者はだれか 信長と光秀、そして斎藤利三

桐野作人著　二二〇〇円

「ときは今…」を詠んだ謀叛の三日前、まだ信長襲撃を決断していなかった光秀が、なぜ本能寺の変を起こしたのか。近年重要視される四国説や明智家家老の斎藤利三の実像を探り、謀叛決行の真相に迫る。（補論＝桐野作人）　二八八頁

餅と日本人 「餅正月」と「餅なし正月」の民俗文化論

安室　知著　二八〇頁／二四〇〇円

正月の雑煮など、日本人にとって特別なハレの日の食とされる餅。だが、中には正月に餅を食べない地方も存在する。餅は私たちの生活にどのように関わっているのか。全国の事例を調査し、そこから見える民俗・文化に迫る。（補論＝安室　知）

戦後の歴史研究に輝かしい業績を遺した「角田史学」の全容

角田文衞の古代学 全4巻

公益財団法人古代学協会編

A5判／各五〇〇〇円

②王朝の余薫（第3回）

四〇〇頁

他の追随を許さない角田文衞の平安王朝史研究。そのほとんどは著作集や研究論文集に収められてきたが、未収載、未発表のものもある。未完の名論文「高階家の悲劇」など全一七編を集め、王朝史研究の余薫を伝える。

①後宮と女性

四二二頁

後宮はすべての淵藪《えんそう》であり、個性的な女性たちが活動を担った。角田文衞の独壇場と言うべき後宮史・人物史をテーマに、遺された珠玉の論考を集成。

④角田文衞自叙伝

四〇〇頁

半世紀以上に及ぶ学究生活を自ら回顧した未刊の「自叙伝」に加え、後の業績に連なる萌芽的な初期論文を収録。生粋の歴史学者九五年の生涯を追う。

〈続刊〉③ヨーロッパ古代史の再構成

中世禅宗史叢説 附 禅籍の口語 略解

西尾賢隆著

A5判・三〇四頁／一〇〇〇〇円

独特の用語ゆえに解読が難解な、墨蹟を含む種々の禅籍の文章を読み下し、現代語訳する。また禅僧を中心とする日中仏教の交流を概観。研究に資するため、漱石も用いた唐宋由来の話し言葉の辞典「禅籍の口語 略解」を附載。

中世醍醐寺の仏法と院家

永村 眞著

A5判・四〇二頁／九〇〇〇円

京都山科に広大な寺域を保つ醍醐寺。上醍醐と下醍醐に点在する堂塔のなかに、寺僧が止住し顕密仏法を相承する場として生まれた院家の実態を「醍醐寺文書聖教」から追究。中世仏教史に醍醐寺が果たす役割を解明する。

近世旗本領主支配と家臣団

野本禎司著

A5判・三九二頁／一一〇〇〇円

徳川将軍家の直臣、将軍直轄軍として権力の柱だった旗本家。彼らは幕府官僚職の遂行と知行所支配の両面をいかに成り立たせていたのか。領主支配の構造と家臣団の実態を解明し、江戸周辺にもたらした社会像を提示する。

手引ろくろの文化史 その技術と木地屋の系譜

小椋裕樹著

手引ろくろという独特の道具を使って、お椀などの素材を作っていた木地屋《きじや》と呼ばれる職人たち。国内各地のろくろの構造分析や地域比較から木地屋の歴史と技術系統、移住の系譜などを解明。ろくろ六六点の調査台帳を収録する。

B5判・三二八頁／一二〇〇〇円

日本史上随一の発給数を誇る秀吉文書、約七千通を初めて集大成。
秀吉像を再検証し、豊臣政権を考察する必備の基本史料集！

豊臣秀吉文書集 全9巻

名古屋市博物館編　菊判／既刊7冊＝各八〇〇〇円

第七巻 文禄四年～慶長三年　〈最新刊〉三三六頁

後継者秀次の自刃、伏見地震の災害など、盤石と思われた政権に陰りが見え始める。朝鮮再出陣を命じるものの、明・朝鮮軍との苦難の戦いが続く。幼い秀頼を諸大名に託し六十二年の生涯を閉じるまで、七七二点を収録。

※巻数順に毎年1冊ずつ配本中

近世の遊廓と客 遊女評判記にみる作法と慣習

髙木まどか著　A5判・三二〇頁／九五〇〇円

文化発祥地としての一面を持ち、日常の身分秩序は排され、すべての客は平等に扱われるとされた近世の遊廓。その言説に疑義を唱え、吉原遊廓を中心に実証的に分析。遊女評判記から、遊女や店、客同士の関係性を描き出す。

近世日朝関係と対馬藩

酒井雅代著　A5判・二八〇頁／八五〇〇円

徳川幕府は朝鮮との交渉を対馬藩に委ね、二国は倭館において接触した。日朝間の諸問題はいかに解決されたのか、最前線における通詞たちの活動から考察。日朝の史料を比較検討し、新たな視座から日朝関係史を構築する。

天皇近臣と近世の朝廷

林　大樹著　A5判・三八六頁／一二〇〇〇円

近世の天皇・公家・朝廷研究は、進展が著しい。分析が進んでいなかった天皇側近の蔵人頭・御児《おちご》・近習などの全貌を、日記や関係資料から追究。天皇の意思と朝廷の最終決定との関係を解明し、近代国家の天皇を展望する。

近世の公家社会と幕府

田中暁龍著　A5判・三五二頁／一一〇〇〇円

江戸幕府により朝廷政務の中心に置かれた摂家。彼らの支配の実態を、多様な視点から分析。公家処罰、朝廷権威を求める動きから巻き起こる身分秩序の動揺を、変質していく公家社会と関与する幕府の政策から考察する。

幕末維新の政治過程

三宅紹宣著　A5判・四五二頁／一一〇〇〇円

多様な勢力が国家のあり方を模索した幕末維新期。民衆の対外的危機の実態と社会のうねり、攘夷運動の世界史的位置づけと幕府との対抗、薩長同盟、討幕運動と幕府の倒壊、廃藩置県まで、近代国家の成立過程を解明する。

日本の近代化と民衆意識の変容 機械工の情念と行動

西成田　豊著　A5判・二七二頁／九〇〇〇円

近代化により生まれた機械工たちは、集団労働への適応が求められた。工場規則や労働時間、工場内の人間関係や欠勤などの実態、労働争議、遊興や文化に着目。民衆史と感性史の方法で、民衆意識の変化を究明する。

横浜正金銀行の研究 外国為替銀行の経営組織構築

白鳥圭志著

一八八〇年に設立され、戦前日本経済を支えた横浜正金銀行。戦争・地震・金融恐慌などに翻弄された歩みを内部史料から検証。本部組織に焦点を絞り、組織管理・経営戦略の特徴を捉え、後発国の多国籍銀行の実態に迫る。

A5判・二二八頁／八〇〇〇円

帝国日本と鉄道輸送 変容する帝国内分業と朝鮮経済

竹内祐介著

A5判・二五八頁／八〇〇〇円

台湾・朝鮮などを植民地化した日本は、鉄道物流網の構築を目指した。朝鮮内の市場がいかなる特質を持って成長し、地域間で分業体制を築いたのか。商品流通の実態を鉄道統計から分析し、日本帝国下の朝鮮経済を究明。

昭和戦時期の娯楽と検閲

金子龍司著

A5判・三〇〇頁／九〇〇〇円

一九四五年の敗戦まで続いた映画、音楽、芝居などへの検閲。流行歌やジャズ、大衆喜劇などの取締りに、投書という手段で消費者が与えた影響とは。これまでの通説に見直しを迫り、戦時娯楽政策の実相を解き明かす。

近現代の皇室観と消費社会

右田裕規著

A5判・二七六頁／九〇〇〇円

皇室を商品とした二〇世紀のメディア・祝祭記念品の需用のあり方を検討。戦前・戦後の天皇制がいかに大衆の支持を維持し、国民統合の象徴的作用はどう変容してきたか。消費社会化が君主制国家にもたらした影響に迫る。

日本考古学年報 72（2019年度版）

日本考古学協会編集――A4判・二三〇頁／四〇〇〇円

日本考古学 第51号

日本考古学協会編集――A4判・一四二頁／四〇〇〇円

交通史研究 第97号

交通史学会編集――A5判・九二頁／二五〇〇円

鎌倉遺文研究 第46号

鎌倉遺文研究会編集――A5判・一一八頁／二〇〇〇円

戦没者遺骨収集と戦後日本

浜井和史著

戦後の日本は、海外戦没者の存在に真摯に向き合ってきたのか。「遺骨収集事業」をめぐる外交交渉や政策決定過程を分析し、歴史的に考察。靖国問題にとどまらない戦没者と国家の関係をめぐる研究に新たな視座を示す。

A5判・三一四頁／九五〇〇円

大学で学ぶ東北の歴史

東北学院大学文学部歴史学科編

A5判・二六八頁〈3刷〉一九〇〇円

日本史の中に東北の歴史を位置付けるため最適なテーマを選び、遺跡・争乱・人物や自然災害など東北独自のトピックスを盛り込んだ通史テキスト。歴史愛好家や社会人など、歴史を学びなおしたい人にも最適。

富士山噴火の考古学 火山と人類の共生史

富士山考古学研究会編

A5判・三五二頁／四五〇〇円

世界文化遺産の富士山は、古来、噴火を繰り返し、生活に大きな影響を与えてきた。富士山考古学研究会が、山梨・静岡・神奈川の縄文～近世のテフラ(火山灰)が堆積した噴火罹災遺跡を考古学で詳細に検証し共生を探る。

藤原冬嗣《ふゆつぐ》（人物叢書306）

虎尾達哉著

四六判・三〇四頁／二二〇〇円

藤原北家出身の貴族。嵯峨天皇の信任を得て政界の頂点に立ち、のちの摂関家興隆の基礎を築いた。漢詩や薫物の才にも秀でたほか、最澄・空海を支え仏教界にも貢献。薬子の変や自然災害を乗り越えた非凡な政治家の生涯。

上杉謙信（人物叢書307）

山田邦明著

四六判・三四四頁／二四〇〇円

越後国の戦国大名。父長尾為景の死後、当主として関東管領上杉氏を助け、その姓と職を譲られる。信玄・信長と対決し、関東出陣を目前に病没。謙信発給の書状などから生涯を辿り、領国統治の実態や信仰、人柄に迫る。

東海の名城を歩く 静岡編

中井 均・加藤理文編

A5判・二九六頁／二五〇〇円

今川・後北条・武田・徳川ら、群雄が割拠した往時を偲ばせる石垣や曲輪が訪れる者を魅了する。静岡県内から精選した名城六〇を、西部・中部・東部に分け、豊富な図版を交えてわかりやすく紹介する。

関東大震災 鉄道被害写真集 惨状と復旧1923―24

東京鉄道局写真部編

B5横判・二九六頁／一八〇〇〇円

東京・神奈川など一府六県に甚大な被害を与えた関東大震災。東京鉄道局の写真技師が、各沿線の被災状況や応急工事の様相を撮影した二四四枚を収めた写真帖を新装復刊。大正末期の社会・世相もよみがえる貴重な記録。

●近刊

恋する日本史
『日本歴史』編集委員会編
A5判／二〇〇〇円

古墳時代東国の地域経営
若狭徹著
A5判／三八〇〇円

大伴旅人（人物叢書309）
鉄野昌弘著
四六判／二二〇〇円

東大寺の考古学 よみがえる天平の大伽藍（歴史文化ライブラリー518）
鶴見泰寿著
四六判／一七〇〇円

鑑真と唐招提寺の研究
眞田尊光著
A5判／一一〇〇〇円

夢語り・夢解きの中世（読みなおす日本史）
酒井紀美著
四六判／二二〇〇円

永青文庫叢書 細川家文書 地域行政編
熊本大学永青文庫研究センター編
A4判／二五〇〇〇円

家老の忠義 大名細川家存続の秘訣（歴史文化ライブラリー519）
林千寿著
四六判／一七〇〇円

近世村落の領域と身分
関口博巨著
A5判／一一〇〇〇円

近世日本の災害と宗教 呪術・終末・慰霊・象徴
朴炳道著
A5判／一二〇〇〇円

京坂キリシタン一件と大塩平八郎 史料と考察
宮崎ふみ子編
A5判／一二〇〇〇円

考証の世紀 十九世紀日本の国学考証派
大沼宜規著
A5判／一〇〇〇〇円

世界の中の近代日本と東アジア 対外政策と認識の形成
大日方純夫著
A5判／一一〇〇〇円

幣原喜重郎（人物叢書308）
種稲秀司著
四六判／二四〇〇円

大好評のロングセラー発売中！

日本史年表・地図
児玉幸多編
B5判・一三八頁／一三〇〇円

世界史年表・地図
亀井高孝・三上次男・林健太郎・堀米庸三編
B5判 二〇八頁 一四〇〇円

学校教育に戦争孤児たちの歴史を！
戦争の本質を学び平和学習・人権教育にいかす

戦争孤児たちの戦後史　全3巻

浅井春夫・川満　彰・平井美津子・本庄　豊・水野喜代志編
各二二〇〇円　A5判・平均二五四頁／『内容案内』送呈

3 東日本・満洲編　浅井春夫 水野喜代志 編

東京周辺と満洲に暮らした戦争孤児に着目。養育院・上野地下道・残留孤児をキーワードに、児童福祉施設の運営、東京大空襲の被害や引揚の実相などを詳述。文献案内や当事者の証言も収録し、今後の研究課題を展望する。（2月発売）

既刊2冊

1 総論編　浅井春夫・川満　彰編

孤児になる経緯・ジェンダーなどの視角を重視し、現代的観点から孤児問題を考える姿勢を提示する。年表も掲載。〈2刷〉

2 西日本編　平井美津子・本庄　豊編

孤児救済に尽力した施設や原爆孤児のための精神養子運動などの取り組み、大阪大空襲や引揚、沖縄戦における実態を詳述。

ユネスコの世界文化遺産に登録された平泉の魅力に迫る！

平泉の文化史　全3巻

菅野成寛監修
B5判・本文平均一八八頁
原色口絵八頁／『内容案内』送呈
各二六〇〇円

3 中尊寺の仏教美術　彫刻・絵画・工芸

浅井和春・長岡龍作編

宗教美術の分析は信仰を明らかにする。同時代の京都の動向や造像の比較とともに、中尊寺金色堂諸仏・経蔵文殊五尊像、金字宝塔曼荼羅、金色堂須弥壇の工芸意匠などを科学調査の成果から検討。平泉の仏教世界に迫る。（3月発売予定）

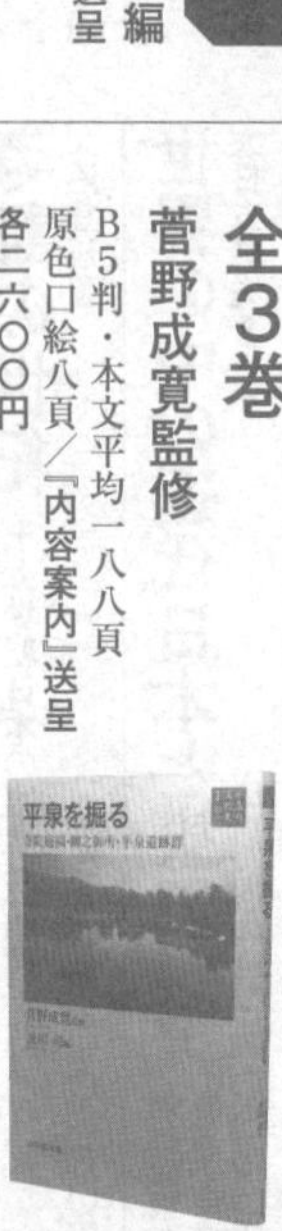

〈既刊2冊〉

1 平泉を掘る　寺院庭園・柳之御所・平泉遺跡群

及川　司編

発掘成果から中世の平泉を復元する！

2 平泉の仏教史　歴史・仏教・建築

菅野成寛編

国見山廃寺の性格から鎌倉期の中尊寺史まで。

郵便はがき

料金受取人払郵便

1 1 3-8 7 9 0

本郷局承認

4173

差出有効期間
2022年7月
31日まで

東京都文京区本郷7丁目2番8号

吉川弘文館 行

愛読者カード

本書をお買い上げいただきまして、まことにありがとうございました。このハガキを、小社へのご意見またはご注文にご利用下さい。

お買上**書名**

＊本書に関するご感想、ご批判をお聞かせ下さい。

＊出版を希望するテーマ・執筆者名をお聞かせ下さい。

お買上
書店名　　区市町　　書店

◆新刊情報はホームページで　http://www.yoshikawa-k.co.jp/

◆ご注文、ご意見については　E-mail:sales@yoshikawa-k.co.jp

ご氏名《ふりがな》		年齢　　歳　男・女
〒 □□□-□□□□		電話
ご住所		
ご職業		所属学会等
ご購読新聞名		ご購読雑誌名

今後、吉川弘文館の「新刊案内」等をお送りいたします(年に数回を予定)。
ご承諾いただける方は右の□の中に✓をご記入ください。 □

注 文 書

月　　日

書　　名	定　価	部　数
	円	部
	円	部
	円	部
	円	部
	円	部

配本は、○印を付けた方法にして下さい。

イ. 下記書店へ配本して下さい。

(直接書店にお渡し下さい)

―(書店・取次帖合印)―

書店様へ=書店帖合印を捺印下さい。

ロ. 直接送本して下さい。

代金(書籍代+送料・代引手数料)は、お届けの際に現品と引換えにお支払下さい。送料・代引手数料は、1回のお届けごとに500円です(いずれも税込)。

＊お急ぎのご注文には電話、FAXをご利用ください。
電話 03―3813―9151(代)
FAX 03―3812―3544

書。弁官が作成する。謄詔勅ないし騰勅の官符と、太政官における議定事項を下達する場合、及び弁官のみで作成する事務的内容からなる場合とがある。

祈《き》年穀《ねんこく》奉幣《ほうべい》　年穀の豊穣を祈って神社に幣帛を奉じる朝廷臨時の神事。祈雨とともに臨時奉幣制の基本となり、十一世紀には二十二社奉幣制へと発展する。

季御《きのみ》読経《どきょう》　春二月と秋八月の二季に、毎日百僧を宮中に請じて『大般若経』を転読させ、天皇の安寧と国家の安泰を祈る仏事。

行啓《ぎょうけい》　皇太后・皇后・中宮・皇太子らが外出すること。父母やその他の親族を訪問したり、遊覧や懐妊の際等、さまざまな目的で行なわれた。

行幸《ぎょうこう》　天皇が皇居を出て他所に行くこと。王臣の私第に天皇を迎える際には、しばしば家人らに叙位・賜禄が行なわれた。

行事《ぎょうじ》　朝廷の公事、儀式等において主としてその事を掌った役。

公卿《くぎょう》　大臣・納言・参議および三位以上の上級官人の称。大臣・納言・参議を見任公卿と称し、議定に参加する。これに対し、三位以上の公卿でまだ参議にならぬ者、一度参議になった前参議の者を非参議と称した。

競馬《くらべうま》　馬の走行速度を争う競技の一。単なる競走ではなく、先行する儲馬と後発の追馬の二騎一番で、いかに相手の騎手や馬を邪魔して先着するかが審査の対象となった。

蔵人《くろうど》　令外官の一。本官以外の兼官で、五位蔵人三名、六位蔵人四、五名、非蔵人三ないし六名の職階になる。代替わり毎に新任される。職掌は文書の保管、詔勅の伝宣、殿上の事務から、天皇の私生活に関することにまで拡大した。院・女院・東宮・摂関家・大臣家にも置かれた。

蔵人頭《くろうどのとう》　蔵人所の長官。定員二人。天皇の宣旨によって補された。一人は弁官、一人は近衛中将が兼補され、それぞれ頭弁、頭中将と呼ばれた。殿上に陪侍し、機密の文書や諸訴を掌った。参議には多く頭から昇進したが、有能で信任の厚い実資や行成は、なかなか参議に昇進できなかった。

慶賀《けいが》　「よろこびもうし」とも。任官・叙位や立后のお礼の挨拶を、天皇や摂関、中文の申請者に行なうこと。

外記政《げきせい》　令制太政官における政務の一形態。公卿が諸司の申す政を内裏建春門の東にある外記庁(太政官候庁)において聴取裁定すること。外記政の次第は、まず外記庁の南舎に弁・少納言・外記・史が参着して結政を行ない、次いで上卿以下公卿が庁座に着き、弁以下が列座し、弁が史をして諸司の申文を読ませ、上卿が裁決する。次いで請印し、終わって上卿以下が退出する。一同が外記庁から南所(侍従所)に移って申文の事があり、終わって酒饌を供することもある。

解除《げじょ》　罪穢を除去すること。祓とも。人形・解縄・切麻を用いて中臣祓を読む所作が一般的。神祇官の祓の他、陰陽道や仏教に伝わった祓もあった。

欠請《けっしょう》　請僧の欠員。すなわち、法会に参列する僧に生じた空席。空席を補充する必要があった。

解文《げぶみ》　八省以下の内外諸司のみならず、官人個人あるいは諸院家・寺社・荘家・住人が、太政官および所管の官司に上申する文書。

見参《げんざん》　節会・宴会等に出席すること。また、出席者の名を名簿に書き連ねて提出すること。

元服《げんぷく》　男子が成人したことを示す髪型や服装を初めてする儀式。十一歳から十五歳までの例が多い。髪を束ねて元結で結い、末の部分を切って後頭部に結い上げる理髪の儀と、次いで冠をかぶらせる加冠の儀が中心となる。元服すると実名が定められ、叙位がある。

興福寺《こうふくじ》　奈良に所在する法相宗大本山。藤原氏の氏寺。春日社との神仏習合を進め、摂関家と興福寺・春日社との緊密な関係が成立した。

国忌《こき》　特定の皇祖・先皇・母后等の国家的忌日。政務を休み、歌舞音楽を慎しんで追善の法要を行なった。元々は天皇忌日のみを指していたが、天皇の父母・后妃にも拡大した。

御禊《ごけい》　水で身を清める行事。主に鴨川の三条河原で行なわれた。天皇は即位後、大嘗会の前月の十月下旬に、伊勢斎宮や賀茂斎院は卜定後に行なう。

御斎会《ごさいえ》 正月八～十四日に宮中において、『金光明最勝王経』を講説して国家安穏、五穀豊饒を祈る法会。大極殿（後には清涼殿、御物忌の時は紫宸殿）に、衆僧を召し、盧遮那仏を本尊として読経供養した。

五節舞姫《ごせちのまいひめ》 新嘗祭・大嘗会・豊明節会に出演する舞姫。九月あるいは儀礼の数日前に、公卿の女二人、受領の女二人が舞姫に決定された。十一月の中の丑の日が帳台試、寅の日が御前試、卯の日が童女御覧、辰の日が豊明節会で、この日、舞の本番が行なわれた。

小朝拝《こちょうはい》 元日朝賀の後、大臣以下が天皇を拝する儀。はじめは朝賀とともに並び行なわれたが、後には、朝賀のある年には行なわれず、朝賀と交互にする場合もあった。清涼殿東庭に殿上人以上が参列する私的な礼。一条天皇以後は朝賀が絶え、小朝拝のみが行なわれた。

駒牽《こまひき》 信濃・上野・武蔵・甲斐四国の御牧（勅旨牧）から貢上された馬を、宮中で天皇が御覧じ、貴族たちに馬が分給されて牽く儀式。毎年八月に行なわれる。

定文《さだめぶみ》 公卿が陣定等の議定を行なった際、終わって上卿が参議（大弁の兼任が原則）に命じて、出席者各自の意見をまとめて作成させた文書。上卿はこれを天皇に奏覧し、その裁決を仰いだ。

参議《さんぎ》 太政官の議定に参与する、大臣・納言に次ぐ官。唐名は宰相・相公。定員は八名。大臣・納言と違って詔勅や大事の決定事項を弁官に宣して太政官符や官宣旨を作成させるような権限はなかった。補任されるためには、大弁・近衛中将・蔵人頭・左中弁・式部大輔の内の一つを経ていること、五箇国以上の国守を歴任していること、位階が三位以上であること等、七つの道があった。

試楽《しがく》 行幸や年中行事等、舞楽を伴う儀式に際して行なわれる楽の予行演習。賀茂・石清水臨時祭の社頭の儀に先立って行なわれるものをいう場合が多い。

直廬《じきろ》 皇太后、女御、東宮、親王、内親王、摂関、大臣、大納言等が、休息・宿泊・会合等に用いるために宮廷内に与えられる個室。摂関の場合は、ここで政務を執ることもあった。

室礼《しつらい》　屋内の一部を障子・几帳・屏風等で隔て、帳台・畳・茵を置き、厨子・二階棚・衣架、その他、身辺の調度類を設け整えたり飾りつけたりすること。

信濃布《しなののぬの》　信濃国等から産出、貢上した麻布。四丈のさらし布だったらしく、麻布の普通のもので、一定の規格のものを信濃布、上等の麻布は手作布と称した。

除目《じもく》　官職任命の政務的儀式。外官除目は春に三夜にわたって行なわれ、京官除目は秋から冬にかけて、二夜または一夜で行なわれた。執筆の大臣が前日に勅を奉って外記に召仰を命じ、当夜は諸卿が清涼殿東孫廂の御前の座に着して議し、執筆は任官決定者を大間書に記入していく。執筆は大間書を清書上卿に授け、参議に召名(勅任・奏任に分けて任官者を列記したもの)・下名(文官・武官に分けて四位以下の任官者名を列記したもの)を書かせる。

射礼《じゃらい》　毎年正月十七日、建礼門前において親王以下五位以上および左右近衛・左右兵衛・左右衛門府の官人等が弓を射る儀式。まず手結という練習を行なう。翌十八日には賭弓を行ない、勝負を争う。

叙位《じょい》　位階を授ける儀式で、勤務評定に基く定例的な叙位と、臨時の叙位がある。正月七日の定例の叙位は五位以上のみとなった。五日または六日に行なわれる叙位議で叙位者が決定された。

請印《しょういん》　位記や文書に内印(天皇御璽)を捺すことを請う儀。内印は少納言が上奏して、勅許によって少納言または主鈴が捺した。外印(太政官印)等を捺す手続きにもいう。

上官《じょうかん》　政官(太政官官人)のことで、太政官官人(弁・少納言・外記・史・史生・官掌・召使・使部)全般を指す場合と、特に外記・史のみを指す場合とがある。

上卿《しょうけい》　公卿の総称の場合と、個々の朝儀・公事を奉行する公卿の上首を指す場合とがある。後者の場合、摂政・関白・太政大臣および参議は上卿を勧めない。

上表《じょうひょう》　天皇に奉る書のことであるが、特に辞官表、致仕を請う表、封戸随身を辞す表、立后・立太子・天皇元服・朔旦冬至等の慶事に際しての賀表等が多い。実際に辞任が認められる場合でも、天皇は二度は辞表を返却するのが例であった。

触穢《しょくえ》　穢とは一切の不浄をいうが、穢に触れることを触穢といい、一定の期間は神事・参内等ができなかった。人死穢は三十日間、産穢は七日、六畜死穢は五日、六畜産穢は三日の忌が必要とされた。穢は甲から乙へ、更に丙へと二転三転する。

諸国申請雑事定《しょこくしんせいぞうじさだめ》　諸国から解文によって太政官に申請された行政事項を、陣定の議題として議定すること。申請の内容は、地方行政の全般にわたる。

諸大夫《しょたいふ》　参議以上の公卿を除く四位、五位の者の総称。

陣座《じんのざ》　左右近衛陣における公卿の座。仗座ともいう。本来は近衛府の武官の詰所であったが、平安時代になると、節会や神事、議定等、宮中の諸行事の多くがここで執行された。

陣定《じんのさだめ》　陣座(仗座)を国政審議の場とした公卿議定。天皇の命を受けた上卿が、事前に外記に命じて見任公卿を招集し、当日は席次の低い者から順に所見を述べ、発言内容を参議が書き留めて定文を作成し、蔵人頭に付して上奏し、天皇の最終的な判断を仰いだ。

随身《ずいじん》　太上天皇や摂政・関白、左右近衛の大・中・少将等の身辺警護にあたる武官。

相撲節会《すまいのせちえ》　毎年七月に諸国から相撲人を召し集めて行なう相撲を天皇が観覧する儀式。七月中旬に召仰と称し、相撲節を行なうことを命じ、次いで御前の内取と府の内取という稽古に入る。節会の当日は天皇が出御し、南庭で行なわれる相撲を観覧する。これを相撲の召合という。翌日には抜出、追相撲が行なわれる。

受領《ずりょう》　任地に赴く国司。十世紀に入ると、受領国司による租税の請負化が進展した。長官(守)が中央の要職を兼帯している国や、上総・常陸・上野といった親王任国では、介が代わって受領となった。

受領功過定《ずりょうこうかさだめ》　任期が終わる受領の業績を判定する政務。特に所定の貢進の完納、公文の遺漏無き提出と正確な記載について審査された。除目と関連して、陣定において議定された。

釈奠《せきてん》　孔子やその弟子(十哲)を祀る大陸渡来の儒教儀礼。春秋二回、二月と八月の上丁日に主として大学寮で行なわれた。

宣旨《せんじ》　勅旨または上宣(上卿の命令)を外記、または弁官を経て伝宣する下達文書。奉勅宣旨・外記宣旨・弁官宣旨・官宣旨・上宣宣旨等がある。簡易な手続きで迅速に発行されるため、従来の詔・勅や太政官符・太政官牒に代わって用いられるようになった。

宣命《せんみょう》　天皇の命令を宣する下達公文書の一。詔のうちの国文体のもの。神前で読み上げ、群臣に宣り聞かせる古風で荘重な文体をとっている。

僧綱《そうごう》　僧正・僧都・律師より構成される僧位。それぞれ大少の別や権位がもうけられ、一条朝には、公卿の員数と同じ二十人に達した。

大饗《だいきょう》　大きな饗宴。二宮大饗と大臣大饗とがある。二宮大饗とは中宮と東宮の二つの宮の大饗をいい、正月二日に行なわれる。大臣大饗は正月と大臣任官時に行なわれる。

大嘗会《だいじょうえ》　天皇即位の後、初めて新穀を天照大神はじめ天神地祇に奉る儀式。夕と朝の二度にわたって神膳が供されたうえ、天皇が食し、天皇としての霊格を得る儀。大嘗宮は大極殿前庭竜尾壇下に設けられ、東に悠紀殿、西に主基殿の他、天皇の斎戒沐浴する廻立殿、神膳を調備する膳屋等より成る。

着座《ちゃくざ》・**着陣**《ちゃくじん》　公卿が新任・昇任、または昇叙された際に、吉日を択んで宜陽殿の公卿座に着した後、さらに陣座に着すことになっており、それらを着座・着陣と称する。

着裳《ちゃくも》　「裳着」とも。貴族の女性の成人儀礼で、成人の装束の象徴である裳を初めて着ける儀式。十二歳から十五歳ごろまでに行なう。高貴の人が裳の大腰の紐を結び、髪を元結で束ね、髪上げを行なう。

着袴《ちゃっこ》　「袴着」とも。幼児の成長を祝い、初めて袴を着す儀式。男女とも三歳あるいは五歳で行なわれた。

中宮《ちゅうぐう》　本来は皇后ないし皇太后・太皇太后の称であっ

たが、二皇后並立以後は、原則として新立の皇后を中宮と称するようになった。ただし、正式の身位の称は皇后であった。

重陽節会《ちょうようのせちえ》　陽数の極である九が重なる九月九日に、宮中で催された観菊の宴。杯に菊花を浮かべた酒を酌みかわし、長寿を祝い、群臣に詩をつくらせた。

勅授帯剣《ちょくじゅたいけん》　通常、帯剣が聴されたのは武官および中務省・大宰府・三関国の官人等に限られていたが、天皇の命により帯剣が聴される場合を勅授帯剣という。

衝重《ついがさね》　飲食物を載せる膳の一種。檜材を薄くはいだ片木板を折り曲げて脚にし、衝き重ねたもの。饗宴の席に折敷・高坏等とともに用いられた。

土御門第《つちみかどてい》　京極第・上東門院とも。源重信(雅信とも)の第宅であったものを、源倫子が伝領したことにより、道長の所有するところとなった。

手結《てつがい》　射礼・賭射や相撲等の勝負事で、競技者を左右に分けて二人ずつ組み合わせること、またその取組。特に射礼・賭射・騎射等、射術を競う儀式の前に行なう武芸演習。

殿上人《てんじょうびと》　四位・五位の廷臣のうち、内裏清涼殿の殿上間に昇ること(昇殿)を許された者の称。天皇の側近として殿上間に詰めて天皇身辺の雑事に奉仕し、輪番制で宿直や供膳に従事した。院・東宮・女院にも昇殿制があった。

纏頭《てんとう》　歌舞・演芸をした者に、褒美として衣類等の品物を与えること。また、その品物。衣類を受けた時、頭にまとったところからいう。

豊明節会《とよのあかりのせちえ》　新嘗祭・大嘗会の翌日、豊楽院で行なわれる宴。新嘗祭翌日の辰日(大嘗会の時は午日)に天皇が出御し、その年の新穀を天神地祇に奉り、自ら新穀の御膳を食し、群臣に賜わった。

内弁《ないべん》　節会等、宮廷内における重要儀式に際し、内裏承明門内(大極殿で行なわれる場合は会昌門内)において、式の進行を主導する官人。

内覧《ないらん》　関白に准じる朝廷の重職。奏上および宣下の文書を内見する職。関白が万機を総攬するのに対し、内覧は太政官文書を内見することが多い。

直物《なおしもの》・小除目《こじもく》　除目の行なわれた後に日を改めて、人名その他の書き誤りを訂正する行事が直物で、その際に小除目(臨時除目)を伴うこともあった。

丹生《にう》・貴布禰社《きぶねしゃ》　大和国吉野郡の丹生川上神社と山城国愛宕郡の貴布禰神社。祈雨・止雨を祈る奉幣奉馬が行なわれた。

日記《にっき》　日々の儀式や政務を記録した日記の他に、特に検非違使が事件の経過を記録した文書をいう。盗難・傷害等の事件に際して、検非違使がその経過や被害状況、当事者の言い分を、事件発生直後に和文で直写した文書で、訴訟等の証拠にもなった。

女官《にょうかん》　朝廷および院宮に仕える女性の官人の総称。上﨟・中﨟・下﨟に区別され、上﨟には典侍・掌侍・命婦、中﨟には女史・女蔵人・女孺、下﨟には樋洗女・長女・刀自・雑仕等があった。

女御《にょうご》　後宮において皇后・中宮の下、更衣の上に格付けられる后妃。臣下の女は、摂関の女であっても入内してまず女御に補され、女御から皇后(中宮)の位に昇ることもあった。

仁王会《にんのうえ》　護国経典の『仁王般若経』を講じて、鎮護国家を祈念する法会。天皇の即位毎に行なわれる一代一度仁王会、一年に春秋各一回行なわれる定季仁王会、臨時仁王会に類別される。

年中行事御障子《ねんじゅうぎょうじのみしょうじ》　宮廷の年中行事を列記して清涼殿に立てた衝立障子。藤原基経が光孝天皇に献上したもので、『年中行事御障子文』の成立は、長和年間とみられる。

荷前《のさき》　毎年十二月に行なわれる朝廷の奉幣型の山陵祭祀。この奉幣の使者が荷前使。荷前の対象陵墓には変遷があり、流動的であった。また、私的に父祖の墓に奉幣する荷前もあった。

陪膳《ばいぜん》　天皇や公卿等の貴人に食膳を供すること、またそれに奉仕する人。実際に貴人に食膳を供するのを陪膳、陪膳者に食膳を取り次ぐのを益送といった。

拝舞《はいぶ》　儀式で祝意、謝意等を表わす礼の形式。まず再拝し、立ったまま上体を前屈して左右を見、袖に手をそえて左右に振り、次にひざまずいて左右を見て一揖、さらに立って再拝する。

拝礼《はいらい》 元日、院や摂関家等に年賀の礼をすること。

八省院《はっしょういん》 大内裏の正庁で、本来は朝堂院と称した。八省とも。その正殿が大極殿である。

引出物《ひきでもの》 大饗や臨時客等の饗宴に出席した貴人や、元服や着裳等の儀式に重要な役を勤めた人に、主人側から贈られる禄の一種で、馬等の高価なもの。

疋絹《ひっけん》 「ひきぎぬ」「ひけん」とも。一疋、つまり二反ずつ巻いてある絹。被物に用いられた。

平座《ひらざ》 二孟旬、元日・重陽・豊明等の節会の日に、天皇が紫宸殿に出御しない場合、勅命により、公卿以下侍臣が宜陽殿西廂に設けられた平座に着いて行なった宴のこと。

枇杷殿《びわどの》 平安京の名邸。藤原長良から、基経・仲平、その後は仲平女の明子から女系で伝領された。後に藤原道長および妍子邸として造作されたが、内裏焼亡に際し、里内裏となった。

不堪佃田奏《ふかんでんでんそう》 諸国から年荒、すなわちその年に作付けが行なわれなかった田地を報告してきた申文を奏上する儀。不堪佃田に関わる政務は、大臣への申文(不堪佃田申文)、奏聞(荒奏)、諸卿による議定(不堪佃田定)、再度の奏聞(和奏)等から構成されていた。

諷誦《ふじゅ》 諷詠暗誦の意で、経典・偈頌等を節をつけ、声をあげて読むこと。また、諷誦文は各種の祈願や追善供養のために施物を記入して、僧に経の諷誦を請う文。

仏名会《ぶつみょうえ》 宮中ならびに諸国において、毎年十二月に三日三晩にわたって行なわれた仏事。三日間に過去・現在・未来の三世の諸仏の名号を唱えれば、六根の罪障が消滅するといわれていた。

弁官《べんかん》 律令国家の庶務中枢としての役割を果たした機関。左右大弁・左右中弁・左右少弁は各省の庶務を受け付け、また太政官の判官としての役割を担った。その下部に主典として左右大史・左右少史があり、雑任の左右史生・左右官掌・左右使部が配置されていた。

法成寺《ほうじょうじ》　藤原道長が晩年に造営した方二町の寺院。九体阿弥陀堂を中心とした伽藍を備えた、平安遷都以来最初の寺院であった。

法華《ほっけ》八講《はっこう》・法華《ほっけ》三十講《さんじっこう》　『法華経』八巻を、一日を朝・夕の二座に分け、一度に一巻ずつ修し、四日間で講じる法会が法華八講、『法華経』二十八品とその開経である『無量義経』と結経の『観普賢経』とを合わせた三十巻を三十日間に講じたり、また朝夕に各一巻ずつ十五日間で結了したりする法会が法華三十講。

御修法《みしほ》　国家または個人のために、僧を呼んで密教の修法を行なう法会。

夢想《むそう》　夢の中でおもうこと。また夢に見ること。夢想の内容によっては物忌となる。『小右記』には一四七回の夢記事が記録されているが、宗教的な夢に加えて自らの昇進や、王権や道長に関わる夢を記している。

召仰《めしおおせ》　上位者が下位者を呼び寄せて、特定の任務につくことを命じること。特に、除目や行幸・相撲等の朝廷の行事の役職の任命のために行なわれるものをいうことが多い。

物忌《ものいみ》　「物忌」と書いた簡を用いる謹慎行為。大部分は怪異・悪夢の際、陰陽師の六壬式占で占申される物忌期をいい、怪日を剋する五行の日、十日毎の甲乙両日が特徴。当日は閉門して外来者を禁じ、必要な者は夜前に参籠させる。軽い場合は門外で会ったり、邸内に入れて着座させずに会ったりする場合もある。

弓場始《ゆばはじめ》　射場始《いばはじめ》とも。天皇が弓場殿に出御し、公卿以下殿上人の賭射を見る儀式。通常十月五日を式日とするが、十一月や十二月に行なわれることもあった。

列見《れっけん》　毎年二月十一日に六位以下の叙位候補者を大臣、もしくは式部・兵部卿が引見する儀式。

論義《ろんぎ》　経文の意味や教理について問答往復して本旨を明らかにしていくこと。興福寺維摩会竪義、御斎会内論義、維摩会番論義の他、季御読経等、年中行事の仏事の多くで行なわれた。

人物注（五十音順）

敦良親王《あつなが》　**一〇〇九〜四五**　在位一〇三六〜四五年。一条天皇第三皇子。母は道長女の彰子。兄の後一条天皇の後を承けて長元九年、二十八歳で即位し、後朱雀天皇となる。先帝より厳格であり、天皇の責を果たすのに努めた。道長女の嬉子が妃として入宮して後の後冷泉天皇を産み、三条天皇皇女禎子内親王が皇后となって後の後三条天皇を産んだ。

安倍《あべ》**吉平**《よしひら》　**九五四〜一〇二六**　陰陽家。晴明男。賀茂光栄と並んで陰陽道の大家の一人。陰陽博士、陰陽助、主計頭等を歴任。道長をはじめ、天皇・貴紳の信任を得て、祓や祭を行なった。

小《こ》**一条院**《いちじょういん》　**九九四〜一〇五一**　諱は敦明《あつあきら》親王。三条天皇第一皇子。母は藤原済時女の娍子。長和五年、後一条天皇即位と同時に東宮となったが、三条院崩御後の寛仁元年に東宮を辞し、小一条院の号を授けられた。

後《ご》**一条**《いちじょう》**天皇**　**一〇〇八〜三六**　諱は敦成《あつひら》親王。在位一〇一六〜三六年。一条天皇第二皇子。母は道長女の彰子。寛弘五年に誕生、同八年に皇太子に立ち、長和五年に践祚して後一条天皇となる。寛仁二年に十一歳で元服、道長三女の威子を妃とした。威子は女御、次いで中宮となり、章子・馨子内親王を産んだ。即位時に道長が摂政となり、寛仁元年に頼通がこれに替わり、同三年以後は関白となった。

婉子《つやこ》**女王**　**九七二〜九八**　村上天皇皇子為平親王女。母は源高明女。寛和元年十二月、十四歳で入内、女御となる。同二年六月、天皇出家後、藤原道信・実資と交渉を持ち、実資の室となった。

脩子《ながこ》**内親王**《ないしんのう》　**九九六〜一〇四九**　一条天皇第一皇女。母は藤原道隆女の定子。同母弟妹に敦康親王・媄子内親王がいた。寛弘四年には一品に叙され、年官年爵を賜り、三宮に准じられた。

選子《のぶこ》**内親王**　**九六四〜一〇三五**　賀茂斎院、歌人。村上天皇第十皇女。母は藤原師輔女の安子。天延三年、賀茂斎院に卜定。以来、円融・花山・一条・三条・後一条の五代五十七年にわたり奉仕、大斎院と称された。貴族社会との盛んな交流の実態が諸書に描かれる。

藤原彰子《ふじわらのあきこ》　九八八～一〇七四　一条天皇中宮。道長一女。母は源倫子。長保元年、入内、女御となり、翌二年、中宮となった。寛弘五年に敦成親王(後の後一条天皇)、翌六年に敦良親王(後の後朱雀天皇)を産む。長和元年に皇太后、寛仁二年に太皇太后となる。万寿三年に出家、上東門院の称号を受け女院となった。

藤原章信《あきのぶ》　生没年未詳　知章男。文章生から出身し、三事兼帯(衛門佐・五位蔵人・弁官)した。文人の傍ら、伊予・和泉・但馬守を歴任し、宮内卿に至った。敦成親王家蔵人、敦良親王の春宮大進も勤めた。一条天皇の入棺に奉仕し、道長の遺骨を木幡まで懸けた。

藤原朝経《あさつね》　九七三～一〇二九　朝光男。母は重明親王女。寛和二年に叙爵、右大弁、蔵人頭等を経て、長和四年、参議に任じられた。権中納言まで進んだ。有能な官吏であるとともに、道長に私的にも接近している。

藤原兼隆《かねたか》　九八五～一〇五三　道兼の二男。長徳元年に叙爵、寛弘五年に参議となる。寛仁三年に権中納言、治安三年に転正。寛仁元年に敦明親王の東宮辞退をそそのかし、道長の外孫敦良親王の立坊を工作したのは兼隆であったという(『大鏡』)。

藤原兼経《かねつね》　一〇〇〇～四三　道綱三男。母は源雅信女。道長の猶子となる。室は隆家女など。治安三年に参議に上り、長久四年に出家し、薨じた。

藤原姸子《きよこ》　九九四～一〇二七　道長の二女。母は源倫子。寛弘元年に尚侍となり、同七年に東宮居貞親王(後の三条天皇)の許に入る。同八年に女御、長和元年に娍子に先立ち中宮となる。翌二年に禎子内親王を出産。寛仁二年に皇太后となった。

藤原公季《きんすえ》　九五七～一〇二九　師輔の十一男。母は康子内親王。室に有明親王女がいた。永観元年に参議、正暦二年に中納言、長徳元年に大納言、同三年に内大臣、寛仁元年に右大臣、治安元年には太政大臣に任じられた。その後裔は閑院流と呼ばれた。

藤原公任《きんとう》　九六六～一〇四一　頼忠の一男。母は厳子女王。通称は四条大納言。歌人、歌学者としても有名。長保三年に権中納言・左衛門督、同四年に中納言、寛弘六年に権大納言となった。藤原斉信・同行成・源俊賢とともに「寛弘の四納言」と称され、多才で有能な政務家でもあった。儀式書『北山抄』を著した。

藤原公成《きんなり》　九九九～一〇四三　実成一男。祖父公季の養子となる。寛仁四年に蔵人頭、万寿三年に参議、長久四年に権中納言に任じられる。公成女の茂子が能信の養女となって後三条天皇の女御となり、白河天皇を産み、院政期以後の一家の繁栄をもたらした。

藤原公信《きんのぶ》　九七七～一〇二六　為光六男。母は伊尹二女。長徳元年に叙爵。少納言、右少将等を歴任し、寛弘六年に蔵人頭、長和二年に参議となり、権中納言に至った。異母兄斉信に比べ資質に乏しかったが、和歌はよく詠んだ。

藤原定頼《さだより》　九九五～一〇四五　公任男。母は昭平親王女。弁官等を歴任した後、寛仁四年に参議に上り、権中納言に至った。歌人。音楽にも長じ、能書家としても有名。

藤原実資姉　九四九～一〇一八　斉敏女。母は藤原尹文女。実頼の養女となり、尼となって室町に住んだ。実資がしばしば訪れている。

藤原実資室　九七七～没年未詳　はじめ婉子女王の女房となり、婉子女王の没後、実資の妾(または召人)となる。「今北の方」とも称された。正暦四年に夭亡した子と、千古を産む。晩年は出家し、「角殿の尼上」と呼ばれた。

藤原実資室　生没年未詳　寛和元年に「小児」と見える子、永観元年に良円を産んだ。はじめは室町殿に住み、後に小野宮に引き取られ、妾(または召人)となった。正暦の終わりか長徳のはじめに死去したか。

藤原実資男　生没年未詳　寛弘二年に初見。「町尻殿弁腹の小童」と見える。童名観薬。寛弘八年に明年の元服が定められている。

藤原実資女　九八五〜没年未詳　「小児」と見える。正暦四年に受戒、「小尼」と呼ばれた。

藤原実成《さねなり》　九七五〜一〇四四　公季男。母は有明親王女。侍従、少納言、兵部大輔、右中将等を歴任し、寛弘元年に蔵人頭、同五年に参議となり、中納言に至る。

藤原実頼《さねより》　九〇〇〜七〇　忠平嫡男。母は宇多皇女源順子。男に敦敏・頼忠・斉敏がいたが、孫の佐理・実資を養子とした。太政大臣・関白・摂政となったが、外戚関係を築くことができず、自らを「揚名関白」と呼んだ。諡を清慎公といい、日記『清慎公記』(『水心記』とも)があったが、公任の代に散逸している。

藤原重尹《しげただ》　九八四〜一〇五一　懐忠男。母は藤原尹忠女。長徳五年に叙爵。寛弘六年に父の大納言辞退の代わりとして右中弁となる。右大弁、蔵人頭等を歴任し、長元二年に参議、長暦二年に権中納言に任じられる。長久三年に中納言を辞して大宰権帥に任じられた。

藤原娍子《すけこ》　九七二〜一〇二五　大納言済時の一女。母は源延光女。三条天皇皇后。敦明・敦儀・敦平・師明親王、当子・禔子内親王を産む。宣耀殿女御と称された。東宮妃として正暦二年に入侍。寛弘八年に女御となり、長和元年に皇后となる。道長は娍子の立后を妨害した。後一条天皇の皇太子となった敦明親王は、寛仁元年に皇太子を辞退した。

藤原資高《すけたか》　九九九〜没年未詳　高遠男。長和元年に実資の養子となり元服。道長に故高遠の遺財を奪われる。一条桟敷宅を領有。筑前守となり、少納言に進む。

藤原資業《すけなり》　九八八〜一〇七〇　有国七男。母は橘徳子。文章生より出身し、寛仁元年に文章博士となったが、翌年、辞した。受領や式部大輔を兼ねた。永承六年に出家して日野に隠棲、法界寺薬師堂を建立した。

藤原資平《すけひら》　九八六〜一〇六七　懐平男、実資の養子。母は源保光女。長徳三年に叙爵。少納言等を経て、長和二年に左中将、同四年に蔵人頭、寛仁元年に参議となる。長元二年に権中納言、康平四年に権大納言に任じられた。治暦元年に転正。実資の耳目・手足としても活動している。

藤原資房《すけふさ》　一〇〇七～五七　実資の養子となった資平の子。後朱雀天皇の代、関白頼通の下で蔵人頭として勤め、春宮権大夫参議に上った。多病虚弱の質で、資平に先立ち、五十一歳で死去。日記『春記』を記した。

藤原資頼《すけより》　生没年未詳　懐平男、実資の養子。母は藤原常種女。阿波権守、弾正少弼、伯耆守、刑部少輔、美作守を歴任した。公私にわたり実資に近い存在であったが、道長家家司でもあった。

藤原隆家《たかいえ》　九七九～一〇四四　道隆男。母は高階貴子。長徳元年に中納言に任じられたが、同二年、花山院闘乱事件により但馬国に配流。同四年、帰京。長保四年に権中納言、寛弘六年に中納言に更任。長和三年に大宰権帥。在任中の寛仁三年に刀伊の入寇があり、これを撃退した。

藤原威子《たけこ》　九九九～一〇三六　後一条天皇中宮。道長三女。母は源倫子。長和元年に尚侍に任じられ、寛仁二年に十一歳の後一条天皇に二十歳で入内。女御、中宮となり、道長の女三人が后として並んだ。後一条天皇の後宮には、他の女性が入ることはなかった。万寿三年に章子内親王、長元二年に馨子内親王を出産。

藤原斉敏《ただとし》　九二八～七三　実頼の三男。母は藤原時平女。室に藤原尹文女があり、高遠・懐平・実資(実頼の養子)を儲けた。参議となるが、参議兼右衛門督検非違使別当で薨去した。

藤原斉信《ただのぶ》　九六七～一〇三五　為光の二男。道長の恪勤として知られ、藤原公任・同行成・源俊賢と並び「寛弘の四納言」と称された。正暦五年に蔵人頭となり、長徳二年に参議に任じられ、大納言に至る。

藤原千古《ちふる》　生没年未詳　寛弘八年頃の出生。実資女。「かぐや姫」と通称される。母は実資室婉子女王の弟源頼定の乳母子とも伝えられる。実資は千古を鍾愛し、小野宮の寝殿が完成した寛仁三年には小野宮や荘園・牧等を譲る処分状を書き遺している。万寿元年に着裳。後に藤原兼頼(頼宗男)と婚し、一女を儲けた。

藤原経季《つねすえ》　一〇一〇～八六　経通二男で実資の養子となった。蔵人頭となり、中納言に上った。官人としての資質は乏しく、資房に「不覚者」「素湌無才者」と酷評されている。

藤原経通《つねみち》　九八二〜一〇五一　懐平男。同母弟に資平がいる。永祚二年に叙爵。長和五年に蔵人頭、寛仁三年に参議、長元二年に権中納言となる。実資は経通の才学を認めながらも、摂関家に追従する行動にはしばしば批判的であった。

藤原長家《ながいえ》　一〇〇五〜六四　道長の六男。冷泉家の祖。母は源明子。侍従、右少将、近江介、皇太后権亮等を歴任。治安三年に権中納言に任じられ、権大納言に至る。中宮大夫・按察使・民部卿等を兼帯。

藤原教通《のりみち》　九九六〜一〇七五　道長の五男。母は源倫子。長和二年に権中納言に任じられる。康平三年に左大臣となり、治暦四年に後三条天皇が即位すると、関白に就任。延久二年に太政大臣となる。父道長の薨去後、兄頼通との間に政権をめぐる確執を生じた。頼通とともに外戚の地位を得ることができなかった。

藤原広業《ひろなり》　九七七〜一〇二八　有国の男。文章生より出身し、蔵人、右少弁、東宮学士等を歴任し、寛弘五年に文章博士となる。寛仁四年に参議となり、式部大輔を兼帯。

藤原通任《みちとう》　九七三?〜一〇三九　師尹の孫、済時の男。異母姉に三条天皇皇后娍子がいる。三条天皇の東宮時代に春宮亮を勤め、寛弘八年、天皇践祚に伴い蔵人頭となる。同年に参議となり、長元八年に権中納言に至る。道長の病の折、これを喜ぶ公卿の一人と噂された。

藤原道長《みちなが》　九六六〜一〇二七　兼家の五男。母は藤原中正女の時姫。父の摂政就任後に急速に昇進し、長徳元年、三十歳の時に、兄である道隆・道兼の薨去により、一条天皇の内覧となって、政権の座に就いた。右大臣、次いで左大臣にも任じられ、内覧と太政官一上の地位を長く維持した。道隆嫡男の伊周を退けた後は政敵もなく、女の彰子・妍子・威子を一条・三条・後一条天皇の中宮として立て、「一家三后」を実現するなど、摂関政治の最盛期を現出させた。

藤原道雅《みちまさ》　九九二〜一〇五四　伊周一男。母は源重光

女。幼名は松君。「荒三位」と称され、寛仁元年の前斎宮当子内親王との密通事件や花山院女王の強殺事件に関わった。非参議・左京大夫のまま、一生を終えた。

藤原行成《ゆきなり》　九七二～一〇二七　伊尹の孫、義孝の男。長徳元年に蔵人頭に抜擢された。弁官を歴任し、長保三年に参議、寛弘六年に権中納言、寛仁四年に権大納言に昇任。道長と同日に没した。一条天皇の信任篤く、道長にも重んじられ、源俊賢・藤原公任・同斉信とともに後世「寛弘の四納言」と称された。和様の最高の能書としても尊重された。日記『権記』を残す。

藤原能信《よしのぶ》　九九五～一〇六五　道長の四男。母は源明子。長和二年に蔵人頭となり、長和五年に権中納言に任じられ、治安元年には権大納言に上った。この間、春宮大夫等を兼帯するものの、四十五年間、官位の昇進はなかった。藤原氏と外戚関係を持たない尊仁親王(後の後三条天皇)の擁立に尽力した。

藤原頼通《よりみち》　九九二～一〇七四　道長の一男。母は源倫子。宇治殿と称する。姉の彰子所生の後一条天皇の在位二年目の寛仁元年、摂政となった。これ以後、後一条、後朱雀、後冷泉の三代にわたり五十一年間も摂関の座にあった。治暦三年に准三后となり、関白職を嫡子の師実に将来譲渡するという約束のもと、弟の教通に譲り、宇治に隠退した。

藤原頼宗《よりむね》　九九三～一〇六五　道長の二男。母は源明子。侍従、左右少将等を経て、長和三年に権中納言に任じられ、右大臣まで上る。この間、左右衛門督・検非違使別当・皇太后宮権大夫・春宮大夫・按察使・右大将等を兼帯。居処に因み、堀河右大臣と称された。

源《みなもとの》　朝任《あさとう》　九八九～一〇三四　時中七男。少納言、蔵人等を経て、長和元年に三条天皇の蔵人となり、寛仁三年に後一条天皇の蔵人頭、治安三年に参議に任じられる。

源経房《つねふさ》　九六九～一〇二三　高明の四男。母は藤原師輔の五女。侍従、蔵人頭等を経て、寛弘二年に参議となる。長和四年に権中納言に昇任。寛仁四年に大宰権帥として赴任し、大宰府で薨去。

源経頼《つねより》　九八五～一〇三九　雅信孫、扶義男。弁官や蔵人を歴任し、長元三年参議となり、正三位に至った。二十五年間にわたって弁官職を勤め、実務に精通した。日記『左経記』を遺している。

源俊賢《としかた》　九五九～一〇二七　高明男。母は藤原師輔の三女。妹に道長室明子がいる。正暦三年に蔵人頭、長徳元年に参議となり、権大納言まで上る。道長の最も強力な支持者の一人であり、藤原行成・同公任・同斉信とともに「寛弘の四納言」とたたえられた。

源倫子《ともこ》　九六四～一〇五三　雅信女。母は藤原穆子。道長の嫡室として頼通・教通・彰子・妍子・威子・嬉子を儲けた。永延元年に道長と婚す。長徳四年に従三位に昇叙され、寛弘五年には従一位にまで上る。長和五年に准三宮となった。治安元年に出家。

源道方《みちかた》　九六九～一〇四四　重信の五男。侍従、右兵衛権佐、少納言を経て弁官となる。その間、宮内卿・蔵人頭・勘解由長官を兼任し、長和元年に参議に任じられた。寛仁四年に権中納言となった。文才と管絃の才に長じていた。

良円《りょうえん》　九八三～一〇五〇　平安中期の天台僧。実資男。母は不詳。永祚元年に七歳で延暦寺に入り、慶円の許で修行。実資と慶円とのパイプ役を務める。長和四年、大僧正慶円は職を辞して良円の律師就任を願ったが、沙汰止みとなった。長元元年に権律師、同六年権少僧都に転任するが、長暦三年の「山相論」で罪を得て以後は昇進することはなかった。

公卿構成

治安三年(正月時点)

太政官	位階	人名	年齢	兼官・兼職
左大臣	従一位	藤原頼通	三二	関白
太政大臣	従一位	藤原公季	六七	
右大臣	正二位	藤原実資	六七	右大将、皇太弟傅
内大臣	正二位	藤原教通	二八	左大将
大納言	正二位	藤原斉信	五七	中宮大夫
権大納言	正二位	藤原公任	五八	按察使
	正二位	藤原行成	五二	
	正二位	藤原頼宗	三一	春宮大夫
	正二位	藤原能信	二九	中宮権大夫
中納言	正二位	藤原隆家	四五	
権中納言	正二位	源経房	五五	大宰権帥
	従二位	藤原兼隆	三九	左衛門督
	従二位	藤原実成	四九	右衛門督
	従二位	源道方	五六	宮内卿、皇太后宮大夫

太政官	位階	人名	年齢	兼官・兼職
参議	従二位	藤原公信	四七	左兵衛督、検非違使別当、春宮権大夫
	正三位	藤原経通	四二	治部卿、右兵衛督、太皇太后宮権大夫
	正三位	藤原資平	三八	皇太后宮権大夫、侍従
	従三位	藤原通任	五一	大蔵卿
	従三位	藤原朝経	五一	左大弁、勘解由長官
	従三位	藤原定頼	三二	右大弁
	正四位上	藤原広業	四七	式部大輔
前権大納言	正二位	源俊賢	六四	民部卿、太皇太后宮大夫
		藤原道長	五八	

年譜

＊治安三年は本巻収録範囲

年次	西暦	天皇	年齢	官位	事績	参考事項
天徳元年	九五七	村上	一		誕生	
康保三年	九六六	村上	一〇	蔵人所小舎人		是歳、藤原道長誕生
安和二年	九六九	冷泉／円融	一三	従五位下 侍従	二月、元服	三月、源高明配流
天禄元年	九七〇	円融	一四		正月、昇殿	五月、藤原実頼薨去
天禄二年	九七一	円融	一五	右兵衛佐		
天延元年	九七三	円融	一七	右少将	この頃、源惟正女と結婚	二月、藤原斉敏卒去
天延二年	九七四	円融	一八	従五位上		三月、藤原兼通関白
貞元元年	九七六	円融	二〇			五月、内裏焼亡
貞元二年	九七七	円融	二一	正五位下	日記を書き始めたか	十月、藤原頼忠関白
天元三年	九八〇	円融	二四	従四位下 従四位上		六月、懐仁親王(後の一条天皇)誕生 十一月、内裏焼亡
天元四年	九八一	円融	二五	蔵人頭		十月、内裏還御
天元五年	九八二	円融	二六	兼中宮亮		三月、藤原遵子皇后 十一月、内裏焼亡

年次	西暦	天皇	年齢	官位	事績	参考事項
永観元年	九八三	円融	二七	左中将	是歳、良円誕生	八月、奝然入宋
永観二年	九八四	円融／花山	二八	蔵人頭		八月、内裏還御 十一月、『医心方』
寛和元年	九八五	花山	二九	兼中宮権大夫		四月、『往生要集』
寛和二年	九八六	花山／一条	三〇	正四位下	五月、源惟正女死去	六月、藤原兼家摂政 是歳、藤原資平誕生
永延元年	九八七	一条	三一	蔵人頭	五月、痢病	
永延二年	九八八	一条	三二		十月、腰病	十一月、尾張国郡司百姓、守を愁訴
永祚元年	九八九	一条	三三	参議		
正暦元年	九九〇	一条	三四	従三位	十一月、女(薬延)死去	五月、藤原道隆摂政 十月、藤原定子中宮
正暦二年	九九一	一条	三五	兼左兵衛督		九月、藤原詮子東三条院
正暦四年	九九三	一条	三七		二月、子、生まれ夭亡 この頃、婉子女王と結婚	四月、道隆関白
長徳元年	九九五	一条	三九	検非違使別当 権中納言 兼右衛門督 兼太皇太后宮大夫		三月、藤原伊周内覧 四月、道隆薨去、藤原道兼関白 五月、道長内覧 是歳、疫病蔓延

長徳二年	九九六	一条	四〇	中納言	六月、一条天皇より恩言	四月、伊周・隆家左遷
長徳三年	九九七	一条	四一		七月、藤原道綱に超越される	四月、伊周・隆家、赦免
長徳四年	九九八	一条	四二		七月、婉子女王死去	
長保元年	九九九	一条	四三	正三位	十月、藤原彰子入内の屛風歌を辞退	十一月、定子、敦康親王出産
長保二年	一〇〇〇	一条	四四	従二位		二月、彰子中宮・定子皇后 十二月、定子、崩御
長保三年	一〇〇一	一条	四五	権大納言 兼右大将	正月、資平左兵衛佐	十一月、内裏焼亡 閏十二月、詮子崩御 是頃、『枕草子』
長保五年	一〇〇三	一条	四七	正二位		
寛弘二年	一〇〇五	一条	四九			十一月、内裏焼亡
寛弘三年	一〇〇六	一条	五〇		正月、資平少納言	十二月、紫式部、彰子に出仕
寛弘四年	一〇〇七	一条	五一	兼按察使	是歳、藤原資房誕生	
寛弘五年	一〇〇八	一条	五二		十一月、敦成親王五十日の儀で紫式部と語る	九月、彰子、敦成親王(後の後一条天皇)出産 是頃、『源氏物語』

年次	西暦	天皇	年齢	官位	事績	参考事項
寛弘六年	一〇〇九	一条	五三	大納言		十一月、彰子、敦良親王(後の後朱雀天皇)出産
寛弘七年	一〇一〇	一条	五四			十一月、一条院還御
寛弘八年	一〇一一	一条／三条	五五			八月、内裏遷御
長和元年	一〇一二	三条	五六		四月、藤原娍子立后の内弁を勤む	二月、藤原妍子中宮 四月、娍子皇后
長和二年	一〇一三	三条	五七		五月、紫式部を介し彰子と接触	
長和三年	一〇一四	三条	五八		三月、資平、蔵人頭に補されず	二月、内裏焼亡
長和四年	一〇一五	三条	五九		二月、資平蔵人頭 九月、三条天皇より密勅	九月、内裏還御 十一月、内裏焼亡
長和五年	一〇一六	三条／後一条	六〇		正月、春宮大夫を固辞	正月、道長摂政 六月、一条院遷御
寛仁元年	一〇一七	後一条	六一		三月、資平参議	三月、藤原頼通摂政 八月、敦明親王東宮を辞し、敦良親王立太子
寛仁二年	一〇一八	後一条	六二			四月、内裏遷御 十月、藤原威子中宮(一

						家三后）
寛仁三年	一〇一九	後一条	六三		六月、藤原顕光左大臣辞任の風聞 九月、千古に遺領処分	三月、道長出家 四月、刀伊の入寇 十二月、頼通関白
寛仁四年	一〇二〇	後一条	六四			三月、道長、無量寿院落慶供養
治安元年	一〇二一	後一条	六五	右大臣 兼皇太子傅		
治安二年	一〇二二	後一条	六六			七月、道長、法成寺金堂供養
治安三年	一〇二三	後一条	六七			
万寿元年	一〇二四	後一条	六八		十二月、千古着裳	二月、京都大火
万寿二年	一〇二五	後一条	六九		十二月、千古と藤原長家の縁談	三月娍子、七月寛子、八月嬉子死去
万寿三年	一〇二六	後一条	七〇		四月、輦車を聴される	正月、彰子出家、上東門院となる
万寿四年	一〇二七	後一条	七一		正月、千古と藤原長家の婚儀頓挫	九月、妍子薨去 十二月、道長薨去
長元元年	一〇二八	後一条	七二			六月、平忠常の乱
長元二年	一〇二九	後一条	七三		正月、資平権中納言	

年次	西暦	天皇	年齢	官位	事績	参考事項
長元二年	一〇二九	後一条	七三		十一月、千古、藤原兼頼と結婚	
長元三年	一〇三〇	後一条	七四		九月、『小右記』六年分を資平に遣わす	
長元五年	一〇三二	後一条	七六		『小右記』写本、この年で終わる	
長元九年	一〇三六	後一条／後朱雀	八〇		四月、皇太子傅を止められる	
長暦元年	一〇三七	後朱雀	八一	従一位	三月、右大将辞任を請う、聴されず	
長暦二年	一〇三八	後朱雀	八二		六月、資房蔵人頭	
長久元年	一〇四〇	後朱雀	八四		『小右記』逸文、この年まで	六月、長久の荘園整理令
長久三年	一〇四二	後朱雀	八六		正月、資房参議	
長久四年	一〇四三	後朱雀	八七		十一月、右大将を辞す	
寛徳元年	一〇四四	後朱雀	八八		六月、致仕を請う、聴されず	
寛徳二年	一〇四五	後朱雀／後冷泉	八九			十月、寛徳の荘園整理令
永承元年	一〇四六	後冷泉	九〇		正月十八日、出家・薨去	

系図

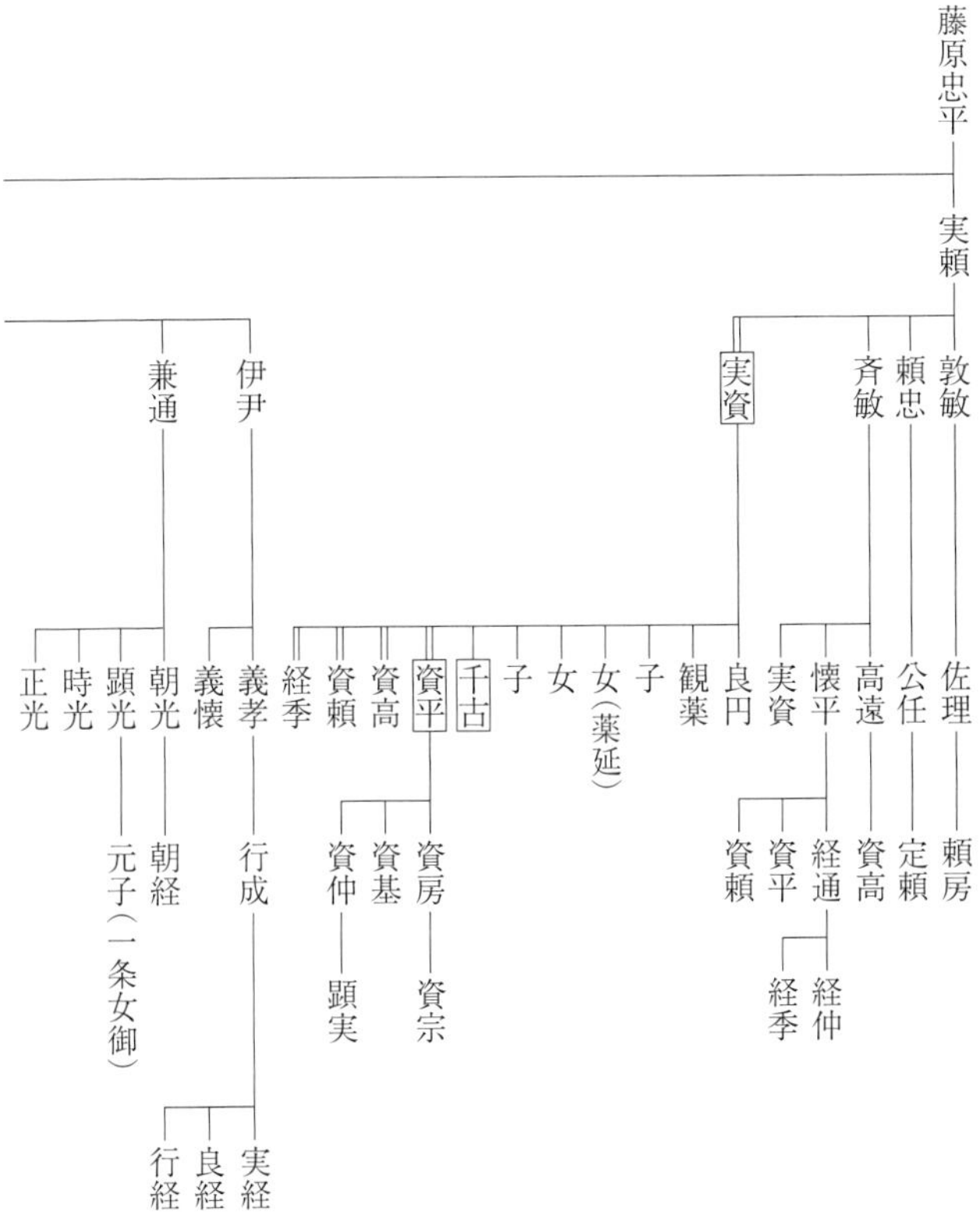
藤原忠平
実頼
敦敏
頼忠
斉敏
実資
伊尹
兼通
佐理
頼房
公任
定頼
高遠
資高
懐平
経通
経仲
経季
資平
資頼
実資
良円
観薬
子
女(薬延)
女
子
千古
資平
資房
資宗
資基
資仲
顕実
資高
資頼
経季
義孝
行成
実経
良経
行経
義懐
朝光
朝経
顕光
元子(一条女御)
時光
正光

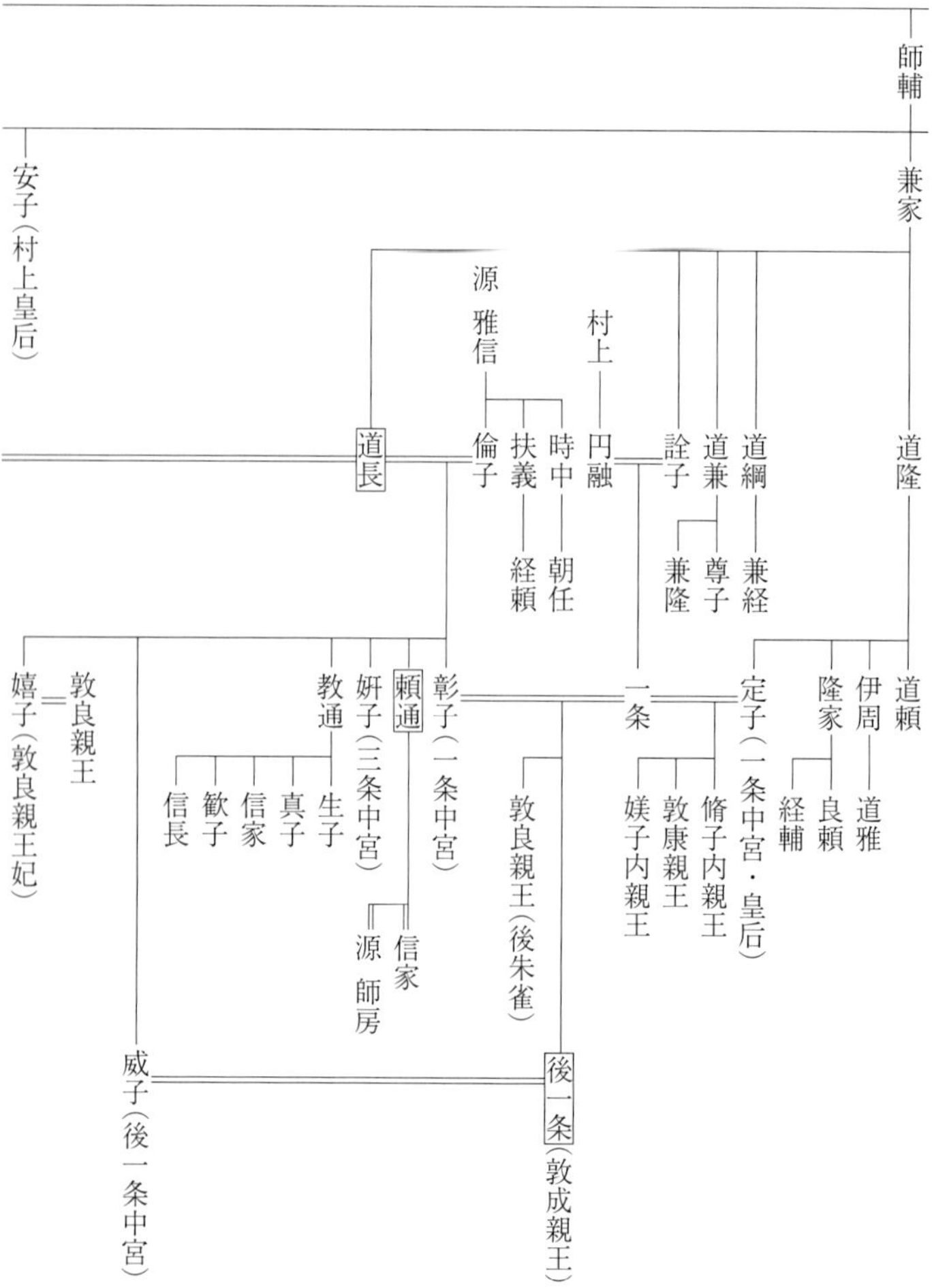
師輔
兼家
安子（村上皇后）
道隆
道綱
道兼
詮子
源 雅信
村上
円融
時中
扶義
倫子
道長
兼経
尊子
兼隆
朝任
経頼
道頼
伊周
隆家
定子（一条中宮・皇后）
一条
道雅
良頼
経輔
脩子内親王
敦康親王
媄子内親王
彰子（一条中宮）
頼通
妍子（三条中宮）
教通
敦良親王（後朱雀）
信家
源 師房
生子
真子
信家
歓子
信長
嬉子（敦良親王妃）
敦良親王
後一条（敦成親王）
威子（後一条中宮）

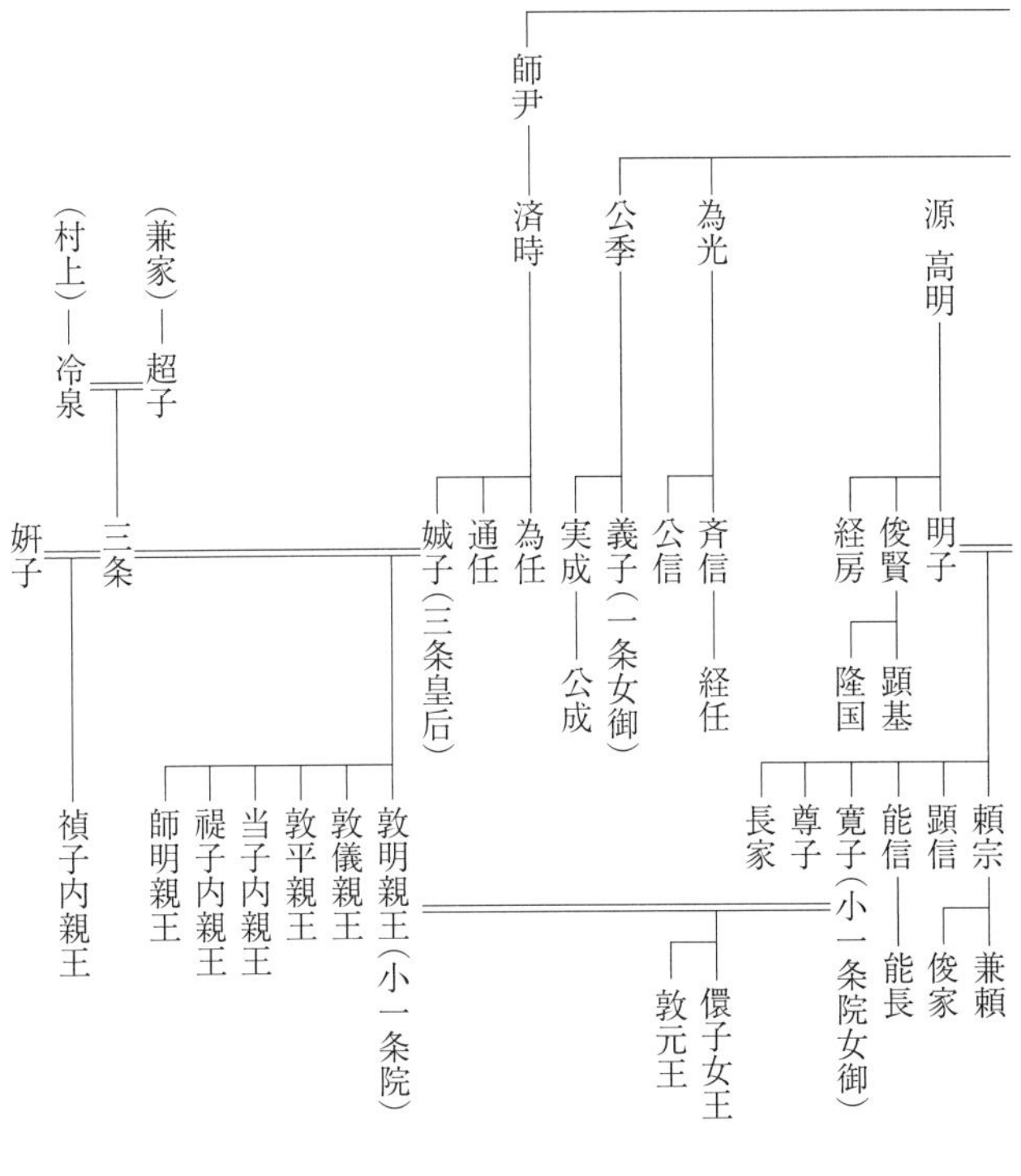
師尹
済時
為任
通任
娍子(三条皇后)
公季
義子(一条女御)
実成
公成
為光
斉信
経任
公信
源　高明
明子
俊賢
顕基
隆国
経房
頼宗
兼頼
俊家
顕信
能信
能長
寛子(小一条院女御)
尊子
長家
儇子女王
敦元王
(兼家)
超子
(村上)
冷泉
三条
娍子
敦明親王(小一条院)
敦儀親王
敦平親王
当子内親王
禔子内親王
師明親王
禎子内親王

①中和院
②職曹司
③小安殿
④大極殿
⑤太政官庁
⑥一条院(道長)
⑦一条院別納
⑧一条第(道長)
⑨土御門第(道長)
⑩枇杷殿(道長)
⑪小一条院
⑫花山院
⑬高陽院(頼通)
⑭小野宮北宅(資平)
⑮小野宮西殿(実資)
⑯小野宮(実資)
⑰小野宮東町(実資)
⑱陽成院
⑲町尻殿
⑳小野宮南町(実資)
㉑二条第(道長)
㉒法興院
㉓堀河殿
㉔閑院(公季)
㉕東三条第(道長)
㉖東三条第南院(道長)
㉗室町殿
㉘二条第
㉙小二条第(教通)
㉚三条院
㉛竹三条宮
㉜高松殿(源俊賢)
㉝三条第(行成)
㉞三条殿
㉟三条院
㊱四条宮(公任)

国土地理院発行1/25,000地形図「京都東北部」「京都西北部」を基に，縮小・加筆して作成.

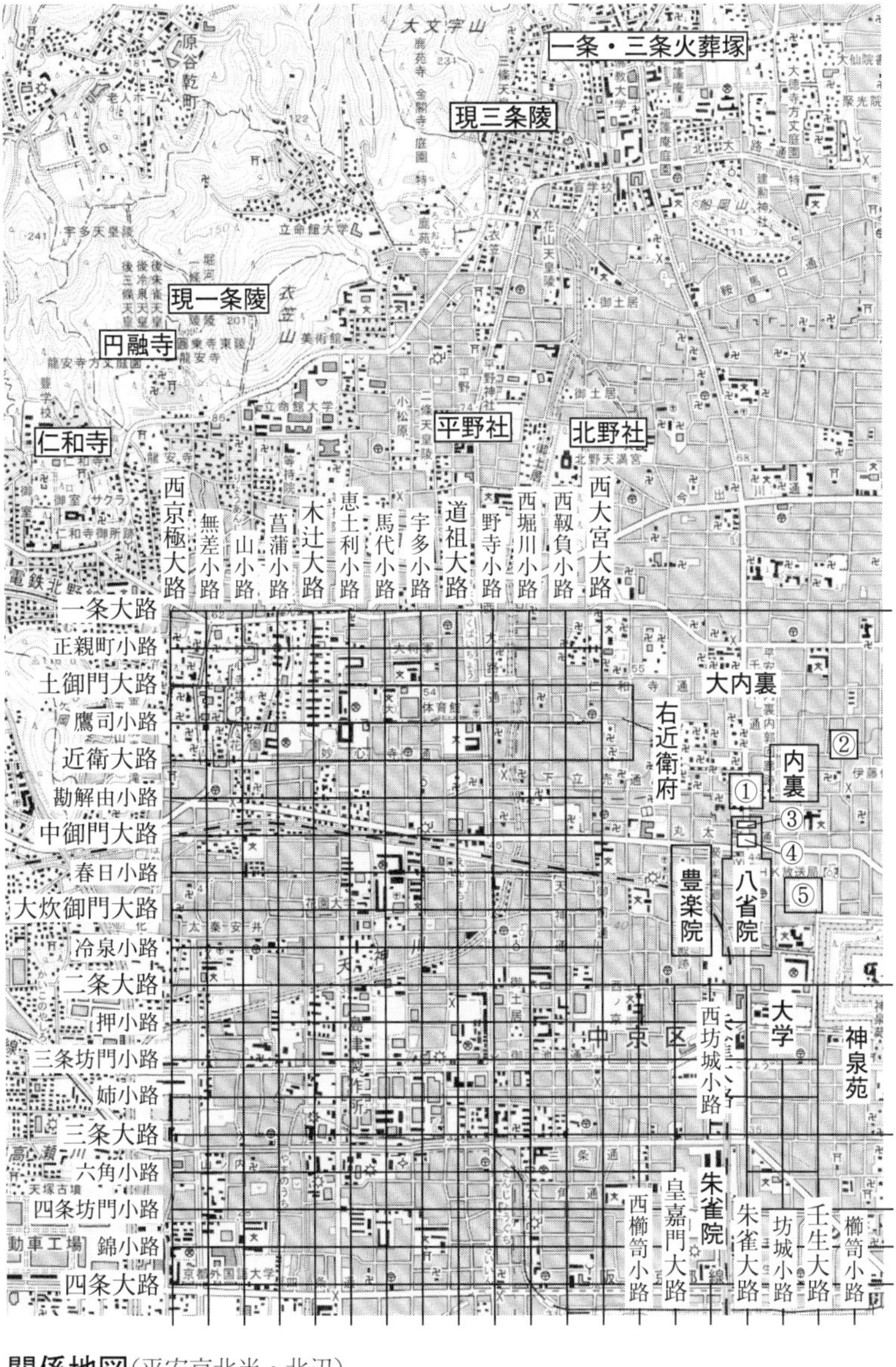

関係地図（平安京北半・北辺）

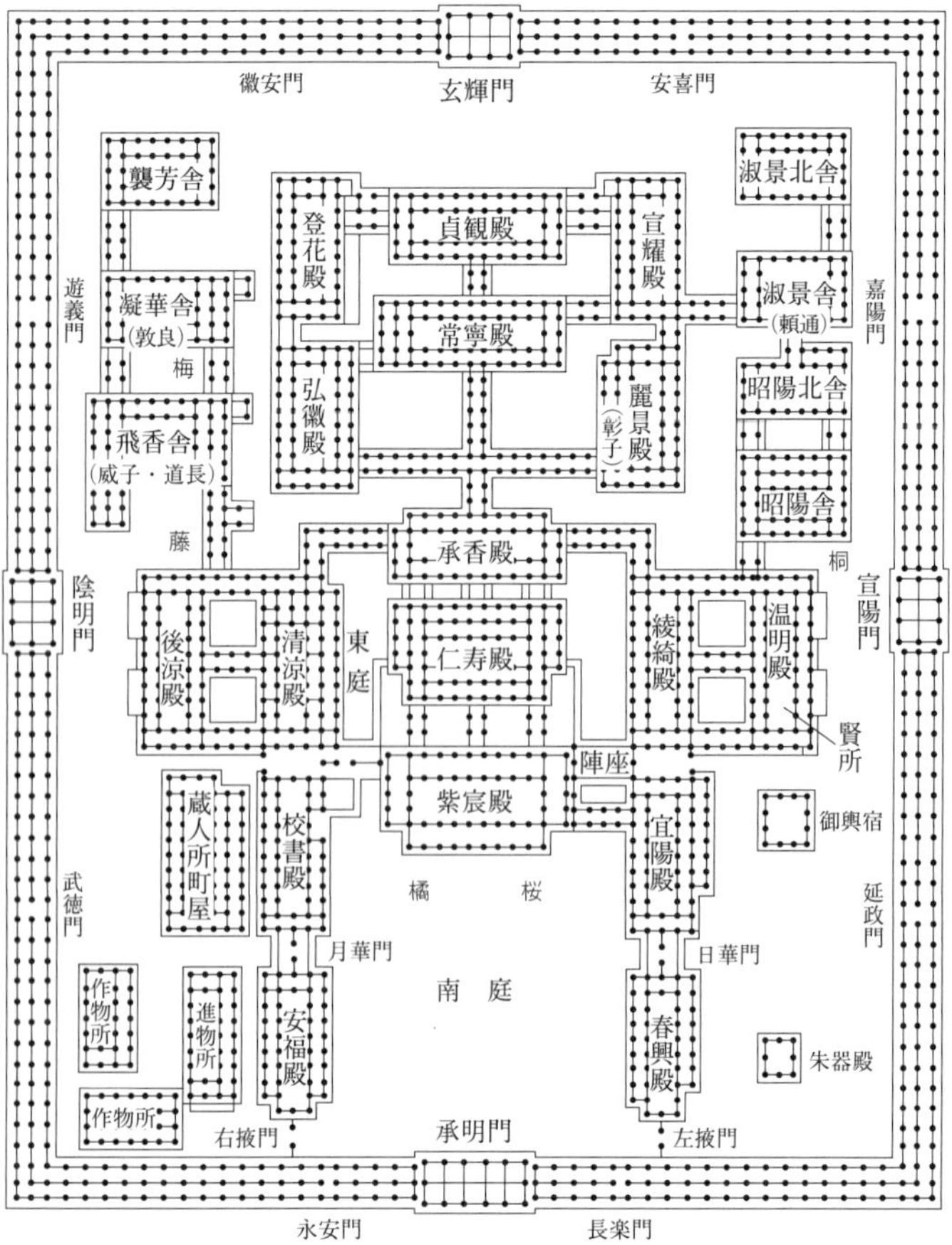
徽安門
玄輝門
安喜門
襲芳舎
登花殿
貞観殿
宣耀殿
淑景北舎
遊義門
凝華舎
(敦良)
常寧殿
淑景舎
(頼通)
嘉陽門
梅
弘徽殿
麗景殿
(彰子)
昭陽北舎
飛香舎
(威子・道長)
昭陽舎
藤
承香殿
桐
陰明門
宣陽門
後涼殿
清涼殿
東庭
仁寿殿
綾綺殿
温明殿
賢所
陣座
蔵人所町屋
校書殿
紫宸殿
宜陽殿
御輿宿
武徳門
橘
桜
延政門
月華門
日華門
作物所
進物所
南庭
安福殿
春興殿
朱器殿
作物所
右掖門
承明門
左掖門
永安門
長楽門

平安宮内裏図

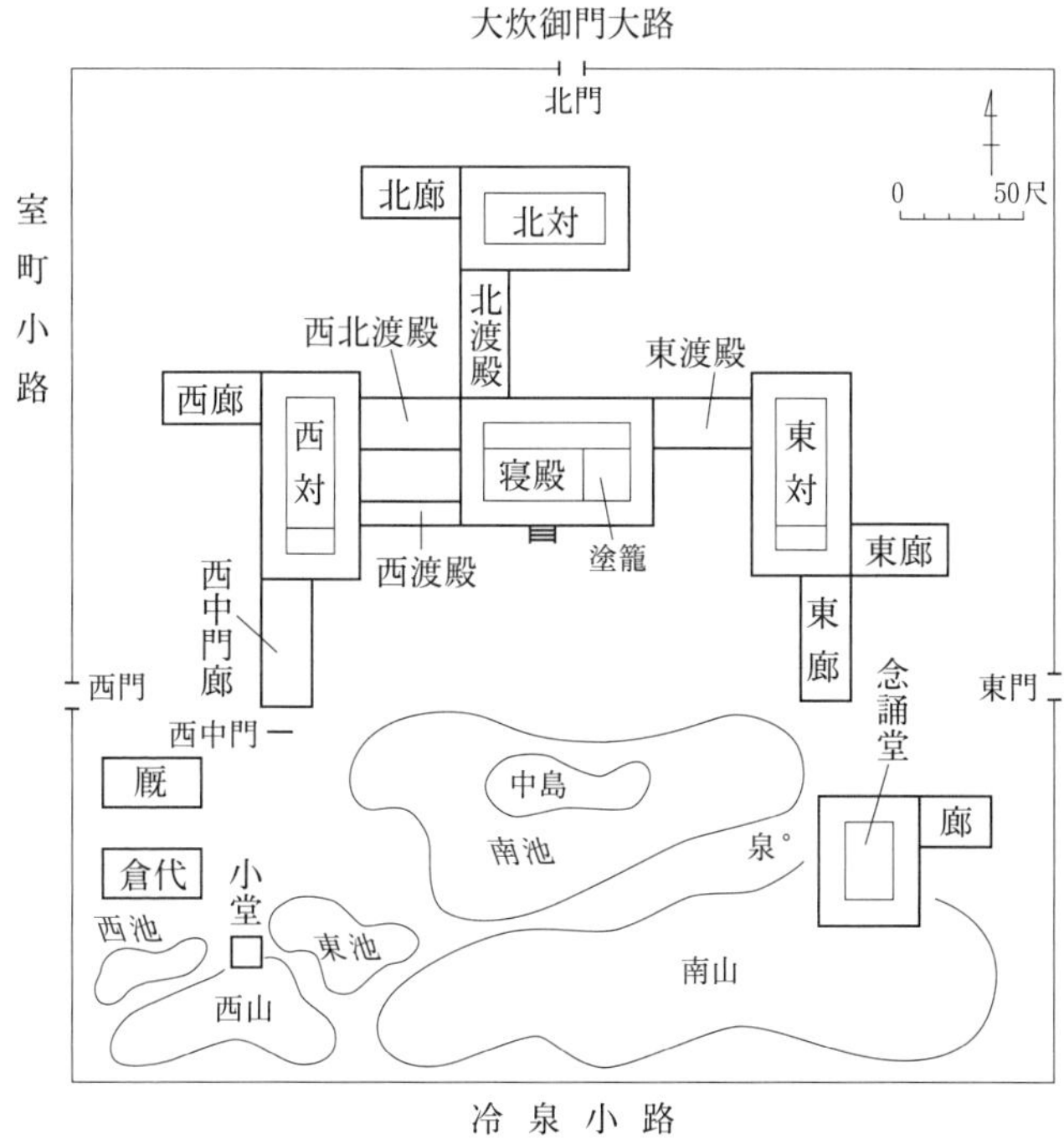

小野宮復元図(吉田早苗「藤原実資と小野宮第」『日本歴史』350, 1977に加筆, 作成)

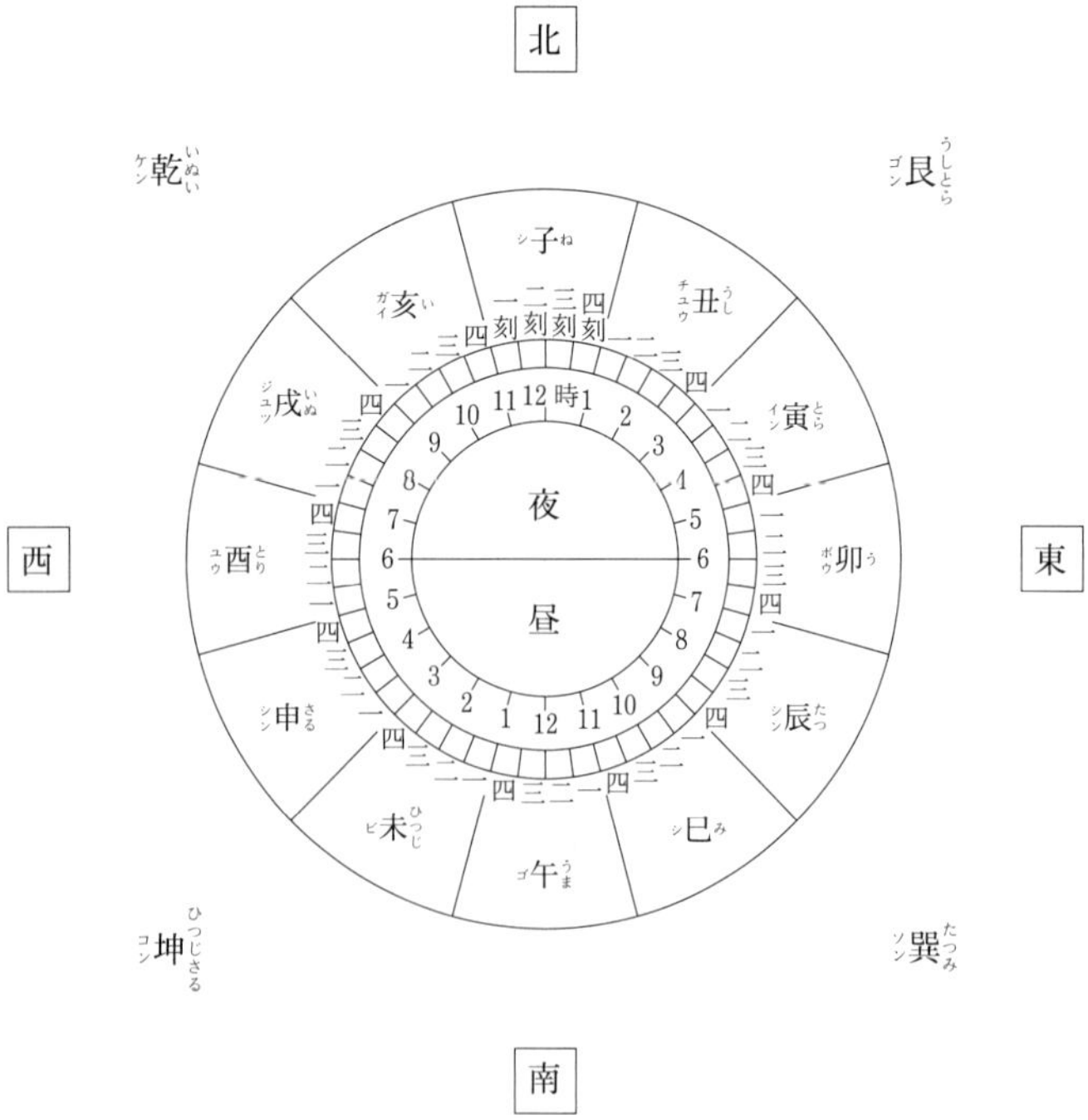
北
南
東
西
乾《いぬい》
艮《うしとら》
坤《ひつじさる》
巽《たつみ》
子《ね》
丑《うし》
寅《とら》
卯《う》
辰《たつ》
巳《み》
午《うま》
未《ひつじ》
申《さる》
酉《とり》
戌《いぬ》
亥《い》
夜
昼
一刻
二刻
三刻
四刻
12時

方位・時刻

編者紹介

一九五八年　三重県津市に生まれる
一九八九年　東京大学大学院人文科学研究科国史学専門課程博士課程単位修得退学
一九九七年　博士（文学、東京大学）
現　在　国際日本文化研究センター教授

〔主要著書〕

『一条天皇』（人物叢書、吉川弘文館、二〇〇三年）、『藤原道長「御堂関白記」全現代語訳』（講談社学術文庫、二〇〇九年）、『三条天皇』（ミネルヴァ日本評伝選、二〇一〇年）、『藤原行成「権記」全現代語訳』（講談社学術文庫、二〇一一―一二年）、『藤原道長「御堂関白記」を読む』（講談社選書メチエ、二〇一三年）、『藤原伊周・隆家』（ミネルヴァ日本評伝選、二〇一七年）、『藤原氏』（中公新書、二〇一七年）、『『御堂関白記』の研究』（思文閣出版、二〇一八年）、『公家源氏』（中公新書、二〇一九年）

現代語訳 小右記 12
法成寺の興隆

二〇二一年（令和三）四月二十日　第一刷発行

編　者　倉《くら》本《もと》一《かず》宏《ひろ》
発行者　吉川道郎
発行所　株式会社 吉川弘文館
郵便番号一一三―〇〇三三
東京都文京区本郷七丁目二番八号
電話〇三―三八一三―九一五一〈代表〉
振替口座〇〇一〇〇―五―二四四
http://www.yoshikawa-k.co.jp/
印刷＝株式会社 三秀舎
製本＝誠製本株式会社
装幀＝山崎　登

ISBN978-4-642-01827-2

現代語訳 小右記 全16巻

1 三代の蔵人頭

二八〇〇円

貞元二年(九七七)三月―永延二年(九八八)十二月

円融・花山・一条天皇に蔵人頭として仕える若き日の実資。相次ぐ譲位に際し、関白頼忠・摂政兼家らと連携して政務や儀式に奔走する。その一方で、昇進をめぐるわだかまりや、娘の病気治療の苦心などを日記に綴った。

2 道長政権の成立

二八〇〇円

永祚元年(九八九)正月―長徳元年(九九五)十月

一条天皇に対して政治介入する円融上皇と摂政兼家との連絡にあたる実資。やがて参議に任じられ、待望の公卿に上る。兼家・道隆・道兼と続く執政者たちの死。伊周側の策動も空しく、政権の座は道長の手に収まった。

3 長徳の変

二八〇〇円

長徳二年(九九六)正月―寛弘二年(一〇〇五)三月

勢力失墜に焦る伊周と中関白家。ついに不敬事件を起こし左遷される。検非違使別当の実資はその間の一条天皇と道長の動きを詳細に記録。また、長女彰子を一条天皇の女御とした道長は、続いて中宮に立てようとする。

4 敦成親王誕生

二八〇〇円

寛弘二年(一〇〇五)四月―寛弘八年(一〇一一)十二月

一条天皇の中宮彰子は待望の皇子を相次いで出産するものの、天皇に残された時間は少なかった。定子所生の敦康親王ではなく敦成親王を東宮に立てて崩御。三条天皇の代となり、実資と道長にも新たな時代が訪れる。

吉川弘文館
(価格は税別)

現代語訳 小右記 全16巻

5 紫式部との交流

長和元年(一〇一二)正月—長和二年(一〇一三)六月

娍子立后をめぐって対立する三条天皇と道長。実資は「天に二日無し」といって立后の儀を主宰する。道長と彰子の確執も表面化し、実資は彰子と頻繁に接触する。その間の取り次ぎ役を担ったのが、かの紫式部であった。

二八〇〇円

6 三条天皇の信任

長和二年(一〇一三)七月—長和三年(一〇一四)十二月

眼病を発《おこ》した三条天皇に対し、道長をはじめとする公卿層は退位を要求。天皇は実資を頼みとするが、養子資平の任官も考えなければならない実資にとっては悩みの種であった。日記にも緊迫した情勢が記される。

三〇〇〇円

7 後一条天皇即位

長和四年(一〇一五)四月—長和五年(一〇一六)二月

敦明親王を東宮に立てることを条件に、三条天皇がついに譲位し、道長外孫の後一条天皇が即位する。外祖父摂政の座に就いた道長に対する実資の眼差しや如何に。国母となった彰子の政治力についても詳細に記録する。

三〇〇〇円

8 摂政頼通

長和五年(一〇一六)三月—寛仁元年(一〇一七)十二月

道長は早くも摂政を長男の頼通に譲り、「大殿」として君臨する。一方、三条院が崩御すると敦明親王は東宮の地位を降り、道長は彰子所生の敦良親王を新東宮に立てる。道長家の栄華に対し、実資の批判的な記述が続く。

三〇〇〇円

現代語訳 小右記 全16巻

13 道長女の不幸

万寿元年(一〇二四)正月―万寿二年(一〇二五)八月

道長の望月の栄華は、確実に欠け始めていた。小一条院女御の寛子、敦良親王妃の嬉子が、相次いで死去したのである。各所から情報を仕入れ、その意味を読み解こうとする実資。その先に何を見ていたのであろうか。

【続刊】

14 千古の婚儀頓挫

万寿二年(一〇二五)九月―万寿四年(一〇二七)六月

実資が鍾愛して「かぐや姫」と通称され、小野宮や荘園・牧を譲った女《むすめ》千古の婚姻をめぐって奔走する実資。道長男長家との婚儀は、さまざまな公卿の思惑もあって頓挫する。なお、千古は後に藤原頼宗男の兼頼と結婚する。

【続刊】

15 道長薨去

万寿四年(一〇二七)七月―長元二年(一〇二九)九月

三条天皇中宮であった妍子に続き、道長もいよいよ最期の時を迎える。その容態の情報収集に余念のない実資は、道長の死に対してどのような感慨を懐《いだ》いたのであろうか。そして、関白頼通にとっても新たな時代が始まる。

【続刊】

16 部類記作成開始

長元三年(一〇三〇)正月―長久元年(一〇四〇)十一月

『小右記』六年分を養子の資平に遣わした実資たち小野宮家は、いよいよ『小右記』を使用した部類記の作成を開始する。『小右記』の日次記《ひなみき》をばらばらに切ったものの、実資薨去により計画は頓挫。日記も幕を閉じた。

【続刊】

吉川弘文館
(価格は税別)